실천입문 네트워크

ZigBee

개발 핸드북

鄭立 저

엄두섭◆오창환◆김삼주 공역

홍릉과학출판사

PREFACE_번역자 머리말

최근 ZigBee, Bluetooth 등으로 대표되는 저전력 근거리 무선통신 기술이 각광을 받고 있다. Bluetooth의 경우 핸드폰, 노트북 컴퓨터 등에 널리 채택되어 더 이상 생소한 이름은 아니라 할 것이다. ZigBee는 저전력으로 디지털 무선 통신기기들을 상호 연결하기 위한 목적으로 기업체들의 모임인 ZigBee Alliance에서 제정한 일련의 통신 프로토콜 규격을 의미하며, 물리 계층 및 MAC 계층 프로토콜은 IEEE에서 제정한 WPAN(Wireless Personal Area Networks)을 위한 표준인 IEEE 802.15.4 규격을 그대로 채택하고 있으며, 네트워크 계층을 비롯한 상위 계층 프로토콜은 자체적으로 제정하여 사용하고 있다.

ZigBee 기술의 경우 Bluetooth 보다는 데이터 전송속도는 낮으나 상대적으로 저가이며 전력소모가 작다는 점과 더불어 최대 6만 5천여개의 노드들을 멀티홉(multi hop)으로 연결 가능하다는 점에서 큰 장점이 있다고 할 수 있다, 이러한 장점으로 인하여 홈 오토메이션, 상업용 빌딩 오토메이션, 공장 자동화, 센서 네트워크 등의 다양한 분야에서 전세계적으로 널리 사용되고 있다. 우리나라에서도 USN(Ubiquitous Sensor Network) 분야에서 센서 네트워킹을 위한 사실상의 업계 표준으로서 폭넓게 활용되고 있는 상황이다.

본 책은 방대한 분량의 ZigBee 규격을 독자들이 쉽게 이해할 수 있도록 요약하여 간결하게 설명하고 있지만 핵심적인 내용은 지면을 할애하여 상세히 설명하고 있기 때문에 단기간에 ZigBee 기술을 이해하는데 큰 도움이 될 것으로 판단된다.

ZigBee 프로토콜의 실제 프로그램 코드를 본격적으로 공부하기를 원하는 독자는 www.ti.com, www.freescale.com, www.microchip.com 등의 대표적인 ZigBee 칩 제조사들의 홈 페이지를 참조하면 유용한 정보를 얻을 수 있을 것이다. 끝으로 독자들의 건승을 기원한다.

번역자 일동

PREFACE _머리말

인터넷으로 대표되는 네트워크 기술의 발전과 함께 '제2의 인터넷'이라 불리는 무선 기술도 현저하게 진전됨에 따라 최근 많은 주목을 받고 있다. 각종 센서를 무선으로 연결하는 [무선센서 네트워크]는 앞으로 [유비쿼터스 네트워크 사회]를 지지하는 기술의 하나로서 매우 중요한 역할을 담당하고 있다. 국내 뿐만 아니라 해외에서도 무선센서 네트워크 기술에 관련된 다양한 연구개발이 활발하게 전개되고 있다. 종전에 유선시스템을 중심으로 한 계측제어 네트워크의 분야에서도 무선센서 네트워크 기술에 큰 기대를 걸고 있다.

이러한 기술적 배경에 따라 IEEE는 1998년에 802.15 WORKING GROUP을 설립하여 몇 가지 근거리 무선 네트워크에 관한 국제적인 표준을 제안하였다. 그 후 2003년에 업계 최초의 무선센서 네트워크 표준 사양으로서 IEEE802.15.4가 책정되어 큰 반향을 불러일으켰다. 한편 2001년에 무선센서 네트워크 기술표준화 업계단체로 설립된 ZigBee 연합은 2005년 1월에 IEEE 802.15.4를 기초로 한 최초의 ZigBee 표준 Ver.1.0을 발표함으로써 그 활동이 주목을 받고 있다.

IEEE802.15.4 사양서와 ZigBee1.0 사양서는 이미 공개되어 있다. 그러나 일반 엔지니어가 합계 천 페이지 이상의 영어 표준서를 이해하는 데는 상당한 시간이 요구된다. 특히 필자와 같이 무선 기술에 관한 경험이 전혀 없는 계측제어 엔지니어에게는 어려운 일이라고 생각한다.

최근에 ZigBee 관련 신문잡지 기사와 세미나 등이 눈에 많이 띄지만 그 대부분은 프로모션 수준에 머물러 있는 듯하다. 이들 기사와 세미나 행사를 통해서 ZigBee 개요 정도는 알 수 있겠지만 실제의 사양서 내용까지를 이해하는 데에는 불충분하다고 생각된다.

저자의 의견을 제시한 후에 여러 독자들로부터 고귀한 의견들을 많이 듣고자 이 책을 쓰는 바 무선센서 네트워크의 최신 동향, IEEE802.15.4와 ZigBee 사양서를 해설한 책으로서 독자에게 많은 참고가 되기를 바란다.

본 책의 내용

제1장 [무선센서 네트워크]에서는 무선센서 네트워크 기술의 기술적 위치 및 그 표준화 활동을 소개한다. 또한 무선센서 네트워크의 정의, 기술 요구, 적용 어플리케이션 등 무선센서 네트워크의 개요를 설명한다.

제2장 [ZigBee 개요]에서는 IEEE802.15.4와 ZigBee의 기술 개요에 대해 설명한다. 또한 IEEE802.15.4와 ZigBee 사양을 제안한 국제표준화 단체인 ZigBee 연합의 역사와 현재 상황도 소개한다.

제3장 [IEEE802.15.4 물리층]부터 제7장 [ZigBee 어플리케이션층]까지는 물리층, MAC층, 네트워크층, 어플리케이션 지원 부층 및 어플리케이션층 순서로 IEEE 802.15.4와 ZigBee의 사양을 해설한다. 사양서의 해설뿐만 아니라 사양서의 이해에 필요한 배경지식과 기술개념도 설명한다.

제8장 [ZigBee 제품의 개발]에서는 무선센서 디바이스의 구성 및 개발 과정과 같은 제품 개발상의 실제 문제에 대해 몇 가지를 검토한다. 마지막으로 높은 관심이 일고 있는 ZigBee와 무선 LAN 등 2.4GHz 대역을 이용하는 다른 네트워크의 간섭 및 공존에 대해 검토한다.

CONTENTS _차례

본 책의 주요내용은 무선센서 네트워크의 표준화 기술에 관련된 것이다. 먼저 첫 장에서는 무선통신 분야에서 무선센서 네트워크의 기술적 위치를 소개한다. 이 분야의 표준화 활동은 전 세계적으로 활발하게 진행되고 있지만 여기에서는 특별히 무선센서 네트워크와 긴밀한 관계를 갖는 근거리 무선센서 표준화 활동의 현재 상황을 설명한다.

본 장의 후반에서는 일반적인 무선센서 네트워크의 개요를 설명한다. 예를 들면 무선센서 네트워크의 정의와 기술요구 및 적용 어플리케이션 등이다. 이러한 해설들을 통해서 무선센서 네트워크의 개요를 이해하는 것이 본 장의 목적이다.

Chapter 01

무선센서 네트워크

1-1 무선통신과 표준화

무선기술로 말하자면 우리들의 일상생활에 침투해 있는 휴대전화나 무선 LAN(Local Area Network)을 떠올리는 사람이 많을테지만, 무선 네트워크의 통신거리에 따라 개략적으로 그림 1-1과 같이 분류할 수 있다.

무선 광역통신망의 무선 WAN(Wide Area Network)은 일상생활에서 없어서는 안 되는 휴대전화와 관계가 있다. 현재 디지털 기술을 이용한 제2세대(2G) 휴대전화가 여전히 폭넓게 이용되고 있지만, 보다 빠른 고속 데이터 통신이나 멀티미디어 서비스를 이용할 수 있는 제3세대(3G) 휴대전화로 진화하고 있다. 제3세대 휴대전화는 ITU(국제전기통신연합)가 정한 [IMT-2000] 표준을 바탕으로 삼고 있다. 또한 성능의 고도화를 목표로 하는 제4세대(4G) 휴대전화도 검토 중에 있다.

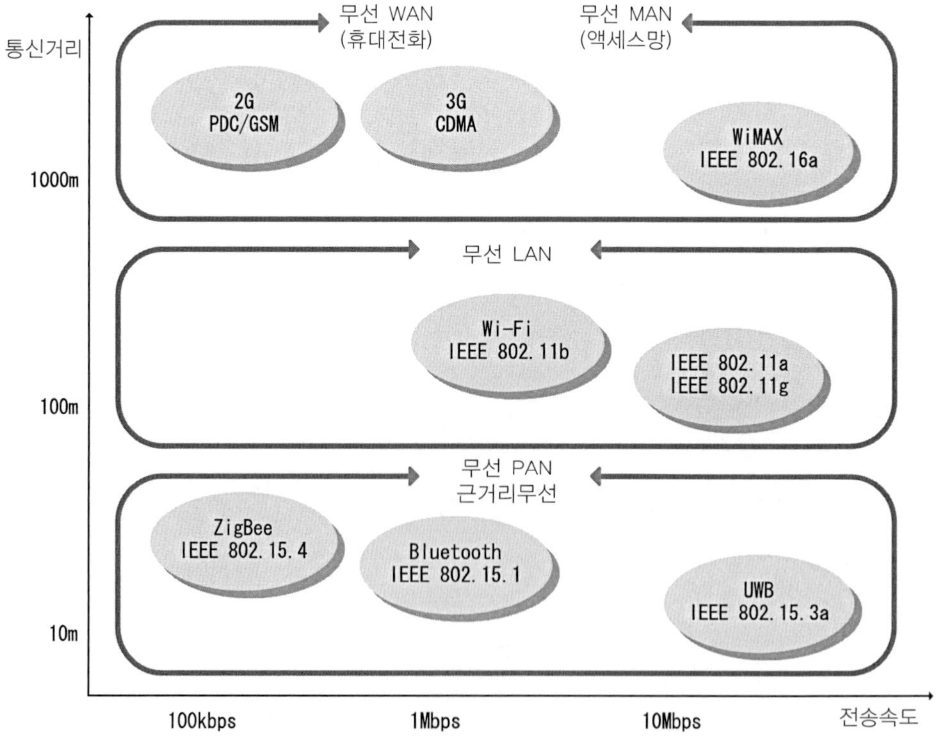

그림 1-1 무선 네트워크 분류

현재 도시권을 커버하는 유선방식의 광대역 접속 서비스에서는 주로 xDSL이나 광케이블이 주류를 이루고 있지만, 무선 MAN(Metropolitan Area Network)은 인구밀도가 낮은 지역에서도 저렴한 가격으로 접속 서비스가 가능한 도시지역 무선 액세스망이다.

무선 MAN의 통신범위는 휴대전화와 무선 LAN의 중간에 위치하고 있다. 2003년 1월에 [WiMAX]라는 이름으로 알려진 IEEE 802.16a가 표준 무선 MAN으로 승인되었다. 10-66GHz의 주파수대를 사용하는 IEEE 802.16a는 수십 킬로 범위를 커버할 수 있으며 최대 70Mbps의 통신이 가능한 고속 무선기술이다. 이 WiMAX의 연구가 최근 상당히 활발하여 업계의 주목을 받고 있다.

무선 구내 통신망인 무선 LAN(Local Area Network)은 이미 사무실이나 가정에 보급되어 있고 시판되는 Notebook PC에 있어서 필수기능으로 되어 있다. 무선면허가 없어도 사용가능한 2.4GHz대를 이용하며 11Mbps의 통신 속도가 가능한 무선규격 IEEE 802.11b [Wi-Fi]의 등장을 계기로 무선 LAN은 이미 폭넓게 사용되고 있다. 현재 54Mbps의 고속통신이 가능한 IEEE 802.11a와 IEEE 802.g 규격으로 변화가 진행되고 있다.

근거리 무선 네트워크의 무선 PAN(Private Area Network)은 개인의 행동범위(수십미터 이내)를 커버하는 통신 네트워크이다. 본 책의 주된 대상이 되는 것이 이 무선 PAN의 범위에 있는 무선센서 네트워크, 그리고 PC의 주변기기 및 가전의 무선네트워크이다.

원거리와 고속의 무선기술이 있다면 간단하게 근거리와 저속 어플리케이션에 적용될 수 있지 않을까라고 생각하는 독자가 있을지 모르겠다. 그러나 실제로 그것을 적용하는 것은 간단하지 않다. 원거리와 고속의 무선통신기술에 있어서 보다 멀고 보다 빠른 통신이 가능하기 위해서는 비용과 소비전력 등의 성능을 어느 정도 희생시키지 않으면 안 된다. 무선센서 네트워크에서는 통신거리와 통신속도보다는 비용과 소비전력을 중요한 목표로 삼지 않으면 안 된다.

TIP

지금까지의 무선통신은 소비전력과 제품 비용보다는 데이터 전송속도와 통신거리를 중요시하는 기술이 많았지만, 무선센서 네트워크의 경우는 데이터 전송속도와 통신거리를 어느 정도 희생하더라도 저소비전력과 저비용을 확보해야 한다.

1-2 IEEE 근거리 무선 표준화

본 절에서는 IEEE(Institute of Electrical & Electronics Engineers : 전기전자학회) 무선 PAN의 근거리 무선 표준화 활동을 소개한다. 무선 LAN을 제안한 IEEE 802.11 워킹 그룹의 표준화 활동은 성공적으로 마쳐서 높은 평가를 받았다. IEEE는 1998년에 802.15 Working Group for Wireless Personal Area Networks라는 Working Group(http:/www.ieee802.org/15)을 설립하여 무선 PAN의 표준화 작업을 진행하고 있다.

IEEE 근거리 무선 통신 표준화 활동

IEEE 802.15 근거리 무선 워킹 그룹[19]*에서 이미 승인된 규격에는 다음과 같은 것들이 있다.

- IEEE 802.15.1 : 1Mbs 정도의 중간 전송속도를 가지는 PAN 기술의 블루투스 규격
- IEEE 802.15.2 : 블루투스와 무선 LAN이 공존(Coexistence ; 같은 장소에서 가능한한 서로 영향을 미치지 않고 동시에 사용하는 것)하는 기술사항 검토
- IEEE 802.15.3 : 고속의 전송속도 PAN인 WiMedia의 규격. 주로 동화상과 음성 등의 멀티미디어 신호를 목적으로 하는 표준. 그러나 제품화 실적은 없다. 현재 그룹 활동의 중심은 IEEE 802.15.3a로 이전되었다.
- IEEE 802.15.4 : 낮은 전송속도의 PAN 규격. 주로 무선센서 네트워크를 목표로 하는 표준(이 규격이 본 책의 주요 소개 내용이다).

현재 다음 태스크 그룹이 새로운 규격에 대한 검토와 개발활동을 진행하고 있다.

- IEEE 802.15.1a : IEEE 802.15.1의 Bluetooth 1.1에 관한 개선 제안. 그러나 2005년 11월 현재 IEEE 802.15.1a 태스크 그룹은 IEEE 802.15 사이트의 워킹그룹 리스트(http://grouper.ieee.org/groups/802/15/index.html)로부터 없어져서 이 활동상황은 현재 불확실하다.

* 이하 본문 중의[ ]로 표시한 번호는 222항의 [참고문헌과 참고 사이트]에 게재되어 있는 문헌과 URL에 링크되어 있다. 상세한 것은 이들을 참조하기 바란다.

- IEEE 802.15.3a : UWB(Ultra Wide Band)의 표준화 제안. UWB는 원래 미국 군사용 레이다 기술로부터 발전한 기술로서 저전력으로 동작이 가능한 통신방식이다. 3미터 정도의 근거리에서 수백 Mbps의 고속 무선 네트워크를 목표로 하며 USB 인터페이스의 무선화에 이용 가능한 통신방식으로서 기대되고 있다. 현재에는 MultiBand-OFDM 연합이 제안한 DS-UWB 방식과 UWB 포럼이 제안한 MC-UWB 방식 등 2개의 원안으로 좁혀지고 있지만, 어느 쪽의 원안도 75%까지 찬성을 얻지 못하고 하나로 정하는 일에 난항을 겪고 있는 상황이므로, 2개의 원안은 시장에서 공존할 가능성이 매우 높다고 생각된다.

  또한 UWB가 필요시 되는 넓은 주파수 대역 사용은 각국 정부에서 검토 중이지만 전파규제의 완화는 상당히 어려울 것으로 예상된다.
- IEEE 802.15.4a : 종래의 IEEE 802.15.4-2003 물리층과는 전혀 별개의 것으로서 3.1~10.6GHz 대역의 UWB와 2.4GHz 주파수의 새로운 변조방식인 CSS(Chirp Spread Spectrum)의 새로운 무선센서 네트워크 물리층으로 제안되고 있다. UWB 변조방식은 레이다처럼 1미터 정도의 위치검출 기능을 지원한다. 동일한 UWB이지만 IEEE 802.15.3a와는 목표가 상당히 다르다. IEEE 802.15.3a는 근거리로 고속 네트워크를 지향하고 있지만, IEEE 802.15.4a는 보다 원거리 및 저속의 네트워크를 목표로 하는 사양이다. 2.4GHz의 CSS 변조방식은 위치검출 기능을 지원하지 않는다. 2005년 11월 현재 일본의 제안을 포함해서 전체 제안을 정리하여 베이스라인이 합의되고 드래프트 문서가 작성되어 현재 표준으로 완성되어 있다.
- IEEE 802.15.4b : 종래의 IEEE 802.15.4-2003 규격에서 비콘(Beacon)의 중계 등 애매한 부분을 명확히 하고, 일본, 중국 및 유럽에서 개방될 가능성이 있는 900MHz 주파수대역 채널의 추가와 868MHz와 915MHz 주파수 대역에서 250kbps까지의 고속화 등에 관한 개선이 제안되어서 현재 표준으로 완성되었다.
- IEEE 802.15.5 : 메쉬 네크워크에 필요한 물리층과 미디어 액세스 층의 제안

블루투스의 도전

블루투스는 Ericsson, IBM, Intel, Nokia, 도시바의 5개사가 중심이 된 Bluetooth Special Issue Group(http://www.bluetooth.com)에 의해 제안된 근거리 무선네트워크이다. 2002년 4월 IEEE에 제안되어 IEEE 최초의 근거리 무선 규격 802.15.1로서 승인되었다. 2001년경에는 블루투스가 IT 업계에서도 큰 화제가 되었으며 무선센서 네트워크에의 적용도 기대되었다.

블루투스의 사양은 전 세계에서 면허없이 사용 가능한 2.4GHz 주파수 대역을 이용하고, 통신거리는 수 미터에서 수십 미터이며 데이터 전송속도는 1Mbps가 된다. 변조방식은 FHSS(Frequency Hopping Spectrums Spread)라고 하는 스펙트럼 확산방식을 채용하고 있다. FHSS는 이용하는 주파수가 고정되어 있지 않고, 극도로 짧은 시간마다 일정한 규칙으로 홉핑(변경)을 수행하는 방식이다.

블루투스는 유럽을 중심으로 휴대전화와 핸즈프리 전화 등 차량내 네트워크의 표준장비로 채택된 실적이 있지만 국내시장에서는 당초 기대했던 보급상황에 미치지 못하고 있다. 특히 무선센서 네트워크에 적용한 실적은 그다지 많지 않다. 그 원인으로는 다음과 같은 이유 때문이라고 생각된다.

- **기동 시간** : 무선센서 네트워크에서 전력의 소비를 최소화 하는 방법은 통신하지 않는 시간에 센서 노드를 슬리핑시키는 방법이다. 이를 위해 슬리핑으로부터 기동되는 시간이 될 수 있는 대로 짧은 것이 바람직하다. 블루투스가 사용하고 있는 주파수 홉핑 변조방식에서는 기동된 노드가 네트워크에 참가하기 위해서는 상당한 시간(3초 이상)을 필요로 한다. 빈번하게 슬리핑과 기동을 반복하는 무선센서 네트워크에 있어서 슬리핑으로부터 기동하는데 필요한 소비전력은 매우 심각한 문제가 된다. 당초 휴대전화에 블루투스가 탑재될 것을 기대했지만, 이러한 전력소비의 문제로 많은 휴대전화 제조사가 블루투스 채용을 단념하였다.
- **네트워크 용량** : 블루투스의 피코 네트(Piconet)는 1대의 마스터 노드에 7개의 슬레이브 노드밖에 접속할 수 없다. 이것은 수십 수백 이상의 노드 구성을 요구하는 센서 네트워크에 있어서 중요한 제약이 된다.
- **비용** : 블루투스의 통신 프로토콜이 상당히 복잡하고, 시장에서 기대하는 5달러 이하의 저렴한 칩 세트 비용은 거의 이루어지지 못했다. 제조사의 노력으로 블루투스 칩 비용은 최근 간신히 5달러 정도의 가격에 접근하고 있다.

그러나 이러한 과제들을 해결하기 위한 움직임이 있으며, 피코 네트워크 끼리를 릴레이로 접속한 [스캐터 네트워크(Scatter network)]를 가능토록 하는 Bluetooth 1.2가 제안되었다. 더욱이 2004년부터 블루투스2.0이 검토되고 있다. 블루투스2.0은 특별히 피코 네트워크의 용량 문제를 해결하기 위해 네트워크 용량을 256노드까지 증가시킨다든지, 데이터 전송속도를 2Mbps까지 가속시키는 등의 기능 향상이 계획되고 있다. 또한 비용절감이 가능한 [Bluetooth Lite]도 검토되고 있지만 규격화까지의 전망은 불투명하다.

블루투스는 앞으로 차량탑재용 핸즈프리 전화에서의 적용이 강하게 기대되고 있다. 최근 제품화된 블루투스의 실적을 보면 무선센서가 아니라 거의 대부분이 근거리 오디오와 관계되는 어플리케이션이다. 그러나 이러한 근거리 오디오 분야에서는 앞으로 등장할 UWB로부터 위협을 받을 것이라 예상된다.

IEEE 802.15.4

블루투스를 무선센서 네트워크에 적용하는 문제점을 인식하여 새로운 무선센서 네트워크 규격 작성을 목적으로 업계표준화 단체인 ZigBee 연합이 발족되었다. 현재 활동 중인 ZigBee 연합 회원의 대부분은 몇 년 전에 블루투스에 커다란 기대를 가지고 노력해 온 블루투스의 경험자들이다.

ZigBee 연합은 무선센서 네트워크에 적용하는 저속 통신속도의 무선 PAN을 제안하였고 이는 2003년에 IEEE에 의해 IEEE 802.15.4-2003 규격으로 승인되었다. IEEE 802.15.4의 규격 범위는 물리층과 미디어 액세스층(MAC층)뿐이고 상위 프로토콜은 ZigBee 연합에 의해 별도로 개발되고 있다.

IEEE802.15.4 규격은 가전제품 무선통신의 표준화업계 단체인 HomeRF 워킹 그룹(http://www.homerf.org)이 제안한 HomeRF Lite 규격으로부터 전용한 무선통신 프로토콜이다. IEEE 802.15.4가 이용 가능한 주파수 대역은 868MHz(유럽), 915MHz(북미) 및 2.4GHz(전세계)의 3종류가 있다. 본 책에서는 전세계에서 사용 가능한 2.4 GHz 주파수 대역 기술을 중심으로 해설한다.

IEEE 802.15.4 ZigBee 규격은 낮은 통신속도, 낮은 전력소비 및 저비용의 [3가지 Low]란 특징을 가지고 있다. 표 1-1에 2.4GHz 주파수대 IEEE 802.15.4 규격, IEEE 802.11b 무선 LAN 규격, IEEE 802.15.1 블루투스 규격들을 비교하였다.

표 1-1로부터 IEEE 802.15.4가 통신속도와 통신거리보다 비용과 전력소비를 보다 중요시하는 규격이며 무선센서 네트워크에 가장 적절한 기술이라는 점이 이해될 것이다.

TIP

업계의 연구개발 자원이 [표준화된 무선센서 네트워크]에 집중되는 것으로 보아 저비용 및 고성능의 [표준화 센서네트워크 제품]의 공급이 기대된다.

표 1-1 무선규격 비교

IEEE 규격	802.15.11b	802.15.1	802.15.4
마케트 명	Wi-Fi	Bluetooth	ZigBee
주파수	2.4GHz	2.4GHz	2.4GHz
변조방식	CCK, PBCC	GFSK	O-QPSK
확산방식	DSSS	FHSS	DSSS
통신거리	100m	10m	30m
통신속도	11Mbps	1Mbps	250Kbps
네트워크 용량	32 노드	7 노드	65,536 노드
스택 용량	1MB 이상	250kB 이상	16~128kB
전지수명	수시간	수일	수년
어플리케이션	무선 LAN	무선 음성	제어계측

1-3 무선센서 네트워크

무선센서 네트워크란

무선센서 네트워크는 WSN(Wireless Sensor Networks)이라는 약자로 사용되기도 하지만 정확히는 [Wireless Sensor & Actuator Networks]이다. 즉 센서뿐만 아니라 Actuator도 포함한 제어계측용 무선네트워크를 의미한다.

TIP

무선센서 네트워크의 적용대상에는 계측용 센서뿐만 아니라 제어용 Actuator도 포함되어 있다.

무선센서 네트워크는 종래의 이더넷, 직렬통신, 필드 버스 등의 유선 네트워크를 치환하는 것 뿐만 아니라, 제어계측 분야에 있어서 종래의 유선방식에서는 다루기 어려운 어플리케이션과 새로운 통신 인프라를 제공할 수 있을 것으로 기대된다. 무선센서 네트워크는 통상적으로 게이트웨이를 경유하여 이더넷 백본(BackBone), 직렬통신, 필드 버스 등의 유선 네크워크와 접속하고 계측제어 데이터 액세스 단말 기능을 담당한다. 무선센서 네트워크는 주로 빌딩 오토메이션, 홈 오토메이션, 공장 오토메이션 등의 분야에 활용될 것으로 기대된다.

무선센서 네트워크의 장점

무선센서 네트워크를 계측설계에 적용함으로써 다음과 같은 장점을 기대할 수 있다.

- 비용절감 : 현재 제어계측 기기의 배선 비용은 기기 본체보다 훨씬 비싸다. 예를 들면 수천원 이하의 리미트 스위치(Limit Switch)라도 그 배선 케이블의 비용과 배선 공사비가 수만원을 넘는 경우도 있다.
- 생산 프로세스 변경의 유연성 : 최근 제조업에서 치열한 기업 간의 경쟁 결과로 인해 제조사는 [다품종 소량]에 유연하게 대응할 수 있는 생산설비가 요구되고 있다. 이를 위해 생산설비의 증감과 레이아웃 변경 등이 빈번히 이루어지고 있다. 무선네트워크를 사용하는 제어계측 기기는 이러한 변경에 대해서 신속하고 용이하게 대응 가능하다.

■ **센싱 범위의 확대** : 종래의 유선 네트워크에서는 회전체처럼 배치될 수 없는 경우와 배선비용의 이유로 수백 개 계측점의 대량 센서 배치를 포기할 수밖에 없는 경우가 있었다. 무선센서 네트워크의 도입에 따라 종래 구축이 불가능했던 계측네트워크가 가능하게 된다.

종래의 무선센서 네트워크의 문제점

무선센서 네트워크는 결코 새로운 기술이 아니다. 그러면 왜 최근에서야 화제가 되는 것일까?

종래의 무선센서 네트워크에는 다음과 같은 문제점이 지적되었다.

■ **표준화 프로토콜의 결여** : 표준화된 규격이 존재하지 않았기 때문에 각 제조사마다 독자적인 통신프로토콜을 이용하는 상황이었다. 신규 고주파 반도체 칩에는 많은 연구개발투자가 필요하고 제조사 독자 프로토콜을 구현한 고집적화 RF(Radio Frequency)칩의 양산이 거의 불가능했다.

■ **부품의 안정 공급** : 비표준화 무선통신의 제어계측 제품은 필요한 부품의 대부분을 특정 제조사로부터만 조달 가능하기 때문에 부품의 안정 공급이 보증되지 않는다. 특히 공업용 제품은 수명이 일반 생활용품보다 상당히 길고 10~20년 이상 주기가 요구되는 경우가 많기 때문에 부품의 장기간 안정 공급은 매우 중요시된다.

■ **지적소유권** : 통신 프로토콜 등의 지적소유권에 대한 라이센스 비용이 들기 때문에 종래의 무선센서 네트워크는 상당히 고가가 되며 보급되기가 매우 어려운 상황이었다.

■ **상호 접속성** : 비표준화 무선센서 네트워크는 통신 프로토콜이 다양하여 서로 다른 제조사간의 상호 접속성은 거의 불가능하였다.

이러한 문제점들이 존재하기 때문에 표준화된 무선센서 네트워크의 출현에 대해 업계는 커다란 기대를 걸고 있다. 그러나 표준화된 무선센서 네트워크는 반드시 좋은 점만 있는 것은 아니며, 다음과 같은 문제점들도 있음을 인식하지 않으면 안 된다.

■ **사용자 사양을 만족시킬 수 없다** : 무선센서 네트워크는 무선 LAN과 휴대전화와는 다르게 어플리케이션 요구의 차이가 크기 때문에 1개의 표준화 사양으로 정리하는 것은 현실적이지 못하다. 어떠한 표준화 사양이라도 다수의 어플리케이션 요구에 대해서 우선도가 높은 사양을 만족시키기 위해 우선도가 낮은 성능을 희생시키지 않으면 안 되는 경우가 많이 생긴다. 예를 들면 일반적으로 환경 모니터용 무선센

서 네트워크의 소비전력을 줄이는 것이 매우 중요하지만, 산업용 제어네트워크에서는 소비전력보다 통신의 신뢰성과 실시간성을 일정한 수준으로 달성하는 것이 중요한 과제이다.

- **보안** : 통신 프로토콜이 공개되어 있는 네트워크에서 보안의 문제는 보다 심각하다. 종래 제조사의 독자적인 통신프로토콜은 거의 비공개로서 통신 프로토콜 자체가 마치 암호와 같은 존재였다. 그러나 표준화된 통신 프로토콜에서는 누구든지 간단하게 그 통신 프로토콜과 통신 디바이스를 구할 수 있기 때문에 높은 보안이 요구된다. 그러나 보안의 실제 장착은 제품성능과 비용에 커다란 영향을 미친다.
- **제품의 차별화** : 제조사의 전제품이 완전하게 표준화 사양에 맞춰진다면 제조사의 특색이 없어져 버리며 남아 있는 것은 가격경쟁뿐이다. 앞에서 서술한 바와 같이 특수한 요구를 만족시키기 위한 제품개발 목표를 무시할 수 없다.

TIP

본 책에서 소개하는 ZigBee 기술은 상당히 주목받고 있지만 이후의 모든 무선센서 네트워크 제품이 ZigBee 사양에 완전하게 일치하는 제품만 있는 것이 아니라, IEEE 802.15.4의 MAC층까지 또는 ZigBee 네트워크층까지는 일치하고, 상위층에는 독자적으로 개발한 무선제품이 시장에 많이 나올 것으로 예상된다.

1-4 무선센서 네트워크의 기술요구

종래의 원거리 고속 네트워크와 비교해서 무선센서 네트워크는 그림 1-2와 같은 기술요구를 만족시키지 않으면 안 된다. 단, 시장과 어플리케이션의 요구는 그 종류가 다양하기 때문에 반드시 그림 1-2의 우선도처럼 되지 않을 수도 있다[18]. 예를 들면 가전의 경우 산업용 계측기기와 비교해서 비용의 요구는 한층 높아질 것으로 생각되지만, 대부분의 경우 교류전원으로부터 급전이 가능하기 때문에 소비전력에 관한 요구는 그 정도로 높아지지는 않을 것이다.

이어서 무선센서 네트워크에 대한 몇 가지 기술적인 요구들에 대해 해설한다.

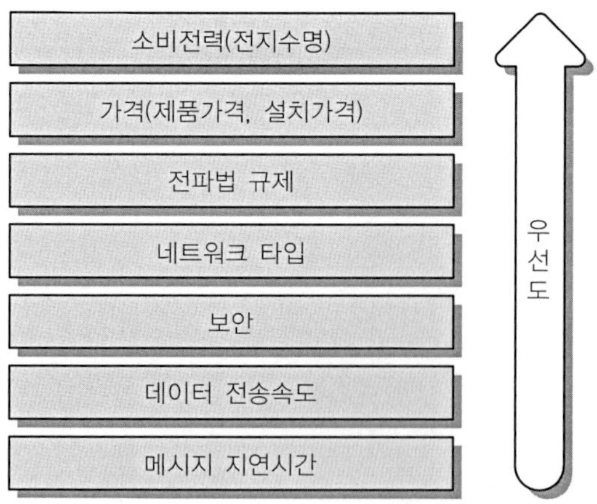

그림 1-2 무선센서 네트워크의 기술요구

소비전력

무선의 장점이라고 하면 무엇보다도 배선이 필요없다는 것이다. 당연히 정보전송용의 배선뿐만 아니라 교류전원 공급의 배선도 없었으면 하는 요구도 있다. 휴대전화와 무선 LAN 단말의 경우는 대략 수시간에서 수일에 한 번씩의 충전만으로 계속 사용 가능한 배터리를 가지고 있지만, 무선센서 네트워크의 동작환경에서는 센서와 actuator 등의 부품으로 전지 교환 없이 수년간 연속 작동 가능함이 요구된다. 이를 위해 무선센서 네트워크의 소비전력은 휴대전화와 무선 LAN 단말과 비교하여도 우선도가 높아진다.

TIP

무선 LAN 단말과 휴대전화는 교류전원에 따른 급전 또는 수시간에 1회 충전하는 환경을 상정하고 있지만, 무선센서 네트워크는 1회의 전지교환으로 수년간 작동이 가능한 소비전력 성능이 요구된다.

최신 무선센서 네트워크는 몇 가지 면에서 전력을 줄이려는 노력이 이루어지고 있다. 먼저, CMOS 반도체기술이 진보함에 따라 저소비전력과 고집적도의 RF칩이 구현되고 있다. 또한 센서 네트워크는 낮은 동작주기(Duty Cycle)로 가동시킬 수 있다. 예를 들면 샘플 주기가 1분간인 온도센서가 1회의 송신이 수십 mm/sec 걸린다면 동작주기는 0.1% 이하로도 가능하게 된다. 이러한 저동작주기 네트워크에서 가장 효과적으로 전력을 줄이는 방식은 교신하지 않는 동안 마이크로 프로세서를 포함해서 RF 회로를 슬립시키는 것이다. 현재의 기술수준으로는 송신출력 1mW의 무선 노드가 송신, 수신하는 동작시간 동안의 소비전력이 약 300mA 전후가 필요하지만 슬립 시간 중의 소비전력은 동작시간 중 소비전력의 천분의 일 이하인 수십 μA부터 수 μA로 억제하는 것이 가능하다. 더욱이 최근에 빛, 진동, 열 등의 에너지를 이용하여 전기를 발전시킴으로써 반영구적으로 가능한 무선 노드의 연구개발도 수행되고 있다.

전지의 교환 주기는 3년 또는 5년이라는 말을 자주 듣지만 전지수명은 다음 조건에 따라 크게 좌우된다는 것에 주의할 필요가 있다.

- **데이터의 송신주기** : 예를 들어서 1초 주기의 경우는 1분 주기의 약 60배의 전력을 소비하기 때문에 전지의 수명은 약 60분의 일이다.
- **통신의 방향성** : 송신뿐인 단방향 통신의 경우에는 전력을 줄이는 장치를 설치하는 것이 쉽지만, 쌍방향 통신의 경우에는 언제 메시지가 올지 모르기 때문에 수신을 기다리는 동안에 많은 전력이 소비되어 버린다.
- **데이터 프레임의 길이** : 송신에 필요한 시간은 프레임의 길이에 비례한다. 또한 길이가 긴 프레임은 전파공중 충돌에 따른 송신 실패 가능성도 높기 때문에 재송신으로 인해 송신전력이 허비되어 버린다.
- **데이터전송의 지연시간** : 소비전력을 억제시키기 위해서 슬립 모드로 들어가는 것이다. 다만 슬립기간이 길면 길수록 전력소비는 적어지지만 데이터 전송에 필요한 지연시간은 길어진다.

또한 무선센서 네트워크 제품의 데이터 쉬트에는 슬립 전지에 관한 데이터가 잘 기록되어 있지만 낮은 슬립전류 제품이 좋은 성능을 가지고 있다고는 확실히 말할 수 없다.

일반적으로 디바이스의 소비전력은 슬립 모드에 따라 서로 다르다. 보다 깊이 슬립해 있는 디바이스의 소비전력은 확실히 낮지만 슬립으로부터의 복귀시간이 길어진다. 예를 들면 수정 발진회로와 정류기를 멈추면 전력소비를 억제시키는 것이 가능하지만 전력이 안정되기까지 기동시키는데는 시간이 걸린다. 결국 짧은 슬립 주기의 디바이스는 반대로 전체적인 전력소비가 높아질 가능성이 있다. 이 때문에 데이터 쉬트의 슬립 전류는 어떤 조건에서의 데이터인지와 복귀에 필요한 기동 시간은 어느 정도의 수준인지 등에 관하여 주의하지 않으면 안 된다.

비용

실장 비용을 대폭 삭감하는 데는 표준화된 통신 프로토콜에 준하는 고도집적화 IC 부품을 채용하는 것이다. 일반적인 시장의 요구는 아날로그 회로를 메인으로 하는 RF칩과 디지털회로를 메인으로 하는 마이크로 프로세서를 합친 칩 세트의 비용이 5달러 이하이다. 비용절감을 위해서는 RF칩의 면적을 작게 하지 않으면 안 된다. 현재 시판되고 있는 IEEE 802.15.4에 준하는 RF칩은 대부분이 디지털회로 0.18μm의 CMOS 기술로 제조되고 있지만, 장래 단순히 디지털 집적회로를 0.13μm나 90nm로 미세화 시켜도 아날로그 회로를 메인으로 하는 RF칩 면적이 대폭 작아지는 것은 기대할 수 없다.

최근 무선센서 네트워크에 자주 이용되는 8비트 또는 16비트의 마이크로 프로세스 자체는 싸게 생산될 수 있지만 대용량 플래시 메모리는 아직 비싸다. 플래시 메모리의 점유 면적이 대체로 용량에 비례하기 때문에 마이크로 프로세스의 가격은 탑재하는 플래시 메모리의 용량에 거의 비례하는 것이 현 상황이다. 이 때문에 저비용의 목표를 실현하기 위해서는 가능한 한 간단한 통신 프로토콜을 사용할 필요가 있다. 시장의 요구에 따라 64~32킬로 바이트 이하의 플래시 메모리로 무선센서 네트워크의 스택을 보관할 수 있다.

TIP

무선센서 네트워크 제품의 비용 절감은 주로 저비용의 RF칩 세트에 의해 실현 가능하다. 2005년 현재 IEEE 802.15.4에 준하는 RF칩 가격은 4달러 전후가 되었지만, 다음 목표는 RF칩과 마이크로 프로세서가 하나로 묶여진 5달러 이하의 SoC(System on Chip) 칩이다.

RF 제품 비용은 10달러 또는 5달러라는 말을 자주 듣지만 아래에 나타난 바와 같이 계산 방법에 따라 실제적인 의미는 대부분 다르기 때문에 주의할 필요가 있다.

- **비용의 정의** : 무슨 비용인가? 모듈 비용인가? 칩 세트 비용인가? 혹은 RF칩만의 비용인가?
- **마이크로 프로세서** : 최근의 무선센서 네트워크에 사용되는 마이크로 프로세서는 RF칩보다 비싸다. 용량이 큰 플래시 메모리가 탑재된 경우에는 특히 비싸게 된다.
- **스택의 로얄티** : 스택의 로얄티(사용료)는 칩 세트에 포함되는가?
- **외부 부품** : RF칩의 회로설계에 따라 필요한 외부 부품의 수와 비용이 다르다. 예를 들면 고도로 정확하지만 값이 비싼 수정진동자 등이 필요할까?
- **안테나 커넥터** : 현 상황에서 외부 안테나와 고주파 커넥터는 10달러 이상이 필요한 경우가 많다.
- **lot 수** : 천, 만, 10만, 100만이라고 하는 lot 수에 따라서 단위 비용에서 커다란 차이가 나는 경우가 있다.

전파법의 규제

전파 이용에 있어서는 각국마다 각각의 규제가 있다. 무선센서 네트워크에 채용되는 통신규격은 소재국의 규제에 허가되는 범위에서 동작되지 않으면 안 된다. 주요 규제항목은 이용 가능한 주파수와 발생하는 전파강도이다.

면허없이 이용 가능한 주파수 대역은 ISM 밴드(Industry Science Medical band)라고 불린다. 일본, 미국, 유럽을 포함하는 세계 각국에서 대부분 공통으로 이용되고 있는 주파수 대역은 2.4GHz대 뿐이다. 무선 LAN, 전자렌지 등의 산업, 과학, 의학기기는 이 주파수대를 공통으로 이용하고 있는 상황이다. 이 주파수대로 동작하는 고주파 기기로부터 발생하는 전자파의 송신출력도 규제받는다. 미국은 1W, 유럽은 100mW, 일본은 10mW/MHz이다.

무선센서 네트워크 제품은 장래에 목표가 되는 나라의 규제를 조사하고, 동작 가능한 주파수 대역을 신중히 선택하지 않으면 안 된다. 주파수 대역에 따라서 RF 회로설계와 이용 가능한 통신 프로토콜이 전혀 다르기 때문이다. 주파수 대역의 전환은 그리 간단한 것이 아니다.

네트워크 타입

제어계측 디바이스는 거의 마스터/슬레이브 타입의 네트워크를 이용하고 있는 상황이다. 이러한 타입의 네트워크 아키텍쳐의 경우는 간단히 케이블을 무선화 시켰다는 이유만으로 무선의 장점을 발휘할 수는 없다. 이 때문에 무선의 특징을 살리는 새로운 타입의 네트워크가 필요하게 되며, 새로운 타입으로서 [애드 혹][멀티 홉][메쉬 네트워크]라고 하는 말이 자주 등장한다. 이러한 사항들에 대하여는 다음 1-5절에서 각각 해설한다.

보안

최근에 정보네트워크 시스템의 보안이 많이 요구되기 시작하고 있다. 보안의 요구는 어플리케이션의 개방성과 깊은 관련이 있다. 개방성이 보다 높은 어플리케이션은 보다 높은 보안이 요구되는 것이 당연하다. 지금까지는 개방된 무선센서 네트워크 규격이 존재하지 않았기 때문에 보안이 실장된 무선센서 네트워크 제품이 거의 존재하지 않았다. 이제 표준화된 무선센서 네트워크가 확산됨에 따라 무선센서 네트워크의 보안에 대한 요구도 높아질 것으로 예상된다.

그러나 보안의 실장은 무선센서 네트워크의 성능에 다음과 같은 영향을 미친다.

- **프레임 길이** : 보안용 데이터가 증가함에 따라 통신 프레임이 길어지기 때문에 네트워크 트래픽, 전력소비 및 데이터 전송의 신뢰성에 영향을 준다.
- **자원** : 보안의 실장으로 인하여 필요한 RAM과 플래시 메모리가 많아져서 실장 비용의 증가로 이어진다.
- **처리 능력** : 보안을 위한 암호화 및 해독 프로그램은 8비트의 마이크로 프로세서로는 상당히 무거운 처리이다. 비교적 가벼운 IEEE 802.15.4 보안 쉬트인 AES-CCM-64를 사용해도 보안 데이터의 송신 및 암호화의 처리로 인하여 마이크로 프로세서 처리시간이 배로 증가한다는 계산 데이터도 있다.
- **설치 비용** : 보안을 위한 설정을 잘못하여 현장에서 네트워크에 참가 불가능한 문제점이 발생할 우려가 증가한다. 그것을 처리하기 위한 엔지니어링 비용이 증가한다.

데이터 전송속도

일반적으로 무선센서 네트워크에 요구되는 데이터 전송속도는 매우 낮다고 말할 수 있다. 예를 들면 1분 주기의 온도 센서 경우에 계측 데이터의 프레임은 오버 헤드를 포함해 30바이트 정도이므로 데이터 전송속도로 계산하면 최대 4bps이다. 이 때문에 수

kbps 정도의 데이터 전송속도를 가지는 센서 네트워크 제품이 현장에서 여전히 많이 가동되고 있다. 그러므로 IEEE 802.15.4 ZigBee의 250kbps 데이터 전송속도는 무선센서 네트워크에 있어서 결코 낮다고 말할 수 없다.

데이터 전송속도를 높임에 따라 같은 크기의 전송 데이터에 필요한 송신시간이 짧아지기 때문에 송신에 필요한 전력소비를 감소시킬 수 있지만, 다음과 같은 트레이드 오프(trade off) 관계가 있다.

- **제품 비용** : 고속 통신 프로토콜은 처리가 복잡해지기 때문에 제품 비용이 높아진다.
- **통신 거리** : 통신 주파수, 점유 대역, 수신회로 등이 변하지 않는다는 전제 하에 고속 변조방식의 무선통신은 필요한 수신감도도 높다. 이용 가능한 전파강도는 주로 송신 파워 및 전송거리에 의해 결정된다. 이 때문에 송신 파워가 변하지 않는다는 조건하에 높은 전송속도를 요구하면 통신거리를 희생시키지 않으면 안 된다. 예를 들면 무선 LAN의 IEEE.11b의 경우에 몇 개의 전송속도 변조 모드를 준비하고 있지만, 동일한 디바이스의 11Mbps 모드는 1Mbps 모드와 비교하면 필요한 수신감도는 약 10dBm 정도 높아지고 통신거리는 4분의 1이 된다. 즉 통신 속도를 빠르게 하면 멀리까지 닿을 수가 없다.

무선센서 네트워크의 설계 사상은 [어느 정도 통신 데이터 속도를 희생하더라도 보다 저렴한 비용과 낮은 전력소비를 추구한다]는 것이다.

메시지 지연시간

무선 시스템에 있어서 메시지 충돌은 피할 수 없는 것이기 때문에 지정된 시간 내에서 확률 100%로 전송속도를 보증할 수 없다. 이것은 무선통신의 특성을 생각하면 어쩔 수가 없는 일이다. 이 때문에 무선센서 네트워크는 기본적으로 상당히 강한 실시간성이 요구되는 어플리케이션을 목표로 하지 않는다. 수백미리초~수초 정도의 메시지 최대 지연시간이 현실적인 목표다. 특히 멀티 홉에서의 메쉬 네트워크에서는 메시지의 지연시간이 상당히 길어진다.

1-5 새로운 타입의 네트워크

본 절에서는 무선센서 네트워크가 필요한 새로운 네트워크의 개념을 몇 가지 소개한다.

애드-혹 네트워크

애드-혹(Ad-hoc)을 직역하면 [그 장소에 한해서]라는 의미이다. 애드-혹 네트워크는 특정 인프라에 의존하지 않고 그 장소에서 자동적으로 상호 접속하여 구축할 수 있는 네트워크이다. 예를 들면 그림 1-3과 같은 휴대전화 네트워크의 경우, 어느 휴대전화가 사전에 무슨 기지국에 접속되는지가 지정되어 있지 않고 그 장소에서 제일 가까운 기지국과 자동적으로 접속할 수 있게 되어 있다. 이러한 기능을 애드-혹이라고 한다. 애드-혹 네트워크는 구성변경 및 부분 고장에 대하여 다이나믹하게 네트워크를 재구성할 수 있는 시스템이다.

무선센서 네트워크에 대하여 배선비용의 절약뿐만 아니라 네트워크 설치비용도 최소한으로 하고자 하는 요구도 있다. 이 때문에 주소지정 등 특별한 작업이 없어도 네트워크에 참가할 수 있는 **자기조직화**(Self-organization) 기능도 요구된다.

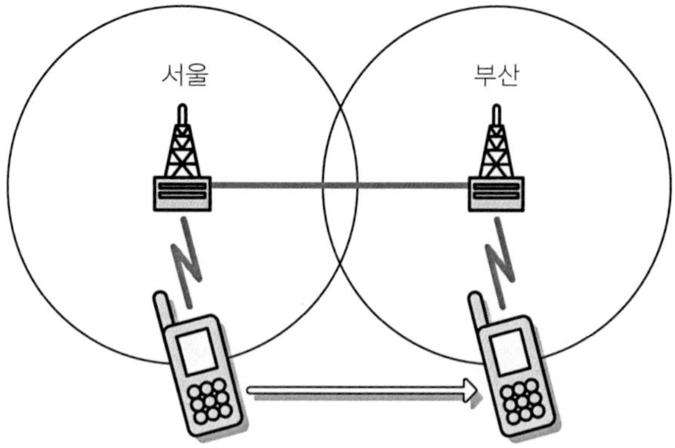

그림 1-3 애드-혹 네트워크

TIP

지금까지 많은 무선네트워크 제품은 설치가 어렵다고 말하지만, 애드-혹의 무선센서 네트워크는 자동설치가 가능하기 때문에 설치비용 절감이 기대된다.

멀티 홉 네트워크

멀티 홉(Multi-hop) 네트워크라는 것은 메시지가 송신 노드로부터 직접적으로 최종 목적노드로 전송되는 것이 아니라, 그림 1-4와 같이 1개 이상의 중간노드를 경유하는 전송방식이다.

무선 통신거리는 송신파워의 n 乘에 비례하지만, n에 값은 전파전송 경로의 장해와 간섭 상황에 따라 변동한다. 멀리 볼 수 있는 실외의 경우 n은 2에 가깝고 일반 실내의 경우는 대략 2.5~4이다. 예를 들면 n=3의 조건에서 통신거리를 2배로 늘리고자 하면 9배의 송신파워가 필요하다. 한편 2홉의 중계통신의 경우에는 동일한 통신거리를 2배 연장해도 필요한 송신전력은 고작 2배이다. 따라서 멀티 홉 네트워크는 직접송신의 경우보다 송신전력을 억제할 수 있다.

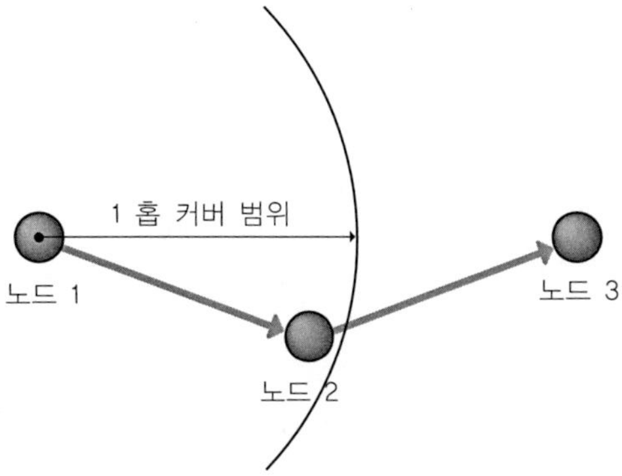

그림 1-4 멀티 홉 네트워크

TIP

전파법의 최대 송신파워에 관한 규제 범위에서 단순하게 송신파워의 증가를 통한 통신거리의 연장에는 한계가 있다. 그러나 멀티 홉 기술을 이용하면 최대 송신파워를 증가시키지 않아도 통신거리의 연장이 가능하다.

메쉬 네트워크

메쉬 네트워크는 원래 미국 국방성이 개발한 군사용 무선 네트워크 기술이다. 종래의 계층적 네트워크의 경우에는 전체를 제어하는 중앙기지국이 파괴되면 부대간의 연락이 전혀 되지 않는다. 그러나 메쉬 네트워크는 전장에 분산된 전차와 병사가 소유하고 있는 모든 통신단말에 라우팅 기능을 갖게 함으로써 병사 혹은 전차의 통신설비 중 하나가 소멸되어도 다른 라우트를 경유하여 새로운 라우트로 통신이 유지되는 시스템이다.

메쉬 네트워크는 멀티 홉의 중계기능을 이용하여 그림 1-5와 같이 메쉬 형태로 구성되는 유연한 네트워크다. 메쉬 네트워크를 구성하는 각 노드는 중계기능을 가져야할 뿐만 아니라 P2P(Pear-to-Pear) 토폴로지 실장이 필요하다.

메쉬 네트워크에 참가하는 노드는 자신을 위한 통신뿐만 아니라 다른 노드를 위하여 메시지를 전송함으로써 통신 커버 범위의 확대와 통신경로의 확장화를 실현한다. 메쉬 네트워크 기술의 핵심은 어떠한 복수의 경로가 있어도 최적의 경로를 찾아내는 라우팅 기능을 실장하는 것이다.

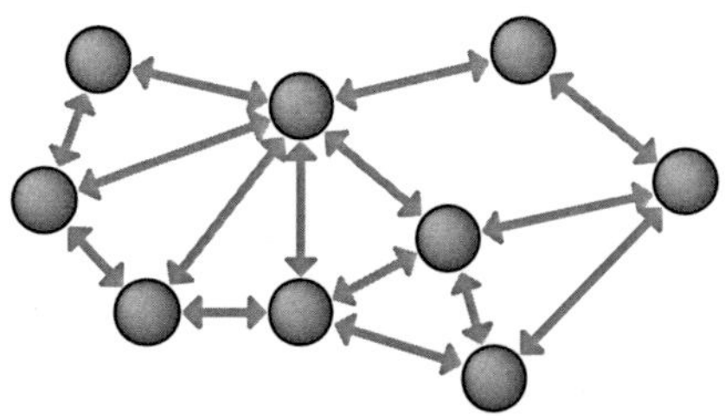

그림 1-5 메쉬 네트워크

TIP

유선 네트워크에서 여분의 네트워크를 구축하려는 경우에 다중화 통신모듈과 케이블 비용 등으로 보통 가격의 2배 이상이 비싸지지만 무선 메쉬 네트워크에서는 저비용과 동시에 신뢰성이 높은 네트워크를 구축할 수 있다.

1-6 무선센서 네트워크의 적용분야

최근 화제가 되고 있는 [유비쿼터스]라는 키워드가 계기가 되어 무선센서 네트워크 연구개발에 관심이 높아지고 있다. 여기서는 주목받고 있는 시장을 중심으로 무선센서 네트워크의 적용분야를 생각해보자(그림 1-6 참조).

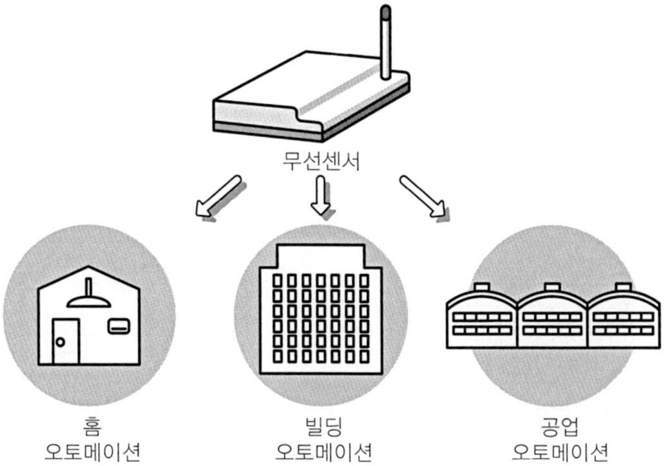

그림 1-6 무선센서 네트워크의 적용분야

홈 오토메이션

현재 많은 가정에서 텔레비전, 비디오, 에어컨 등에 리모콘을 이용하고 있다. 너무 종류가 많아서 적절하게 사용하기가 곤란한 경우조차 있다. 이렇게 많은 리모콘을 일반화시켜 만능 리모콘을 만들 수 있다면 매우 편리할 것이라고 생각한다. 즉 한 개의 리모콘으로 간단히 설정할 수 있고, 어떤 제조사의 기기라도 컨트롤 할 수 있는 리모콘을 말한다. 이 만능 리모콘이 발전되서 메쉬 네트워크의 중계기능을 이용하여 어느 방에서라도 자유자재로 가전을 제어할 수 있다면 꿈같은 일이 된다.

최근에는 텔레비전과 냉장고, 에어콘 등의 모든 가전제품을 네트워크로 연결하는 것과 같은 [정보가전]이 상당히 화제가 되고 있지만 실제 시장에서는 예상한 것만큼 확산되어 있지 않다. 여러 가지 이유가 있지만 다음의 두 가지가 그 주요 원인이다.

■ 어떻게 가전을 네트워크에 접속시킬까? 즉 [라스트 원 메탈]의 문제
■ 서로 다른 제조사간의 가전제품을 어떻게 상호 접속시킬까? 즉 [표준화]의 문제

표준화된 무선센서 네트워크의 보급이 이런 문제의 최종적인 해결책이 될 것으로 기대된다. 리모콘 이외에 가정에서의 조명, 공조, 방범 센서 등 케이블이 필요한 설비는 무선센서 네트워크를 통한 무선화로 도입비용을 대폭 절감시킬 수 있다. 무선센서 네트워크를 홈 오토메이션에 적용하는 경우 가장 중요한 과제는 역시 비용의 문제가 된다.

빌딩 오토메이션

사무실이나 호텔 등 영업용 건물에서는 공조 시스템, 조명 시스템, 엘리베이터, 소방 시스템, 보안, 출입관리 등과 같이 각각의 네트워크가 이미 구축되어 있다. 이런 네트워크의 공사와 유지보수에는 비용이 상당히 든다. 예를 들면, 건물 내에서 자주 일어나는 레이아웃 변경에 따라 온도 센서와 조명 스위치 등의 설치변경 공사에는 비용이 많이 든다. 그러므로 도입비용과 관리비용이 저렴한 무선센서 네트워크의 발전이 크게 기대된다.

빌딩 오토메이션 분야에서는 BACnet(Building Automation and Control Network: 통상[백넷]이라고 부른다)이라고 하는 표준화된 프로토콜이 빌딩 오토메이션 시스템의 상위층으로 자리 잡고 있다. 최근에는 IPv6의 적용도 활발히 검토되고 있다. ZigBee 등은 그 하위 층의 네트워크로서 기대되고 있다. 종래의 유선 시스템을 무선 시스템으로 치환하는 경우에 간단하게 케이블의 무선화만이 아니라 무선통신의 특성을 활용한 아키텍쳐를 개발하여 무선기술의 장점을 한층 이끌어내야 한다.

공업 오토메이션

공업 오토메이션 분야에서는 예전부터 각종 필드 버스나 공업용 이더넷 및 직렬통신 네트워크가 계측과 제어에 사용되고 있다. 어플리케이션에 따라 요구되는 실시간성과 통신의 신뢰성이 서로 다르지만 제어용 네트워크에서는 불과 수초 정도의 데이터 전송지연 또는 통신중단이 있어도 큰 문제가 발생할 가능성이 있다. 이러한 어플리케이션에서는 무선통신의 적용은 상당히 곤란하다고 생각된다.

동일한 공장에서 높은 실시간성과 높은 신뢰가 모든 제어계측 네트워크에 요구되지는 않는다. 예를 들면, 설비 유지보수의 메니지먼트 시스템에서는 실시간성과 신뢰성의 요구가 그 정도로 심하지는 않다.

종래의 유선 네트워크를 이용하려면 도입 비용이 매우 비싸다. 케이블 공사 비용이 계측 기기류의 도입 대금보다 훨씬 높아지는 경우도 있다. 무선센서 네트워크의 적용은 이러한 실시간성과 신뢰성의 요구가 별로 높지 않은 공업 오토메이션 어플리케이션에서부터 보급되기 시작할 것이다. 예를 들면 HART(Highway Addressable Remote Transducer) 파운데이션(Foundation)이라고 하는 공업 프로세스 자동화를 위한 통신 표준화 단체에서 무선 HART 표준화 프로젝트를 시작하여 ZigBee를 포함한 무선통신 프로토콜을 평가하고 기존에 유선으로 구축된 HART 네트워크의 무선화를 검토하여 현재 표준화 드래프트가 완성되었다.

또한 최근 메스컴에 화제가 된 교토 의정서는 지구온난화 방지를 위해 이산화탄소 등 온실효과 가스의 삭감을 선진국들이 의무화하는 것이다. 지금부터 각 기업은 에너지 삭감에 대한 대책을 생각하지 않으면 안 된다. 에너지 삭감의 최우선은 에너지 사용 상황을 파악하는 것이다. 이러한 에너지 환경 모니터에는 무선센서 네트워크의 활용이 크게 기대된다.

기타

위에서 말한 것들 이외에 무선센서 네트워크의 활용이 기대되는 어플리케이션은 다음과 같은 것이 있다.

- 전기, 가스, 수도의 자동검침 시스템
- 건강관리나 안부확인 등 의료복지 네트워크 시스템
- 방범, 입퇴원 등의 관리보안
- 연기, 진동, 변형, 변위 등 건물관리
- 타이어 기압측정 등의 차량 탑재 네트워크
- 해양운송용 컨테이너 관리
- 온도, 습도 등 농업 생산관리

또한, 최근에 RFID(Raido Frequency Identification)가 화제가 되고 있지만 널리 사용되고 있는 전원을 갖지 않는 패시브(Passive) RFID에는 다음과 같은 문제점이 지적되고 있다.

- 사용환경이 매우 까다롭다. 금속이나 액체의 주변에서 수신받기 어렵다.
- 전자태그 RFID 자체는 저렴하지만, 그 리더기는 수백만원 이상으로 비싸다.

무선센서 네트워크에서는 이러한 문제를 해결하여 액티브(Active) RFID의 사용방법을 기대하고 있다.

TIP

무선센서 네트워크의 어플리케이션은 종래의 유선 네트워크의 무선화와 더불어 종래 케이블로는 접속 가능하지 않았던 어플리케이션 즉, 새롭게 창출된 어플리케이션의 2종류로 분류가 된다.
전자의 경우에는 무선의 편리함을 자주 잊은 채 유선의 통신속도 및 신뢰성과 비교해서 성능이 좋지 않다는 이유로 무선을 채용하지 않는 경우가 자주 있다. 휴대전화를 예로 생각하면 휴대전화의 음질은 종래의 유선전화 정도까지 좋아졌다고 말할 수는 없지만 휴대전화를 이용하는 제일 큰 이유는 역시 편리함이다.
후자의 경우에는 유선을 포기하고 무선으로서만 가능한 어플리케이션이기 때문에 매우 유망한 시장이다.
따라서 이제부터 무선센서 네트워크는 기술개발 뿐만 아니라 시장의 개발도 필요하다.

제1장에서는 IEEE를 중심으로 한 무선센서 네트워크의 표준화 활동과 무선센서 네트워크의 개요를 소개했지만, 본 장에서는 먼저 표준화 무선센서 네트워크 규격으로서의 ZigBee의 기술개요 및 그것을 제안한 ZigBee 연합에 대해 소개한다.

또한 제3장-제7장에 걸쳐서 실장기술과 맞춰서 ZigBee 각 층의 기술에 대해 상세히 설명할 예정이지만, ZigBee 각 층에 관련된 전체적인 개념을 먼저 본 장에서 설명한다.

본 장 2-1절에서는 IEEE 802.15.4 ZigBee의 기술개요에 관하여 해설한다. 2-2절에서는 IEEE 802.15.4 ZigBee 사양을 제안한 국제표준화 단체인 ZigBee 연합의 역사와 현재 상황을 소개한다. 2-3절은 IEEE 802.15.4 ZigBee의 아키텍쳐에 관하여, 2-4절은 IEEE 802.15.4 ZigBee의 디바이스 타입에 관하여 간단히 설명한다. 마지막 2-5절에서는 IEEE 802.15.4 ZigBee 사양의 각 층 인터페이스를 정의하는 프리미티브 개념에 관하여 기술한다.

Chapter 02

ZigBee의 개요

2-1 ZigBee란?

[ZigBee]란 이름의 유래는 [ZigZag]와 [Bee]로부터의 합성어라고 한다. ZigBee라고 하는 명칭 자체가 꿀벌처럼 작고 민첩한 무선의 느낌을 잘 표현하고 있다. 또한 ZigBee는 멀티 홉으로 메쉬 네트워크를 지원하지만 꿀벌처럼 서로 정보교환하면서 지그재그의 경로로 목적지에 도달하는 이미지를 표현하고 있다.

지금까지 무선 LAN, 휴대전화 등 중속 및 고속을 위한 무선네트워크 표준화 사양은 많았지만, 센서 및 계측제어 시스템에 적합한 무선네트워크 표준은 아직 존재하지 않고 있다. 센서와 계측제어 시스템은 고속 데이터 전송속도를 그다지 필요로 하지 않지만 그 대신에 저비용, 그리고 장시간 전지구동을 위한 저소비전력 등이 필수조건이 된다.

지금까지는 저비용과 저소비전력을 위한 센서 및 계측제어에 관한 요구를 만족시키는 표준화 기술이 존재하지 않았기 때문에 각 제조사가 독자 사양의 프로토콜을 실장한 무선 계측제어 제품이 시장에 다수 존재하였다. 이러한 현상은 상호운용성 및 신기술 도입에 있어서 심각한 장해가 된다.

ZigBee는 다음의 목표를 지향하는 센서 및 제어계측 무선네트워크를 위한 국제적인 업계의 표준화 기술이다. 그래서 다음 4가지 요구를 만족시킬 수 있다.

- **저소비전력** : 센서의 신호선을 무선화 시킴과 동시에 전원 케이블도 없애고자 한다. 보통의 전지로도 연 단위의 수명이 요구된다.
- **저비용** : 디바이스를 저비용으로 하는 것 뿐만 아니라 실장과 유지관리 등의 보수운용비도 가능한 한 줄이고자 한다.
- **네트워크의 용량** : 많은 센서 노드가 존재함을 생각하여 적어도 수백 이상의 네트워크 용량이 필요하다.
- **상호접속성** : 장차 멀티 벤더에 의한 제품이 제공되는 상황을 고려해서 간단한 프로토콜로 확실하게 상호운용이 가능한 네트워크를 구축하고자 한다.

ZigBee 연합회원인 각 기업의 노력에 따라 2004년 12월에 ZigBee 최초의 사양인 버전 1.0이 발표되었다. ZigBee 1.0 사양으로 제공되고 있는 무선센서 네트워크는 다음과 같은 특징을 가지고 있다.

- 물리층, MAC층 : IEEE 802.15.4에 준거
- 저소비전력 : 전지수명은 수개월 또는 수년
- 데이터 전송속도 : 250kbps
- 수신범위 : 통상 실내 30m, 실외 100m
- 토폴로지 : 스타, 메쉬 및 클러스터 트리
- 애드-혹 : 자기조직이 가능한 네트워크
- 네트워크 용량 : 최대 65,536 노드 가능
- 주파수 대역 : 라이센스가 불필요한 주파수대역(2.4GHz)
- CSMA/CA : 캐리어 센스로 채널 액세스
- Full handshake : 전송 신뢰성의 보증
- 보증 타임슬롯 : 품질보증 가능한 데이터전송(옵션)
- 암호화, 인증 : 보안기능(옵션)

이러한 ZigBee의 특징에 관해서는 제2장 이하의 각 장에서 상세히 설명한다.

TIP

IEEE 802.15.4 ZigBee는 업계 최초의 계측제어를 목적으로 하는 무선센서 네트워크의 국제표준이다.

2-2 ZigBee 연합이란?

글로벌한 무선센서 네트워크의 업계 표준단체로서 ZigBee 연합은 2001년에 설립되었다. 설립 초기부터 주목받았다고는 말할 수 없지만 2003년에 ZigBee 연합이 제안한 IEEE 802.15.4 규격이 IEEE 802.15 워킹 그룹에 의해 승인된 일을 계기로 ZigBee의 표준화 활동에 대한 관심이 일제히 높아졌다. 회원수도 2004년 중에는 배로 증가하였고 2005년 11월까지 이미 180개 社를 초과했으며, 2005년 말에는 200개 社를 초월하는 속도로 계속 증가하고 있다.

ZigBee 연합 회원은 대략 아래 3개 업종의 회사들로 구성되어 있다.

- RF칩을 제공하는 반도체 제조회사
- 무선센서 네트워크 기술을 개발하는 벤처기업과 무선센서 네트워크 스택 제작자
- 이용자 입장에 있는 계측제어장치 제조회사 및 가전회사

ZigBee 연합에는 다음과 같은 회원 랭크가 있다.

- **프로모터(Promoters)** : 연합의 리더십을 담당하고 연합의 결정권을 가진 간사 기업. 2005년 11월 까지의 프로모터는 이탈리아의 BM社, 노르웨이의 RF 반도체 제조사인 Chipcon社, 미국 무선벤처의 엠버(Ember)社, 모토로라 반도체 부문의 자회사였던 Freescale社, 미국 계측기기 대기업인 허니웰社, 모토롤라社, 가전 대기업인 필립스社, 한국의 삼성전자이다. 또한 일본 기업으로는 미쯔비시 전기가 참여하고 있다.
- **일반회원(Participants)** : 표준규격의 책정에 참가 가능한 기업. 2005년 11월까지 일본 기업 및 그 해외 법인의 일반회원으로는 콘텍, 히다찌 제작소, 무라타 제작소, NEC 일렉트로닉스, NEC 엔지니어링, 오키전기, 오므론, OTSL, 르네상스 테크놀로지, 엡손, 新光전기, 山武, 요코하마 전기, 安川정보시스템 등이 있다. 일반회원이 ZigBee 연합의 주체가 되고 그 회원 수가 무척 많다.
- **채용자 회원(Adopters)** : 2005년에 새롭게 설립된 회원 랭크. 표준규격의 책정에는 참여가 불가능하지만, ZigBee에 준하는 제품 개발이 가능한 회원이다.

ZigBee 연합은 설립된 직후에 IEEE 802.15.4 사양을 제안하였다. 2003년에 IEEE 802.15. 4 사양이 IEEE에 승인됨으로써 업계에서 커다란 반향을 불러 일으켰다. 그 후 IEEE 802.15.4를 기초로 한 ZigBee 사양 1.0을 개발하여 2004년 12월 말에 ZigBee 사양 1.0이 정식으로 발표되었다. 이를 계기로 IEEE 802.15.4 ZigBee에 준하는 제품 개발이 단숨에 가속화되었다. 2005년에는 적합성인정 테스트의 기동, 빌딩 오토메이션, 공업 오토메이션의 프로파일 책정 등의 진행과 함께 ZigBee의 표준화 활동을 계속하고 있다.

2-3 아키텍쳐

본 절에서는 몇 가지 관점으로부터 IEEE 802.15.4.의 모델구성과 아키텍쳐에 관해 해설한다. 먼저 잘 알려진 OSI 기본 참조모델과 비교하여 IEEE 802.15.4 ZigBee 아키텍쳐를 소개한다. 다음으로 다른 IEEE 사양과의 관계를 설명한다. 마지막으로 실제 IEEE 802.15.4 ZigBee 각 층을 실장하는 방법과 더불어 상위층과의 인터페이스를 위한 프리미티브를 설명한다.

1 OSI 기본 참조모델

OSI 기본 참조모델(Open Systems Interconnection basic reference model)은 국제 표준화기구(ISO)에 의해 제안된 네트워크 모델 구조로서 현재 판매되고 있는 대부분의 네트워크 관련 교과서에 기재되어 있다. 이 모델에서는 네트워크의 기능을 다음과 같이 7계층으로 분류하여 각 층마다 표준적인 기능 모듈을 정의하고 있다.

- **[제1층] 물리층** : 네트워크 통신에 필요한 물리적인 미디어에 관련하여 규정한다. 예를 들면 이더넷의 경우 이더넷 케이블 및 커넥터의 형태와 특성 등이다.
- **[제2층] 데이터링크층** : 네트워크에 접속된 노드간에 메시지를 올바르게 전달하는 기능을 가지고 있다. 예를 들면 잡음 등의 원인으로 통신 에러가 발생한 경우에 에러검출, 에러 수정, 재전송 요구 등의 처리를 수행한다.
- **[제3층] 네트워크층** : 주소관리와 통신 라우트 관리를 수행한다. 네트워크상 각각의 노드를 식별하기 위해서는 주소가 불필요하게 된다. 더욱이 노드 간에 데이터를 직접 전송이 불가능한 경우 통신경로를 설정할 수 있는 라우팅 기능이 필요하다.
- **[제4층] 트랜스포트층** : 메시지의 사이즈가 큰 경우는 복수의 프레임(패킷)으로 나누어서 전송하게 된다. 그러나, 네트워크상의 데이터 전송은 반드시 송신한 순서대로 수신측에 전해진다고 말할 수는 없다. 때로는 부분적으로 프레임이 결손되는 경우도 있다.
  이 때문에 메시지가 확실히 전달해질 수 있도록 데이터 프레임의 정렬과 오류수정, 프레임 결손의 경우에는 프레임 재전송 요구 등이 트랜스포트층의 기능이 된다. 인터넷의 경우 대표적인 트랜스포트층 프로토콜에는 TCP(Transmission Control Protocol)와 UDP(User Datagram Protocol)가 있다.

- **[제5층] 세션층** : 네트워크에 연결된 통신프로그램 간에 가상적인 통신경로로서 커넥션을 확립함으로써 보다 효율적인 데이터 교환이 가능하게 된다.
- **[제6층] 프리젠테이션층** : 상위의 어플리케이션층 데이터는 형식을 변환하여 네트워크로 전송할 필요가 있다. 예를 들면, 데이터 압축, 문자 코드변환, 이진 데이터의 텍스트 데이터로 변환 등이 있다. 이러한 데이터 표현양식의 정의가 프리젠테이션층의 기능이다.
- **[제7층] 어플리케이션층** : 네트워크 통신을 이용하여 다양한 서비스를 제공하는 것이 어플리케이션층이다.

7단계의 OSI 기본 참조모델은 유선 케이블을 주류로 한 1980년대에 제안된 것이지만 그 이후에 개발된 실제의 네트워크에 있어서 7단계를 완전히 장착하지 않은 것이 많이 존재하고 있다. 특히 근거리 통신을 목표로 하는 무선센서 네트워크에서 이 모델을 그대로 적용하는 것은 어려울 수 있다. IEEE 802.15.4 태스크 그룹과 ZigBee 연합은 종래의 OSI 기본 참조모델을 간단화하여 IEEE 802.15.4 ZigBee를 규격화 하고 있다. 즉, 종래의 제4층 트랜스포트층으로부터 제7층 어플리케이션층까지의 4층을 통합하여 ZigBee의 어플리케이션층으로 재정의함으로써 4층으로 구성된 아키텍처를 제안한 것이다.

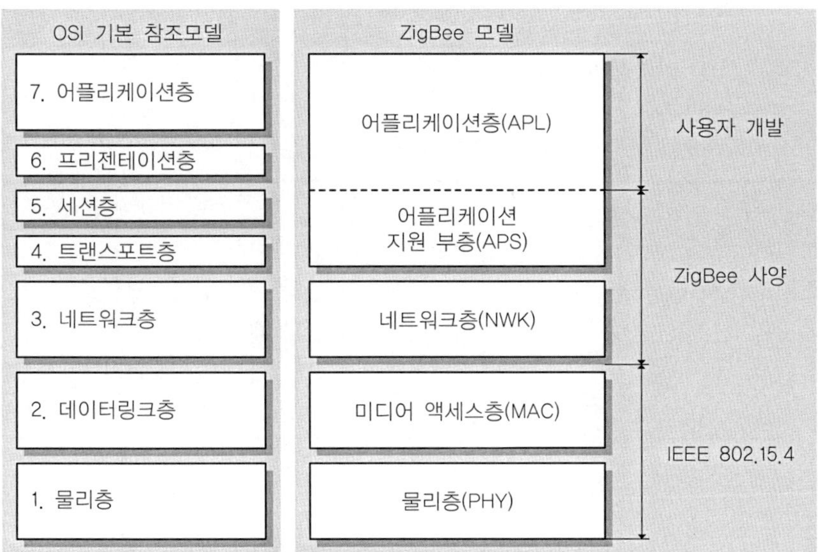

그림 2-1 IEEE 802.15.4 ZigBee의 ISO-OSI 모델

IEEE 802.15.4 ZigBee 규격의 아키텍쳐는 그림 2-1과 같다. 물리층(PHY층), 네트워크층(NWK층) 및 어플리케이션(APL층)은 각각 OSI 기본 참조모델의 각층에 대응하고 있다. 각 명칭과 역할의 변경은 없다. IEEE 802.15.4의 미디어 액세스층은 종래의 OSI 기본 참조모델의 데이터링크층에 대응되지만, 지금부터는 간단히 MAC층이라고 부른다. 또한 ZigBee 어플리케이션층 중에는 사용자 통신 어플리케이션 구축을 쉽게 하도록 어플리케이션 지원 부계층(APS층)이 규정되어 있다.

IEEE 802.15.4 ZigBee 아키텍쳐의 구성 및 기능을 표 2-1로 나타낸다. 또한 계층은 다음과 같이 다섯 층으로 구성되어 있다.

- [제1층] 물리층 : 무선통신에 필요한 물리적인 미디어에 관한 규약이다. 예를 들면 주파수, 채널, 변조방식, 기본 통신프레임의 구성 등이다.
- [제2층] MAC층 : 전파가 직접 도달되는 범위(1홉)내에서 메시지가 올바르게 전달되는 것을 규정한다. 예를 들면, 간섭 전파 등의 원인으로 통신 에러가 발생한 경우, 에러 검출, 오류 수정, 재전송 요구, 올바르게 수신된 경우의 ACK 응답 등이 이 층의 기능이다.
- [제3층] 네트워크층 : 네트워크 관리와 라우팅 관리 하에서 네트워크 내의 메시지 전송방식을 규정한다. 네트워크 관리는 네트워크 기동, 네트워크 참가, 네트워크 주소 할당 등을 통하여 네트워크 노드들간에 상호 인식할 수 있는 기능이다.
  또한 전파가 직접 도달되지 않는 무선 네트워크의 경우에 중간 노드의 릴레이 기능으로 메시지를 전송해야 하는 경우가 있다. 이 경우 메시지를 확실히 전달할 수 있는 라우트를 선택해야 하는데 이러한 기능이 이 층의 역할이다.

표 2-1 IEEE 802.15.4 ZigBee 아키텍쳐 구성 및 기능

층의 명칭	약칭	주요 기능
어플리케이션층	APL	사용자의 통신 어플리케이션
어플리케이션 지원 부층	APS	어플리케이션 간의 논리적 통신경로 확립, 어플리케이션 간의 데이터 교환, 어플리케이션 간의 메시지 착신확인 및 재전송요구
네트워크층	NWK	네트워크 관리, 라우팅 관리, 네트워크 내에서 메시지 전송
미디어 액세스층	MAC	1홉 내에서 메시지 전송, 1홉 내에서 착신확인 및 재전송요구
물리층	PHY	통신에 사용되는 주파수, 채널, 변조방식, 프레임 구조

■ [제4층] 어플리케이션 지원 부층 : 네트워크층에서 노드 간의 통신경로가 확정되지만 1개 노드에 복수의 어플리케이션이 함께 존재하는 것이 가능하기 때문에 TCP 포트와 같은 어플리케이션 간의 논리적인 통신경로가 필요하게 된다. 어플리케이션 지원 부층의 주 기능들 중의 하나는 이러한 논리적 서브 채널로서의 엔드 포인트를 지원하는 것이다. 또한 네트워크층에서 전송 가능한 정보는 일정 길이 이하의 2진 데이터 페이로드 뿐이다. 사용자의 어플리케이션은 여러 가지이기 때문에 요구되는 데이터 형식도 서로 다르다. 어플리케이션으로부터의 송신 데이터를 네트워크층에 요구된 형식으로 변환하여 프레임을 구축한다든지 혹은, 네트워크층으로부터의 페이로드 데이터를 어플리케이션이 이해할 수 있는 메시지로 변환하는 일이 이 층의 역할이다. 구축된 통신 프레임의 착신 확인과 전송 요구도 이 층의 기능이다. 그러나 ZigBee 사양 1.0에서는 데이터 사이즈가 큰 메시지를 자동적으로 복수 프레임으로 분할해서 전송하는 기능(프래그멘테이션이라고 부른다)은 아직 지원되지 않는다.

■ [제5층] 어플리케이션층 : ZigBee의 사양은 어플리케이션을 쉽게 구축할 수 있도록 어플리케이션 프레임 워크(AF)를 제공하고 있다. 또한 특수한 어플리케이션으로서 ZigBee 네트워크를 관리하는 ZigBee 디바이스 오브젝트(ZDO)의 실장이 의무화 되어 있다. 어플리케이션 프레임 워크와 ZigBee 디바이스 오브젝트에 관한 상세한 사항은 7-6절에서 설명한다.

TIP

IEEE 802.15.4 ZigBee 기술을 이용하는 제품이 반드시 IEEE 802.15.4 ZigBee의 모든 층에 준하지 않아도 된다. 어플리케이션의 필요에 따라 MAC층 혹은 네트워크층까지를 지원하는 실장 방법도 있다. 그러나 모든 층을 실장하지 않으면 ZigBee 인정 로고를 취득하는 것이 불가능하다.

2 IEEE 802.2 모델

IEEE 802.15.4는 IEEE 802.2 LAN/MAN 표준위원회 하위의 IEEE 802.15 무선 PAN 워킹 그룹인 IEEE 802.15.4 태스크 그룹에 의해 개발된 규격이다. 이 때문에 IEEE 802.15.4는 IEEE 802.3의 이더넷, IEEE 802.11a/b/g의 무선 LAN, IEEE 802.15.1의 블루투스 등 다른 IEEE 802.2 위원회에서 관리되고 있는 네트워크 표준과 마찬가지로 802.2 LLC(Logical Link Control)의 지원이 의무화되고 있다. 이 LLC를 경유하여 IP 등 상위층에 접속이 가능하다. LLC는 무선 네트워크가 출현하기 전에 유선 네트워크를 상정하여 규정된 인터페이스이기 때문에 무선통신에 필요한 기능을 충분히 갖추고 있지 않다.

IEEE 802.15.4는 SSC(Service Specific Convergence) 부층을 정의함으로써 LLC를 지원할 수 있게 되어 있다. 그러나 실제 LLC에 접속하는 IEEE 802.15.4의 실적은 없는 듯하다. IEEE 802.15.4에서는 다른 상위 네트워크층에 접속할 수 있도록 LLC 사양 이상의 기능을 규격화 하였다. 그림 2-2와 같이 ZigBee를 시작으로 여러 독자적인 상위 네트워크층이 개발되어 많은 실적이 보고되고 있다.

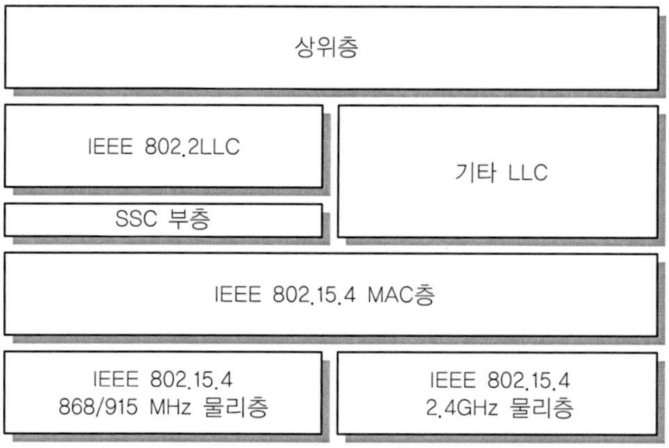

그림 2-2 IEEE 802.15.4의 LLC 모델

TIP

무선의 특성을 활용하여 유연한 접속 형태를 지원하기 위해 IEEE 802.15.4에서는 802.2 LLC 사양 이상의 기능이 규격화되어 있다.

2-4 디바이스 타입

2-3절의 해설로 IEEE 802.15.4 ZigBee의 모델에 대한 충분한 설명이 되었다고 생각하지만, 본 절에서는 앞에서 서술한 아키텍쳐의 각층이 어떻게 실장되는가에 대해 간단히 설명한다.

1 실리콘과 스택

일반적으로 조립 시스템의 실장 방법은 크게 분류하여 실리콘 반도체 집적회로와 같은 하드웨어로 실장하는 방법과 스택이라고 불리는 마이크로 프로세서 프로그램의 소프트웨어로 실장하는 방법이 있다. 반도체 집적회로는 개발비용이 많이 들지만 높은 성능을 얻을 수 있다. 소프트웨어에 의한 실장 방법은 유연성이 높지만 좀처럼 하드웨어와 같은 높은 성능이 기대되지 않는다. 따라서 성능을 확보할 수 있는 경우에는 비용을 억제하기 위해 가능한 한 소프트웨어에 의한 실장 방법이 좋다고 말할 수 있다.

그림 2-3은 IEEE 802.15.4 ZigBee의 실장 형태를 나타낸다. 시장에서 IEEE 802.15.4에 준한 제품의 물리층 기능은 거의 CMOS 등의 반도체에 실장되고 있다. CMOS는 고주파의 아날로그 회로와 디지털 회로가 혼재 가능한 최신 집적회로의 하나이다. MAC층 기능은 반도체의 집적회로와 마이크로 프로세서 프로그램 스택에 나누어서 실장되는 경우가 대부분이다.

그림 2-3 IEEE 802.15.4 ZigBee의 실장 형태

MAC층의 전반은 처리속도를 향상시키기 위해 집적회로에 실장된다. 예를 들면 ACK의 자동발행, 암호화 처리 등이다.

TIP

시판되는 IEEE 802.15.4 ZigBee에 준한 RF칩은 그 면적의 대부분이 아날로그 회로가 차지한다. 아날로그 회로 점유 면적의 삭감이 RF칩 비용절감의 열쇠가 되고 있다.

네트워크층 이상의 각 층은 예외 없이 마이크로 프로세서 프로그램 스택에 실장된다. 마이크로 프로세서 프로그램은 플래시 메모리에 보존된다. 플래시 메모리의 용량은 기본적으로 칩의 면적에 비례하기 때문에 마이크로 프로세서 본체와 비교하여 대용량의 플래시 메모리는 아직 비싼 상태이다. 그래서 프로그램에 필요한 용량, 즉 스택 사이즈가 센서 네트워크 제품의 비용에 있어서 매우 중요시 된다. 사용자 어플리케이션을 제외한 IEEE 802.15.4 ZigBee의 풀 스펙 실장에 필요한 스택 사이즈는 합계 약 50킬로 바이트 이상이다. 그중에서 약 20킬로 바이트 정도는 IEEE 802.15.4 MAC층의 라이브러리이고 나머지가 ZigBee 사양에 필요한 부분이다.

이 때문에 단순한 IEEE 802.15.4 ZigBee 어플리케이션은 시판 64킬로바이트 플래시 메모리 내장의 마이크로 프로세서를 이용하는 것이 가능하지만, 128킬로바이트 플래시 내장의 마이크로 프로세서가 있으면 상당한 여유를 가지고 복잡한 IEEE 802.15.4 ZigBee 어플리케이션도 실장할 수 있다. 그러나 현 상태의 128킬로바이트 플래시 메모리 내장의 마이크로 프로세서는 매우 비싸다. 본서 집필 현재 IEEE 802.15.4의 RF칩은 4달러 전후로 조달이 가능하지만, 128킬로바이트 플래시의 마이크로 프로세서는 아마 RF칩보다 배 정도의 비용이 더 들 것이다.

ZigBee 디바이스 비용을 절감하기 위해 일부분의 코드를 ROM(Read Only Memory)화 하는 방법이 있다. 예를 들면 MAC층의 라이브러리를 ROM화 하는 것이다. 또한 기능을 제한해서 더욱 가벼운 코드로 실장하는 방법도 있다. 예를 들면 보안의 기능을 삭제한다든지 비콘 기능을 제외시키는 경우를 생각할 수 있다. 다음 2-4-3항에서 소개하는 RFD의 디바이스 타입은 이러한 방법들 중의 하나이다.

TIP

IEEE 802.15.4 ZigBee 실장 비용 절감의 열쇠는 플래시 메모리의 요구 용량에 있다. 왜냐하면 플래시 메모리 용량이 기본적인 칩 면적에 비례하고 있기 때문이다.

2 논리 디바이스 타입

IEEE 802.15.4 ZigBee의 논리 디바이스 타입은 서로 다르기 때문에 각 노드(디바이스)가 네트워크 상에서 맡고 있는 역할도 서로 다르다. IEEE 802.15.4에서는 논리 디바이스 타입으로서 PAN 코디네이터, 코디네이터, 네트워크 디바이스 등의 3종류를 정의하고 있다. ZigBee 사양의 경우 각각이 조금씩 다르고 각각 ZigBee 코디네이터, ZigBee 라우터, ZigBee 엔드 디바이스라고 부른다.

본 책에서는 혼란을 피하기 위해 ZigBee 사양의 명칭을 통일시켜 설명한다. 회사의 직무에 비유하여 말하면 코디네이터는 사장, 라우터는 중간 관리직, 엔드 디바이스는 일반사원에 해당된다.

근거리로 설치 된 복수의 무선 노드로 구성되어 있는 통신네트워크는 PAN이라고 불린다. 1개의 PAN 내의 노드에는 다음과 같은 특징이 있다.

- 동시에 공통의 통신 채널 사용이 가능하다.
- 네트워크 주소만으로 상호 인식이 가능하다.
- 공통 네트워크 식별자인 PAN ID을 갖는다.

PAN을 전체적으로 관리하는 노드를 코디네이터(Coordinator)라고 부른다. PAN을 회사에 비유하면 코디네이터는 사장이다. 1개의 PAN 내에서는 코디네이터는 1개밖에 없다. 네트워크 기동은 코디네이터의 역할이 된다. 네트워크 내의 모든 노드 정보를 관리하기 위하여 코디네이터 실장에 필요한 마이크로 프로세서의 자원(플래시 메모리와 RAM)은 커진다. 또한 일반적으로 항상 동작하는 것이 요구되기 때문에 전력소비도 커진다. 코디네이터는 많은 경우에 이더넷 백본, 직렬 통신, 필드 버스 등의 사이에서 게이트웨이를 겸용하고 있다.

전송 착신지 주소에 따라 적절한 통신경로를 선택하는 기능을 가지는 노드를 라우터(Router)라고 부른다. 회사에서 말하면 중간 관리직이다. 1개의 PAN 내에서 복수의 라우터가 존재 가능하다. 코디테이터와 동일하게 라우터 기능이 실장되지만 기본적으로 자신의 자식 노드를 관리할 책임밖에 없기 때문에 필요한 마이크로 프로세서 자원도 코디네이터보다 작아진다.

멀티 홉을 지원하는 네트워크에서는 1홉으로 직접 송신이 불가능한 경우에 1개 이상의 중계점을 경유하는 데이터 전송이 필요시 된다. 이러한 중계 기능이 라우터의 역할이다. 이를 위해 통상의 라우터에서는 자신의 메시지를 송수신할 뿐만 아니라 다른 노드로부터의 메시지도 중계 전송해야 하기 때문에 코디네이터처럼 전력소비가 커진다. 일반적으로 교류전원 어댑터로부터의 급전이 필요하게 된다.

회사에서 일반 사원에 해당하는 엔드 디바이스(End Device)는 자신의 부모 노드인 라우터 혹은 코디네이터와만 교신할 수 있기 때문에 기능이 매우 한정되어 있다. 이 때문에 마이크로 프로세서의 자원은 매우 적게 필요하고 저비용으로 실장이 가능하다. 또한 메시지 릴레이 책임이 없기 때문에 자신이 통신하지 않을 때에는 슬립 모드로 들어갈 수 있다. 따라서 소비전력이 매우 적어지므로 보통의 전지로부터 급전되어 수년간 가동될 수 있다.

표 2-2 논리 디바이스 타입

IEEE 802.15.4 명칭	PAN 코디네이터	코디네이터	네트워크 디바이스
ZigBee 명칭	ZigBee 코디네이터	ZigBee 라우터	ZigBee 엔드 디바이스
네트워크 기동 기능	유	무	무
라우터 기능	유	유	무
비콘 발행	가능	가능	불가
관리 범위	전체 노드	자기의 자식 노드	자기 뿐
가능 노드 수	1 노드 뿐	복수 노드 가능	복수 노드 가능
전력 소비	대	대	소
요구되는 마이크로 프로세서 자원	대	중	소

TIP

동일한 디바이스 타입이라도 IEEE 802.15.4 사양서와 ZigBee 사양서에서 부르는 방법이 다르다. IEEE 802.15.4 사양서의 [코디네이터]는 ZigBee 사양서에서는 [라우터]이고, 동일한 방법으로 [PAN 코디네이터]는 [코디네이터]로 되어 있다.

3 물리 디바이스 타입

저비용의 무선센서 네트워크 디바이스를 제공하기 위하여 IEEE 802.15.4에서는 풀 기능 디바이스인 FFD(Full-Function Device)와 기능 한정 디바이스인 RFD(Reduced-Function Device) 등 두 종류의 물리 디바이스 타입을 정의하고 있다. FFD와 RFD의 가장 큰 차이는 라우터 기능의 유무이다. 라우터 기능을 가지는 FFD는 스타와 메쉬 등의 네트워크 토폴로지에서 디바이스로서의 기능이 가능하고 전체의 논리 디바이스 타입(코디네이터, 라우터, 엔드 디바이스)으로 실장될 수 있다. 한편, 저비용의 RFD는 부모 라우터와만이 통신 가능하기 때문에 엔드 디바이스로서의 실장으로 제한된다. FFD와 RFD의 차이를 표 2-3에 나타낸다.

표 2-3 물리 디바이스 타입

항 목	FFD	RFD
라우터 기능	유	무
코디네이트	가능	불가능
라우터	가능	불가능
엔드 디바이스	가능	가능
가격	약간 높음	낮음
MAC층 사이즈	16~20kB	12~16kB

표 2-3에서 MAC층 스택 사이즈는 ZigBee 연합에 의해 공개된 예상 필요 사이즈이다. 실제로는 프로그램의 레벨과 마이크로 프로세서의 종류 및 컴파일러의 성능에 따라 완성된 스택 사이즈가 달라진다.

TIP

동일한 소스 코드라도 이용되는 컴파일러의 성능에 따라 완성된 스택 사이즈에 상당히 커다란 차이가 발생하는 경우가 있기 때문에 사용하는 컴파일러의 성능에 주의하지 않으면 안 된다.

표 2-3의 스택 사이즈 숫자로부터 보면 FFD와 RFD의 사이즈는 큰 차이가 없을 것 같지만, 실제로는 RFD는 앞에 서술했던 논리 디바이스 타입의 엔드 디바이스만으로 실장되기 때문에 네트워크 이상의 스택도 상당히 작아진다. 이 때문에 RFD를 기초로 한 엔드 디바이스에 필요한 플래시 메모리 용량은 FFD의 반 이하인 16~32킬로 바이트로도 가능하다. 한편 FFD를 기본으로 한 코디네이터와 라우터에 필요한 마이크로 프로세서 자원은 적어도 64킬로 바이트 이상의 플래시 메모리가 필요할 뿐만 아니라 큰 사이즈의 RAM이 요구되는 경우는 있다. 특히 코디네이터의 경우 네트워크 전체의 정보를 관리하기 때문에 마이크로 프로세서의 내장 RAM만으로는 용량이 부족한 경우가 있다. 이러한 경우는 외부 RAM으로 대응하게 된다.

TIP

기능을 한정한 ZigBee의 RFD 물리 타입의 디바이스는 필요한 플래시 메모리 등의 자원이 작아지므로 실장 비용의 절감이 가능하다.

2-5 프리미티브

IEEE 802.2 LAN/MAN 표준위원회에서는 네트워크의 각 층에서 제공되는 서비스의 인터페이스를 표현하기 위하여 프리미티브(Primitive)라고 하는 용어를 사용한다. 모든 서비스는 클라이언트에 해당하는 서비스 요구측, 그리고 서버에 해당하는 서비스 제공측 사이에 프리미티브로 정보를 전달함으로써 그 서비스를 실현하고 있다.

프리미티브는 그 목적에 따라서 표 2-4와 같이 4종류로 분류된다. 즉, 요구(Request) 프리미티브, 통지(Indication) 프리미티브, 응답(Response) 프리미티브 및 확인(Confirm) 프리미티브 등이다. 그러나 모든 서비스에 이 4종의 프리미티브가 갖추어질 필요는 없으며, 부분적으로는 프리미티브가 없는 경우가 많다.

표 2-4 4종류의 프리미티브

프리미티브	실 장	방 향	목적
요구	서비스 요구측	상위층 → 서비스층	서비스 요구
확인	서비스 요구측	서비스층 → 상위층	서비스 결과 확인
통지	서비스 제공측	서비스층 → 상위층	서비스 요구 통지
응답	서비스 제공측	상위층 → 서비스층	서비스 요구에 응답

서비스는 그림 2-4와 같이 다음 단계로 실행된다.

[1] 서비스 요구측의 상위층으로부터 서비스층에 서비스 요구 프리미티브를 발행하여 서비스 제공을 요구한다. 서비스층은 이러한 요구를 하위층에 전달하여 서비스 요구를 서비스 제공측에 제출한다. 서비스층은 최하위인 물리층의 경우에 전파로 요구 메시지를 송신한다.

[2] 서비스 요구측이 서비스의 실행결과를 알게 된 시점에서 서비스 결과를 확인 프리미티브로 상위층에 전달한다.

[3] 서비스 제공측은 하위층으로부터 서비스 요구를 받으면 이러한 요구를 통지 프리미티브로 상위층에 전달한다. 일반적으로 통지는 콜 백(Call back)의 형태로 이벤트를 발생하여 상위층에 전달한다.

[4] 서비스 제공측의 상위층은 요구된 서비스의 결과를 응답 프리미티브로 하위층에 전달한다. 서비스층은 최하위인 물리층의 경우에 전파로 서비스 결과를 송신한다.

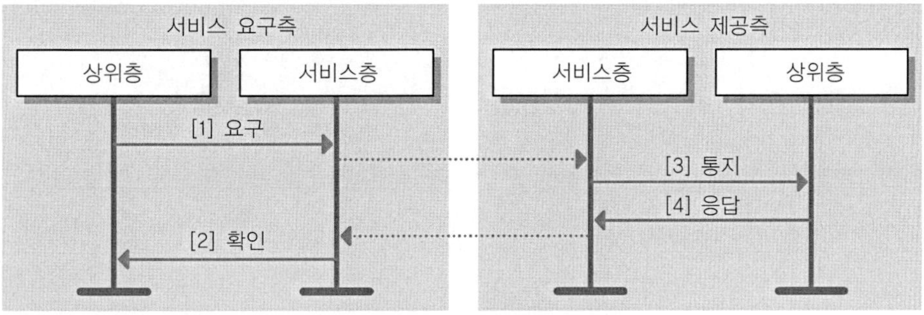

그림 2-4 프리미티브 개념

TIP

프리미티브는 각 층의 기능을 상위층에 제공하는 인터페이스로서 API(Application Programming Interface)와 같은 것이지만 소프트웨어 인터페이스가 아니라 필요한 기능만이 정해져 있다.

네트워크의 물리층은 PHY(Physical)층이라고도 불리며 무선전파 신호의 상호변환 방식을 규정한다. 본 장에서는 IEEE 802.15.4[1]의 물리층에 관하여 설명한다. IEEE 802.15.4의 물리층은 다음과 같은 기본 기능을 제공한다.

- 채널 전계강도의 검지
- 통신 채널 주파수 설정
- 송수신 기능의 개시와 정지
- 간섭 전파 유무의 클리어 채널 판정
- 기본 통신 프레임의 송수신
- 통신경로의 링크 품질 측정

본 장의 3-1절[주파수 대역과 채널]에서는 IEEE 802.15.4의 물리층에서 사용되는 주파수와 채널을 소개한다. 3-2절~3-4절에서는 IEEE 802.15.4에서 사용되는 변조방식 및 회로를 소개한다. 마지막으로 3-5절과 3-6절은 IEEE 802.15.4의 물리층에서 제공되는 서비스 및 물리층의 프레임 구조를 설명한다.

Chapter 03

IEEE 802.15.4 물리층

3-1 주파수 대역과 채널

현재의 IEEE 802.15.4 사양에서는 표 3-1과 같이 3개의 주파수 대역, 합계 26채널을 사용하는 것이 가능하지만 전파법의 제약 때문에 일본에서 이용 가능한 것은 2.4GHz대 뿐이다.

표 3-1 IEEE 802.15.4의 주파수 대역과 채널

주파수 대역	채널 수	변조방식	데이터 전송속도	사용가능한 구역
868MHz	1	BPSK	20kbps	유럽
915MHz	10	BPSK	40kbps	북미, 남미
2.4GHz	16	O-QPSK	250kbps	전세계

868/915MHz의 UHF 대역 채널은 2.4GHz와 비교하여 데이터 전송속도는 낮지만 다음과 같은 장점이 있다.

- 실장 난도 : 주파수가 낮기 때문에 실장이 쉽다.
- 통신거리 : 저주파수와 낮은 데이터 전송속도 때문에 통신거리가 길다. 예를 들면 IEEE 802.15.4에서는 868/915 MHz의 UHF 대역에 필요한 최저 수신감도가 -92dBm인 것에 비하여 2.4GHz 대역에 필요한 최저 수신감도는 -85dBm으로 규정되어 있다. 이에 따라 논리상 자유공간에서(장해물이 전혀 없는 상태) 1mW 출력의 송신거리는 2.4GHz가 178m인 것에 비하여 915MHz는 1000m까지 통신이 가능하다.
- 간섭 전파 : 무선 LAN 등의 전자기기로부터 간섭이 적다.

안타깝게도 일본에서는 현재의 전파법에 의해 869/915MHz대의 채널을 이용할 수 없다. 이 때문에 본 책에서는 주로 IEEE 802.15.4의 2.4GHz대에 관하여 설명한다. 그러나 최근 총무성은 UHF 대역 액티브 RFID(전자테그) 및 ZigBee에 950MHz대의 사용을 인가하는 방향으로 검토를 진행하고 있는 듯하다. 개발 중인 IEEE 802.15.4b 사양에서는 옵션으로 915MHz대의 고속(250kbps) 변조방식을 지원할 예정이다. IEEE 802.15.4b 사양은 현재의 IEEE 802.15.4 사양을 강화시켜서 2006년 전반기에 발표되었다.

TIP

실장하기 쉬운 UHF 대역에서 동작하는 무선센서 네트워크는 전송거리를 보다 길게 할 수 있다. IEEE 802.15.4b의 완성과 일본 전파법의 개정이 기대된다.

IEEE 802.15.4의 2.4GHz 대역에서 사용되는 16채널의 중심 주파수를 표 3-2로 나타낸다.

표 3-2 2.4GHz 대역의 IEEE 802.15.4 채널

채널	중심 주파수	채널	중심 주파수
11	2405MHz	19	2445MHz
12	2410MHz	20	2450MHz
13	2415MHz	21	2455MHz
14	2420MHz	22	2460MHz
15	2425MHz	23	2465MHz
16	2430MHz	24	2470MHz
17	2435MHz	25	2475MHz
18	2440MHz	26	2480MHz

그림 3-1에 IEEE 802.15.4의 2.4GHz 대역에서 사용되는 16채널 배치와 함께 그것에 대응하는 일본의 규제[2.4GHz대 고도화 소전력 데이터통신 시스템(ARIB STD-T66)]에서 허가된 주파수 대역 2400MH~2483.5MHz를 나타낸다. IEEE 802.15.4의 2.4GHz 대역의 채널은 2MHz를 점유하지만 인접 채널의 중심 주파수간 폭은 5MHz이다. 이 때문에 무선 LAN과 다르며 인접 채널의 대역도 서로 겹치지 않기 때문에 동시에 사용해도 이론적으로는 서로 영향을 미치지 않는다.

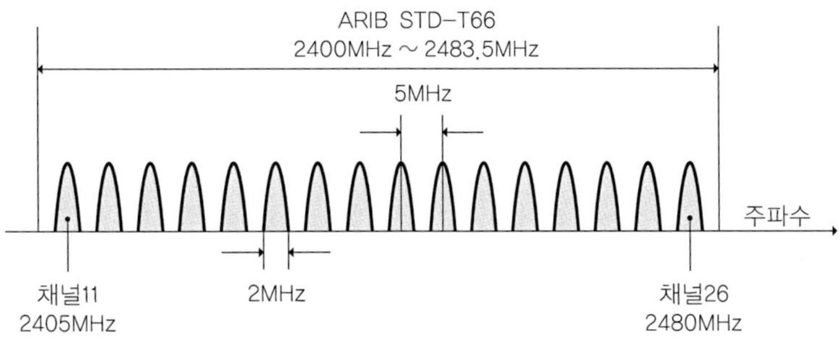

그림 3-1 IEEE 802.15.4 채널

TIP

2400MHz~2483.5MHz 대역의 무선 LAN에서는 13채널을 설정할 수 있지만 인접 채널의 대역이 서로 겹치고 있기 때문에 모든 채널을 동시에 사용하는 것은 불가능하다. 인접 채널이 겹치지 않는 조건에서는 동시에 사용 가능한 채널이 3개 밖에 없다.
동일한 2.4GHz 대역을 사용하는 802.15.4 ZigBee에서는 16채널이 설정되고 인접 채널의 대역이 서로 겹치지 않기 때문에 이론상으로는 모든 채널을 동시에 사용할 수 있다.

2.4GHz 주파수 대역의 IEEE 802.15.4 물리층에 관한 다른 주요 파라미터를 표 3-3에 나타낸다.

표 3-3 IEEE 802.15.4 물리층 파라미터

피라미터	규정치	설명
데이터 전송속도	250kbps	이론상의 최고 데이터 전송속도
심볼 레이트	62.5k심볼/초	확산 전의 변조신호 속도, 3-3절 참조
칩 레이트	2M심볼/초	확산 후의 변조신호 속도, 3-3절 참조
PN 부호열 길이	32칩	확산율, 3-3절 참조
송신파워	-3dBm 이상	일본 규제는 최대 10mW/MHz
수신감도	-85dBm 이하	올바르게 수신하기 위해 필요한 최저 전파강도. 통신거리 및 RF회로 성능에 관한 매우 중요한 파라미터

송신파워와 수신감도는 통신거리를 좌우하는 중요한 파라미터이다. 0dBm은 1mW를 기준치로 하는 파워의 상대치이다. dBm과 mW는 다음 식으로 환산가능하다.

$$dBm = 10\ \log_{10}(m\,W)$$

반도체 제조사에서 제공된 IEEE 802.15.4에 준하는 RF 채널의 내장 앰프는 약 1mW의 송신파워를 제공하고 있다. RF 채널의 출력파워를 더욱 향상시키고자 할 때는 외부 파워 앰프가 필요하지만, 일본의 규제는 최대 10mW/MHz이므로 10배 정도의 파워 증폭이 가능하다. IEEE 802.15.4의 통신거리에 관해서 자주 질문을 받지만 이것은 매우 어려운 질문이다. 먼저 무선통신의 최대 패스 로스(PL : Path Loss)는 다음 식처럼 송신파워(PT_x : Transmission Power)와 수신감도(SR_x : Receiver Sensitivity)의 차이로 구할 수 있다.

$$PL[dBm] = PTx[dBm] - SRx[dBm]$$

2.4GHz 대역의 패스 로스와 송신거리의 관계는 다음 식으로 표시된다.

$$PL[dBm] = 40 + 10n\ Log_{10}(d)$$

여기서 n은 전송 경로의 품질을 나타내는 지수이고, d는 송신거리[m]이다. 장해가 거의 없는 실외 자유공간의 경우, n은 2에 가깝고 실내의 경우는 2.5~4가 된다. 즉, 송신에 필요한 파워는 실외의 경우에 대략 통신거리의 2제곱에 비례하지만, 실내의 경우는 대략 2.5~4제곱에 비례한다. 예를 들어 IEEE 802.15.4 사양서에 규정되어 있는 송신파워 -3dBm, 송신감도 -85dBm의 조건하에서 2.4GHz 대역의 송신거리를 계산하면 표 3-4처럼 된다. 이것은 안테나와 인쇄회로 기판 등의 로스를 생략한 계산이기 때문에 실제 이용 가능한 통신거리는 이것보다 훨씬 짧게 될 것이다.

표 3-4 2.4GHz 대역의 통신거리(패스 로스=82dBm)

경로품질지수 n	통신거리	설 명
2	126m	조망이 좋은 실외의 경우
2.5	48m	전파 전반 환경이 좋은 실내의 경우
3.0	25m	전파 전반 환경이 그다지 좋지 않은 실내의 경우
4.0	11m	전파 전반 환경이 상당히 나쁜 실내의 경우

TIP

통신거리는 통상 송신 파워의 2~4 제곱에 비례한다. 즉 송신출력을 증강시켜서 단순히 통신거리를 2배로 연장하고 싶은 경우에 4~16배의 송신파워 증강을 필요로 한다.

반도체 제조사의 노력으로 IEEE 802.15.4에 준하는 RF 채널의 수신감도는 -90dBm 정도까지 개선되고 있다. 참고로 Bluetooth(IEEE 802.15.1)과 무선 LAN(IEEE 802.11b 11Mbps CCK)의 최저 수신감도는 각각 -70dBm과 -76dBm으로 규정되어 있다. ZigBee(IEEE 802.15.4)에 필요한 전파 강도는 Bluetooth의 백분의 1분 정도이다. 휴대전화의 수신감도는 -110dBm이지만 ZigBee(IEEE 802.15.4)에 필요한 전파강도는 대략 휴대전화의 백배이다. 수신감도는 제조비용과 직접 관련이 있기 때문에 고수신감도의 RF 채널은 제조비용도 높아진다.

TIP

무선통신의 거리는 사용 환경에 크게 좌우된다. 일반적으로 실외는 실내의 몇 배되는 거리 간에서도 통신이 가능하다. 통신거리에 영향을 주고 있는 것은 거리에 따른 전파의 감쇠뿐만 아니라 방의 벽, 천정 등으로부터의 반사파에 의한 멀티패스 페이징(Multipath Phasing)의 영향을 제일 크게 받는다.

멀티패스 페이징에서는 복수 경로로부터 동일한 전파를 수신하는 경우에 경로마다 전파의 강도와 위상이 다르기 때문에 합성되는 수신 전파강도가 합쳐져서 강해진다거나 혹은 소멸되는 일이 있다. 최악의 경우는 합성된 수신전파가 완전히 소멸되어 전파강도 제로의 [널 포인트]가 발생할 가능성도 있다.

멀티패스 페이징의 대책으로는 2개 이상의 안테나를 동시에 사용하는 다이버시티 안테나(Diversity Antenna)가 효과적인데 이것은 전파 간섭을 경감시키는 방법이다. 실제로 휴대전화와 무선 LAN에서는 다이버시티 안테나가 많이 이용되고 있다. 휴대전화의 경우에 밖에서 보이는 막대 안테나 뿐만 아니라 많은 기종의 본체 내부에도 또 한 개의 안테나를 내장하고 있다.

3-2 변조방식

이 절에서는 무선통신에 필요한 변조에 관련된 기본 지식을 소개한 후에 IEEE 802.15.4에서 채용되고 있는 일차 변조방식에 대해 설명한다.

1 변조방식의 종류

무선통신은 고주파의 전파로 정보를 전송한다. IEEE 802.15.4의 경우 2.4GHz 대역의 전파를 이용한다. 이러한 고주파를 반송파 또는 캐리어(Carrier Wave)라고 부른다. 전송된 정보의 신호를 베이스밴드라고 말한다. 예를 들면 1,422kHz 라디오 방송의 경우 1,422kHz의 전파가 반송파이고 음성이 베이스밴드이다.

단순한 반송파 만으로는 어떠한 정보도 전달할 수가 없다. 베이스밴드 신호에 따라서 반송파에 약간의 변환을 추가함으로써 정보를 전달하는 것이 가능하게 되는 것이다. 이러한 변환을 변조(Modulation)라고 부른다. 수신측에서 이러한 반송파의 변형을 검출하여 베이스밴드 신호를 복원하는 것을 복조(Demodulation)라고 한다. 많이 이용되는 변조로는 진폭변조, 고주파변조, 위상변조 등이 있다.

베이스밴드는 아날로그 신호의 아날로그 변조와 디지털신호의 디지털변조로 분류된다. 아날로그 회로와 디지털 회로의 관계와 매우 유사하여 아날로그변조는 잡음 등에 따른 전송신호의 열화가 본질상 피할 수 없는 문제이다. 최근에는 보다 고품질의 데이터전송이 요구되고 있기 때문에 통신도 디지털화 경향이 보이며 디지털변조의 연구개발이 매우 주목되고 있다.

그림 3-2에 디지털 진폭변조(ASK : Amplitude Shift Keying), 디지털 주파수변조(FSK : Frequency Shift Keying) 및 디지털 위상변조(PSK : Phase Shift Keying)의 각 변조파형을 나타낸다.

- 디지털 진폭변조(ASK)의 경우는 송신측 베이스밴드 신호의 [1] 또는 [0]에 따라서 반송파 진폭을 일정하게 변화시키고 수신측에서는 이 진폭변화를 검지하는 것으로 베이스밴드 신호를 복원한다.

■ 디지털 주파수변조(FSK)의 경우는 송신측이 베이스밴드 신호에 따라 반송파 주파수를 일정 범위로 변화시키고 수신측에는 수신 주파수를 측정하여 베이스밴드 신호를 복원한다.

■ 디지털 위상변조(PSK)의 경우는 송신측이 베이스밴드 신호에 따라 반송파의 위상을 일정치로 변화시키고 수신측에서 수신신호의 위상을 측정함으로써 베이스밴드 신호를 복원한다.

이론적으로 위상변조와 주파수변조의 두 가지가 진폭변조보다 양호한 통신 성능을 얻을 수 있기 때문에 디지털 위상변조 방식이 많이 개발되고 있다. 이 책에서 소개하는 IEEE 802.15.4도 위상변조 방식을 채용하고 있다.

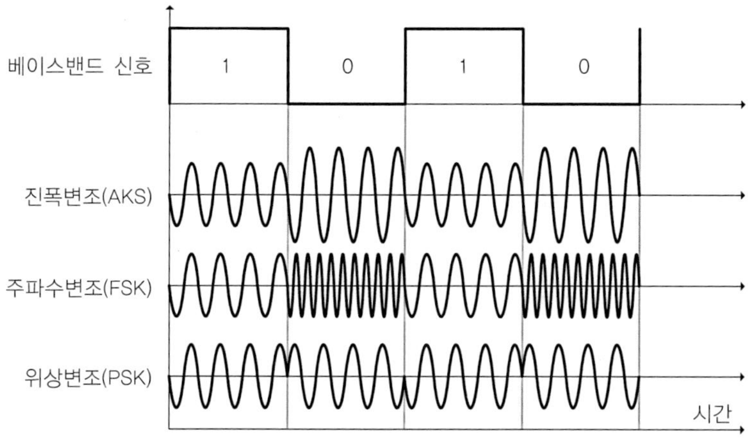

그림 3-2 디지털변조 방식

2 위상변조 방식

위상치는 0~2π [라디안]의 범위로 측정된다. 예를 들면 반송파의 신호(위상=0)와 그 위상을 반전한 신호(위상=π)를 이용하여 각각 디지털의 [0]과 [1]을 나타내는 것이 가능하다. 이처럼 가장 간단한 디지털 위상변조를 BPSK(Binary Phase Shift Keying)라고 부른다. TTL 디지털 논리회로에서 신호레벨 0.8V 이하는 논리치 [0], 2.0V 이상은 논리치 [1]을 나타내는 것과 마찬가지로 위상 [0]과 [π]로 각각 논리치 [0]과 [1]을 나타낸다.

위상 평면상에서 특정한 신호를 나타내는 상태(status)를 신호점이라고 부른다. BPSK의 신호점을 나타내면 그림 3-3(a)과 같이 위상 [0]과 [π]에는 각각 2개의 신호점이 있다. 2개의 신호점을 갖는 BPSK는 논리치 [0]과 [1]의 2개 값 논리를 표시할 수 있기 때문에 2개 값 디지털변조에 이용 가능하다.

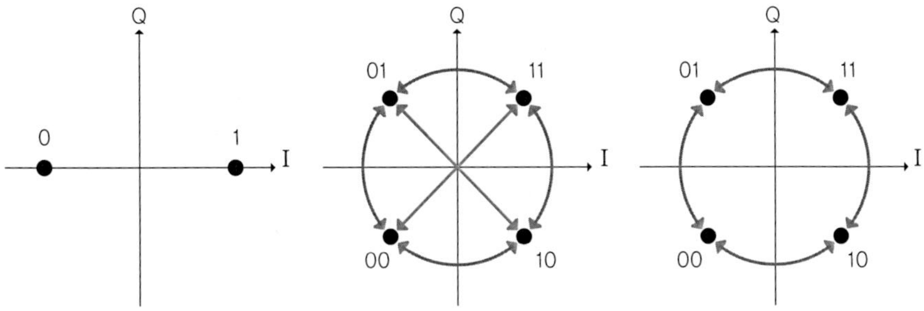

(a) BPSK (b) QPSK (c) O-QPSK

그림 3-3 디지털 위상변조

단지 2개 값 변조의 BPSK에서는 1비트의 신호밖에 전송하지 못한다. 위상평면에서 보다 많은 신호점을 이용함으로써 보다 많은 정보를 전달하는 방식을 다수 변조 방식이라고 말할 수 있다. 예를 들면 신호점을 배로 증가시켜 4개의 신호점이 있다면 4개의 상이한 상태를 전달할 수 있기 때문에 4개 값 논리(2비트의 정보가 포함되는 것)가 가능하게 된다. 그림 3-3(b)는 이러한 4개의 신호점을 갖는 4상 위상변조(QPSK : Quadrature Phase Shift Keying)이다. 신호율(rate)이 변하지 않는 조건하에 QPSK의 데이터 전송속도는 BPSK의 배가 된다.

신호점을 더욱 증가시키면 보다 빠른 통신이 가능하지만 많은 신호점을 가진 다치 변조방식은 통신속도를 향상시키는 반면에 신호품질에 대한 요구가 엄격하게 된다. 이것은 다치 논리와 2치 논리의 문제와 매우 유사하고 통신속도와 잡음내성은 트레이드 오프(trade off) 관계가 된다. 예를 들면 BPSK의 경우에 수신한 위상검출의 오차는 $\pm\pi/2$의 범위에서 올바르게 복조가 가능하지만, QPSK의 경우에는 위상검출 오차를 $\pm\pi/4$로 억제하지 않으면 안 된다. 무선통신 경로의 반사, 간섭 등의 영향으로 인하여 통신거리가 멀어지면 멀어질수록 수신한 전파의 변형이 심해진다. 특히 실내의 경우 이 영향이 커진다. 수기신호에 비유하면 BPSK의 경우는 단지 좌우 2개의 수기신호를 구별하면 되지만 1비트의 신호밖에 전송할 수 없다. 한편 QPSK의 경우에는 좌상, 좌하, 우상, 우하 등 4개의 수기신호를 구별해야 하지만 2비트의 신호를 전송할 수가 있다. 그러나 거리가 상당히 멀어지면 4종류의 수기신호의 인식은 2종류의 신호보다도 어려워진다.

이 때문에 다치 변조방식은 통신거리를 어느 정도 희생시켜서 보다 빠른 통신이 가능해지는 방식이라 말할 수 있다. 무선 LAN의 IEEE 802.11b 경우에 복수의 변조방식을 준비해서 신호품질이 좋지 않은 경우는 자동적으로 느린 변조방식으로 바꿈으로써 통신경로를 확보하는 것이 가능하지만, 안타깝게도 IEEE 802.15.4의 경우는 이러한 기능이 없다.

TIP

데이터 전송속도와 통신거리는 트레이드 오프(trade off) 관계가 된다. 즉, 송신파워와 점유대역이 변하지 않는다는 조건하에서 보다 빠른 변조방식을 채택하면 통신거리는 보다 짧아진다.

실제 위상 변조신호는 cosωt 반송파와 sinωt 직교 반송파의 합성으로 발생시킨다. 반송파와 동일한 위상의 신호를 I상(In-Phase), 반송파와 직교한 위상의 신호를 Q상(Quardrature-phase)이라고 부른다. QPSK의 경우, 진폭 ±1의 I상 신호와 진폭 ±1의 Q상 신호를 조합시킴으로써 각각 위상의 신호점을 4개 배치하고 [11], [01], [00], [10]의 논리값을 나타낸다.

QPSK의 경우에 [11]→[00]과 같이 I상과 Q상을 동시에 변화시킬 수 있기 때문에 최대 위상 변화는 그림 3-4(a)와 같이 순간적으로 π 각도까지 변화할 수 있다. 앞에서 게시한 그림 3-3(b)의 위상평면에서 보면 이러한 변화는 원점을 통과하는 궤적이 된다. 그러나 이와 같이 순간적으로 커다란 위상 변화에 대응 가능한 아날로그 선형 앰프 회로의 실장이 어렵다는 문제가 있다.

고집적화가 가능하게 된 디지털 집적회로 기술과 비교하여 아날로그 집적회로의 집적도는 좀처럼 높일 수 없다. 실제로 디지털 회로와 아날로그 회로가 혼재되어 있는 RF칩에 있어서는 아날로그회로 칩 면적의 대부분을 사용하고 있는 것이 현 상황이다. 이 때문에 디지털 회로의 미세화보다 더 콤팩트한 아날로그 회로의 실현이 저비용 RF칩 개발의 열쇠가 된다.

QPSK에 요구되는 아날로그 선형회로의 실장이 어렵다는 문제에 대해서는 I상 신호와 Q상 신호를 일정 시간 옮겨서 동시에는 변화를 주지 않음으로써 위상의 변화를 억제시킬 수 있는 옵셋 4상 위상변조(O-QPSK : Offset Quadrature Phase Shift Keying)가 제안되었다.

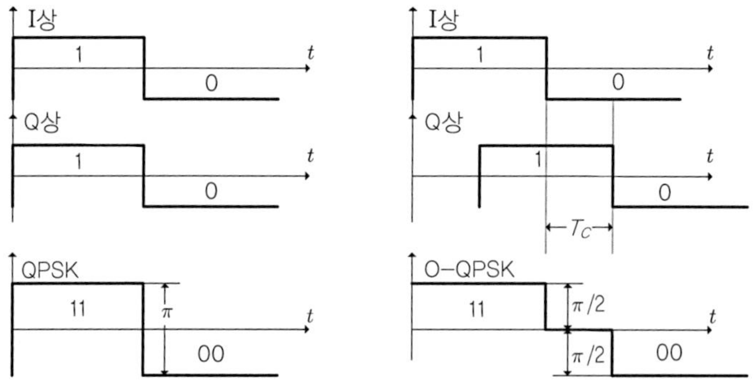

(a) QPSK (b) O-QPSK

그림 3-4 QPSK와 O-QPSK

그림 3-4(b)에서와 같이 Q상 신호의 위상은 I상 신호에 대해서 신호주기가 절반 쉬프트 됨에 따라 순간적인 최대위상 변화를 π/2까지로 억제시킬 수 있다. 즉, [11]→[00]의 변화를 2스텝으로 나누어, [11]→[01]→[00]처럼 위상 쉬프트가 실현된다. 그림 3-3(c)의 위상평면에서 커다란 위상 변동 폭을 수반하는 원점을 통과하는 궤적이 없어지는 것을 알 수 있다. 또한 실제 회로에서 위상의 변화는 그림 3-4(b)의 방형파 펄스가 아니라 반 사인파를 이용함에 따라 O-QPSK의 위상평면상의 궤적은 정방형이 아니라 원형이 된다. 2.4GHz 주파수 대역에서의 IEEE 802.15.4는 이러한 O-QPSK 변조방식을 채용하고 있다.

TIP

I상 신호와 Q상 신호의 위상을 서로 비켜 세우고 동시변화를 시키지 않는 O-QPSK 변조방식이라면 저비용의 아날로그 집적회로를 실장할 수 있다.

3-3 스펙트럼 확산

베이스 밴드 신호에 따라 반송파의 진폭과 주파수 혹은 위상을 직접 변화시켜서 송신하는 변조방식에서는 전파신호의 대역폭이 베이스밴드 대역폭의 수배 정도이다. 베이스 밴드 데이터 전송속도는 반송파 주파수보다도 훨씬 낮기 때문에 이러한 직접변조로 가능한 신호는 좁은 점유 대역폭의 신호가 된다. 이 좁은 대역폭을 점유하는 신호를 이용하여 무선통신을 하는 경우 특정 주파수의 방해파 혹은 간섭파에 대응하는 배제 능력이 약하다고 하는 결점이 있다.

이 때문에 최근 스펙트럼 확산(Spread Spectrum) 방식이 제안되었다. 스펙트럼 확산기술은 일차 변조한 신호를 더욱 넓은 주파수 대역으로 확산시킨 후에 송신하는 방식으로서 통신품질을 향상시키기 위한 유효한 수단이 된다. 이처럼 보다 넓은 대역폭을 이용하는 변조방식을 스펙트럼 확산이라고 한다. 휴대전화와 무선 LAN 등을 시작으로 최근 개발된 무선규격은 거의 예외없이 스펙트럼 확산을 채용하고 있다. 확산 방법으로는 주로 주파수 홉핑(FHSS : Frequency Hopping Spread Spectrum)과 직접 확산(DSSS : Direct Sequence Spread Spectrum)의 2가지 확산방법이 있으며 양자를 혼합한 하이브리드 방식도 있다. IEEE 802.15.4의 물리층에서는 DSSS 직접 스펙트럼 확산방식을 채용하고 있다.

1 주파수 홉핑(FHSS)

주파수 홉핑(Fhss)의 반송파 주파수는 고정되지 않고 그림 3-5와 같이 일정한 규칙에 따라 매우 짧은 주기(Bluetooth의 경우 0.625미리초)로 연달아서 송신 주파수를 변경(홉핑)하는 방식이다. 특정 주파수에서 잡음과 간섭이 발생하여도 다른 주파수로 올바르게 통신한 데이터에 의해서 정정이 가능하기 때문에 특정 주파수의 간섭에 대한 내장해성이 높아진다. 또한 주파수 홉핑의 규칙(암호건)을 알 수 없으면 신호를 좀처럼 보충할 수 없기 때문에 통신의 은밀성이 높아진다는 특징도 있다. Bluetooth와 무선 LAN의 초기 표준 IEEE 802.11에서는 이 FHSS 확산 방식을 채용하고 있다.

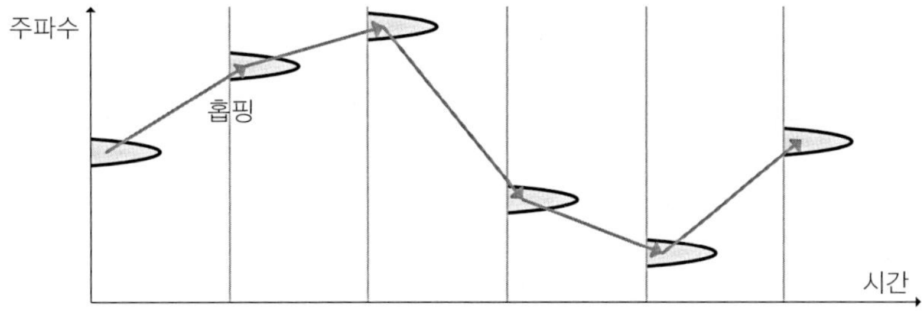

그림 3-5 FHSS 주파수 홉핑

그러나 무선센서 네트워크에서 저소비전력은 가장 중요한 요구들 중의 하나이다. 저소비전력을 실현하는 가장 효과적인 수단은 통신하지 않는 동안에 통신 노드를 슬립 상태로 유지시키는 것이다. 또한 무선센서 노드에서는 슬립 상태로부터 가능한 한 빨리 기동되는 것이 요구되고 있다. 기동시간 동안에 전력을 많이 소비하기 때문이다. FHSS의 주파수 홉핑에서는 그 특성에 따라 기동으로부터 동기 회복에 상당히 많은 시간이 걸린다. 예를 들면 블루투스의 경우 슬립으로부터 기동까지는 3초 이상이 필요하다고 하니 무전력 센서의 적용은 상당히 어렵다고 생각된다.

2 직접 확산(DSSS)

직접 확산(DSSS)은 원래의 신호에 유사잡음(PN: Pseudo Noise) 부호라고 하는 신호를 합쳐서 보다 넓은 대역의 신호를 확산시켜 송신하는 방법을 말한다. 간단히 말하면 DSSS는 [11011001110000110101001000101110]와 같이 긴 PN 부호열로 원래의 [0] 신호를 나타내는 통신방식이다. PN 부호열이 길면 길수록 통신에 필요한 전송량이 증가한다. 종래의 데이터 전송속도를 유지하기 위해서는 당연히 변조한 신호의 전송속도를 빨리하지 않으면 안 되기 때문에 넓은 대역폭에 확산시키게 되는 것이다.

그림 3-6은 확산전과 확산후의 송신신호의 스펙트럼을 나타내고 있다. 송신전파는 스펙트럼 확산으로 인하여 보다 낮은 전력밀도와 보다 넓은 스펙트럼 분포가 된다.

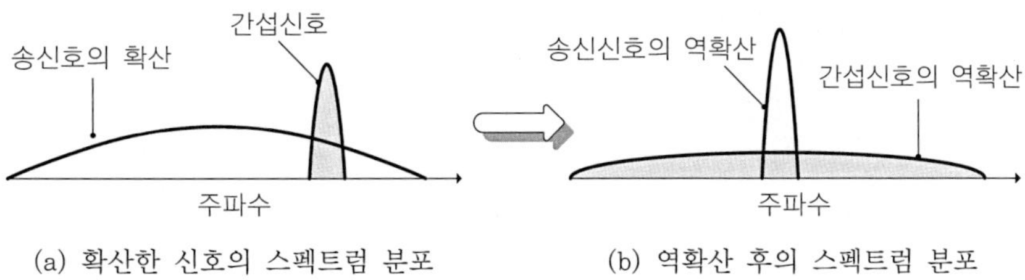

그림 3-6 DSSS 직접 스펙트럼 확산

수신측에서는 좁은 대역폭에서 발생한 잡음과 간섭을 받아도 역확산에 의해 희망 전파를 베이스밴드 신호에 가까운 파형으로 복원시킬 수 있지만, 간섭전파는 반대로 확산되어 낮은 전력밀도로 되기 때문에 영향을 감소시킬 수 있게 된다.

이러한 설명은 약간 이해하기 어렵다고 생각된다. 보다 직감적으로 설명하면 신뢰성을 향상시키는 기본적인 방법으로 위험을 분산시키는 방법이라 말할 수 있다. 예를 들면 신뢰성이 높은 다중화 중복 시스템에 있어서는 부분적으로 이상이 있어도 다수결에 따라서 전체적으로는 올바르게 동작될 수 있는 원리로 설계된다. 직접 확산도 이와 비슷한 방법으로서 긴 PN 부호열의 부호 하나가 달라져도 수신된 부호열로부터 본래의 PN 부호열과 상관계산에 의해서 제일 상관성이 높은 PN 부호열에 대응하는 원래의 신호로 복원할 수 있다. 예를 들면 IEEE 802 15.4의 경우에 32부호로 구성된 PN 부호열은 2의 32승 개로 엄청나게 많은 부호열의 조합이 있지만 특정한 심볼을 나타내는 부호열은 16종류뿐이다. 1부호 정도 잘못되어도 다른 부호열과 비교하면 송신한 PN 부호열과의 상관성이 여전히 높기 때문이다.

그림 3-7에서 2.4GHz 대에서의 반송파와 변조파 스펙트럼의 실측 데이터로부터 IEEE 802.15.4의 DSSS 변조에 의해 전파가 점유하는 대역폭이 상당히 확산됨을 알 수 있다.

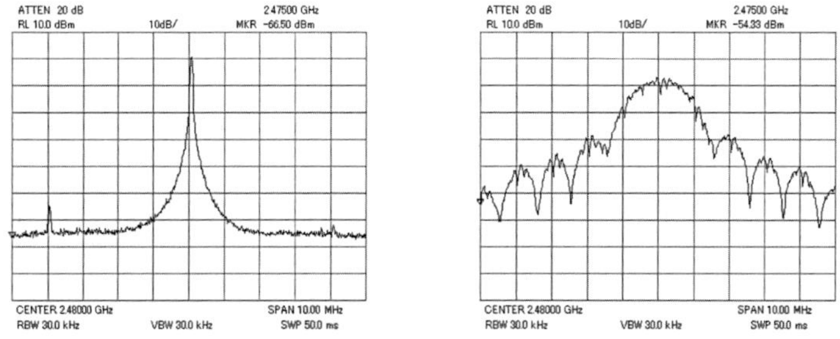

(a) IEEE 802.15.4의 반송파 (b) DSSS 스펙트럼 확산파

그림 3-7 반송파와 변조파의 스펙트럼

TIP

스펙트럼 확산은 점유하는 대역폭을 희생시켜서 간섭에 대한 대응력을 높임으로써 통신의 신뢰성 향상과 통신거리의 신장을 가능하게 하는 것이다.
또한 IEEE 802.15.4 ZigBee는 무선 LAN 혹은 Bluetooth 보다 우수한 대간섭(간섭에 대응하는) 능력을 가지고 있다. 예를 들면 동일한 10^{-4} 비트 에러 비율(BER : Bit Error Rate)에 필요한 신호대 잡음비(SNR:Signal-to-Noise Radio)가 IEEE 802.15.4는 0.2dB이지만 11Mbps의 IEEE 802.11과 Bluetooth는 각각 7.0dB와 12.5dB이다. 즉 IEEE 802.15.4는 11Mbps의 IEEE 802.11b의 5배 또는 Bluetooth의 15배의 잡음을 받아도 동일한 수준의 통신 신뢰성이 달성될 수 있다.

IEEE 802.15.4가 채용된 직접 확산은 RF 채널회로의 복잡성을 낮출 수 있기 때문에 칩 비용 절감을 기대할 수 있다. 그리고 블루투스와 같이 주파수 홉핑을 하지 않기 때문에 슬립상태로부터의 복귀시간은 수밀리초 이내로 단축이 가능하고 전력소비를 억제시킬 수 있다.

3 IEEE 802.15.4의 PN 부호열

표 3-5에 IEEE 802.15.4에서 사용되는 PN 부호열을 나타낸다. 전체 16종류의 PN 부호열이 준비되어 있다. 1개의 부호열로 나타내는 베이스밴드 정보를 심볼(Symbol)이라고 한다. 따라서 0부터 15까지의 서로 다른 심볼은 4비트의 베이스밴드 데이터를 전달하는 것이 가능하다. PN 부호열을 구성하는 부호를 칩(Chip)이라 한다. 더욱 많은 부호열을 준비하면 더욱 빠른 통신이 가능하지 않을까 하는 의문이 있을지도 모르지만, 3-2절의 다치 위상변조와 마찬가지로 PN 부호열이 많아지면 상호 상관성이 강해져서 잡음과 간섭파에 견디어 낼 능력이 떨어진다. 결국 통신속도와 통신거리의 트레이드 오프 문제가 된다. 보다 좋은 통신성능을 얻기 위해서는 PN 부호열의 상호간의 상관성을 가능한 한 작게 하는 것이다.

표 3-5 IEEE 802.15.4의 PN 부호열

비트 (b0,b1,b2,b3)	심볼 (10진수)	부호열 (C0,C1 ... C30,C31)
0000	0	11011001110000110101001000101110
1000	1	11101101100111000011010100100010
0100	2	00101110110110011100001101010010
1100	3	00100010111011011001110000110101
0010	4	01010010001011101101100111000011
1010	5	00110101001000101110110110011100
0110	6	11000011010100100010111011011001
1110	7	10011100001101010010001011101101
0001	8	10001100100101100000011101111011
1001	9	10111000110010010110000001110111
0101	10	01111011100011001001011000000111
1101	11	01110111101110001100100101100000
0011	12	00000111011110111000110010010110
1011	13	01100000011101111011100011001001
0111	14	10010110000001110111101110001100
1111	15	11001001011000000111011110111000

표 3-5의 16개 PN 부호열은 서로 완전히 무관하지는 않으며, 다음과 같이 2가지 상호 관계를 가지고 있다(그림 3-8).

- 심볼이 [0]~[7] 혹은 [8]~[15]인 부호열의 칩 열은 순환 시프트에 의해 그 다음의 PN 부호열의 칩 열이 된다. 예를 들면 그림 3-8(a)와 같이 PN 부호열[0]을 4칩 우순환 시프트(Cyclic Shift)하면 PN 부호열 [1]이 된다.
- [0]~[7]의 PN 부호열의 칩 열은 짝수 칩의 반전에 의해서 각각 [8]~[15]PN 부호열의 칩 열이 된다. 예를 들어서 그림 3-8(b)와 같이 PN 부호열 [0]의 짝수 칩 c1, c3, ...c31을 각각 반전하면 PN 부호열 [8]이 된다.

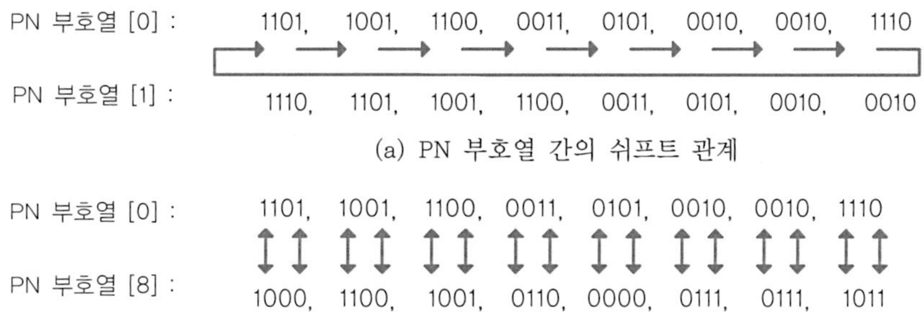

(a) PN 부호열 간의 쉬프트 관계

(b) PN 부호열 간의 공역관계

그림 3-8 PN 부호열의 상호관계

이러한 특징을 활용하여 간단한 변조회로를 저비용으로 실장할 수 있게 된다.

2.4GHz 대에서 IEEE 802.15.4의 칩 레이트(Chip Rate)는 2MHz로 규정되어 있기 때문에 그 역수인 칩 주기 *Tc*는 0.5마이크로 초이다. 반송파의 주파수가 2.4GHz인 것을 감안하면 칩 주기 0.5마이크로 초는 반송파 주기의 1200배(= 2400MHz ÷ 2MHz)이다. 즉, 반송파 1200주기의 사이에 위상검출 및 위상 시프트를 수행한다. 더욱이 칩 열의 길이는 32이므로 심볼 레이트(rate)는 2000kHz ÷ 32 = 62.5kHz가 된다. 1심볼은 4비트의 정보를 전달할 수 있기 때문에 이론상 최고 데이터 전송속도는 62.5 × 4bit = 250kbps이다. 이것은 이론상 IEEE 802.15.4의 데이터 전송속도로부터 얻어진 수치이다. 물론 어떤 네트워크라도 마찬가지이지만 실용 가능한 데이터 속도는 이론상의 속도 보다 낮고 겨우 몇 분의 일이 될 것이다.

TIP

칩 레이트(rate), 심볼 레이트 및 데이터 전송속도의 3가지 속도가 있으며 이 차이를 이해하는 것이 중요하다.

- 칩 레이트 : 2차 변조 신호의 변화 속도. 1칩의 전송시간은 0.5마이크로 초
- 심볼 레이트 : 1차 변조 신호의 변화 속도 : 1심볼의 전송시간은 16마이크로 초
- 데이터 전송속도 : 실제로 전달되는 정보 데이터의 전송속도. 2.4GHz 주파수대의 IEEE 802.15.4의 데이터 전송속도는 2500kbps, 1비트의 평균 전송시간은 4마이크로 초

3-4 변조회로와 복조회로

그림 3-9는 IEEE 802.15.4의 변조회로 개요를 나타낸다. 이 회로는 다음과 같은 단계로 변조를 수행한다.

[1] 송신하는 베이스밴드의 비트 스트림을 4비트씩 나누어 심볼로 변환한다. 예를 들면, [1010]과 같은 비트 열은 심볼 [5]로 변환한다. 주의할 사항으로 IEEE 802.15.4에서는 최하위 비트(LSB : Least Signification Bit)로부터 차례대로 보내지도록 정해져있기 때문에 비트 스트림의 순서는 [0101]이 아니라 역으로 [1010]이 된다.

[2] 얻어진 심볼을 대응하는 PN 부호의 칩 열(32칩)로 변환시키고 스펙트럼 확산을 수행한다. 심볼 [5]의 PN 부호 칩 열은 표 3-5(p. 69)에 의해서 [00110101001000101110110110011100]이 된다.

[3] 변환된 PN 부호 칩 열을 홀수번째의 칩과 짝수번째의 칩으로 나누어 각각 I상 PSK 신호와 Q상 PSK 신호로 한다. 예를 들면 [5]의 PN 부호의 I상 PSK 신호와 Q상 PSK 신호는 각각 [0100010111101010]과 [0111000010110110]이 된다.

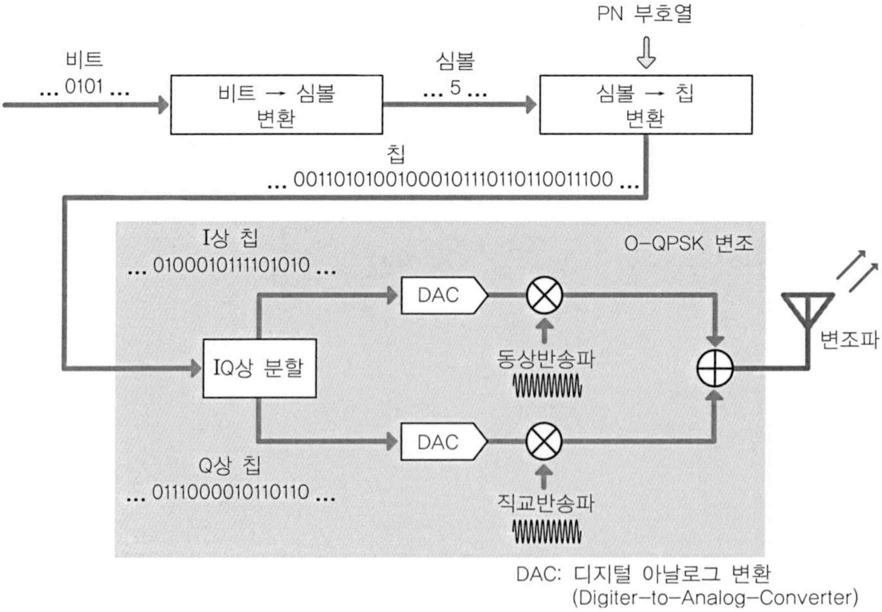

그림 3-9 변조회로

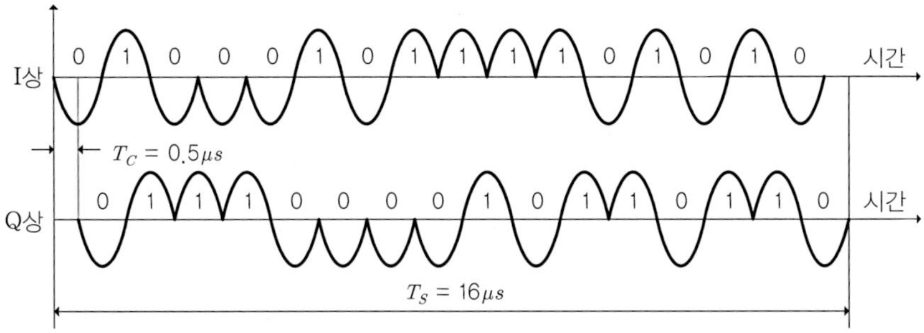

그림 3-10 칩 열

[4] I상 PSK 신호와 Q상 PSK 신호에 각각 D/A 변환을 시켜서 아날로그 신호로 변환한다. 여기서부터 회로는 아날로그 회로이다. 심볼 [5]의 I상과 Q상 펄스의 파형은 그림 3-10과 같이 반 사인파가 된다.

[5] 얻어진 2개의 아날로그 신호를 각각 반송파와 반송파를 π/4 지연회로를 통과시켜 얻은 직교 반성파를 곱함으로써 변조파의 동상성분과 직교성분이 가능해진다.

[6] 변조파의 동상성분과 직교성분을 더해서 변조 고주파를 생성하고 파워 앰프로 신호를 증폭하면 안테나로부터 송출이 가능해진다.

그림 3-11은 IEEE 802.15.4의 복조회로 개요를 나타낸다. 이 회로는 다음과 같은 단계로 복조를 수행한다.

[1] 안테나로부터 수신한 변조된 고주파를 각각 반송파와 반송파가 π/4 지연회로를 통해 얻어진 직교 반송파에 따라 동상성분과 직교성분으로 분리한 후 위상 검출을 수행한다.

[2] 동상성분과 직교성분의 위상 아날로그 신호에 각각 A/D 변환을 시키고 디지털 신호로 변환시켜 I상과 Q상의 칩 열로 한다. 여기서부터의 회로는 디지털 회로이다. 예를 들면 심볼 [5]가 제대로 수신된 경우, I상과 Q상의 칩 열은 [0100010111101010]과 [0111000010110110]이 얻어지게 된다.

[3] I상과 Q상 칩 열은 각각 홀수번째의 칩과 짝수번째의 칩으로서 합성된다. 전 예의 경우에 [00110101001000101110110110011100]과 같은 칩 열이 가능해진다.

[4] 합성된 칩 열과 각각 심볼로 사용된 16종류의 PN 부호열과의 상관계산을 하고 상관성이 가장 높은 PN 부호열에 대응하는 심볼을 선택한다. 전 예의 경우, 심볼 [5]가 얻어지게 된다.

[5] 얻어진 심볼을 다시 4비트 데이터로 변환한다. 심볼 [5]의 경우는 LSB를 선두로 한 [1010]의 베이스밴드 신호가 되고 상위층으로 보내어 페이로드(payload)로 처리된다.

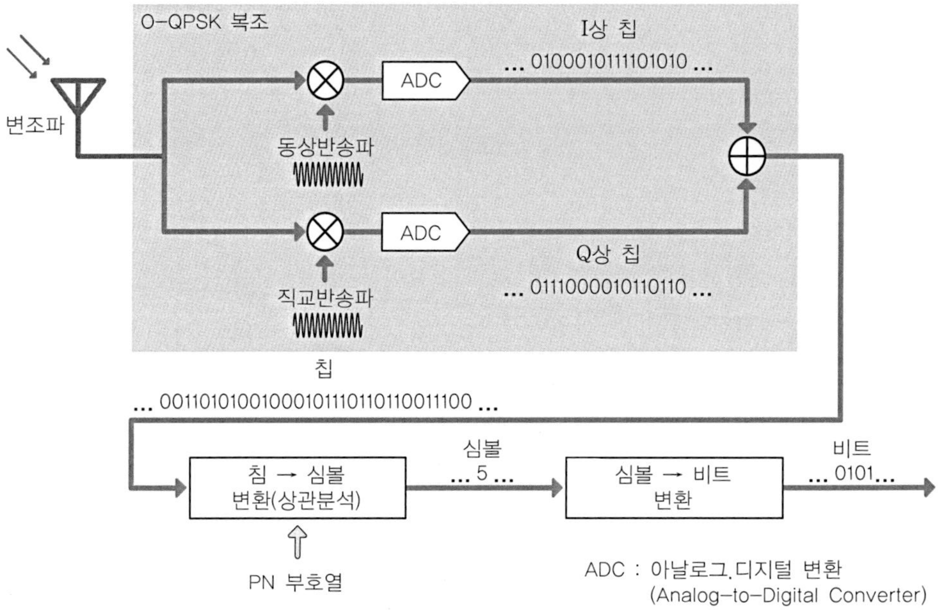

그림 3-11 복조회로

TIP

직접 확산(DSSS) 시스템은 수신신호와 송신신호가 완전히 일치하지 않더라도 복조가 가능하다. 예를 들면 1칩 사이가 달라도 수신된 칩 열의 상관계산에 의해서 제일 상관성이 높은 송신측의 PN 부호열을 발견하는 것이 가능하며, 만일 오인한 경우에도 나중에 CRC 체크 섬을 행하기 때문에 수신오류를 검출하는 것이 가능하다.

3-5 물리층 서비스

이 절에서는 물리층에서 제공되는 서비스에 대해 설명한다. IEEE 802.15.4와 ZigBee 사양의 각 층에는 각각의 데이터 서비스와 관리 서비스가 있다. IEEE 802.15.4의 물리층에서도 마찬가지로 데이터 서비스와 관리 서비스가 제공된다.

1 물리층 데이터 서비스

IEEE 802.15.4 물리층의 데이터 서비스 PD-DATA(PYH Data)에는 표 3-6과 같이 요구, 확인, 통지 프리미티브가 있으나 응답 프리미티브는 없다.

표 3-6 물리층 데이터 서비스의 개요

프리미티브	요구	확인	통지	응답	설명
PD-DATA	○	○	○		데이터 통신

○ = 실장 요구

데이터 통신 : PD-DATA

그림 3-12의 물리층 데이터 서비스 PD-DATA는 다음 단계로 동작한다.

[1] 물리층의 상위층인 MAC층이 데이터 전송을 요구하는 경우 표 3-7에서와 같은 파라미터를 가진 프리미티브 PD-DATA.request를 물리층에 요구한다.

[2] 송신측에서 송신결과는 확인 프리미티브 PD-DATA.confirm으로 MAC층에 보고된다. 송신의 실패가 있는 경우 그 원인으로서는 RF(Raido Frequency) 수신중(RX_ON) 혹은 RF가 동작하지 않는 상태(TRX_OFF)가 있을 수 있다.

[3] 물리층은 이러한 요구를 받으면 전파를 통해서 수신측에 송신한다.

[4] 수신측은 데이터를 수신한 경우에 수신 데이터 프레임에 링크 품질지수(LQI : Link Quality Indication)를 추가하고 PD-DATA indication 프리미티브로 수신측의 상위층인 MAC층에 착신을 통지한다.

[5] 옵션으로서 데이터 전송 ACK를 요구할 수 있다. ACK가 요구되는 경우 수신측은 자동적으로 ACK 프레임을 생성하여 송신측에 답변한다.

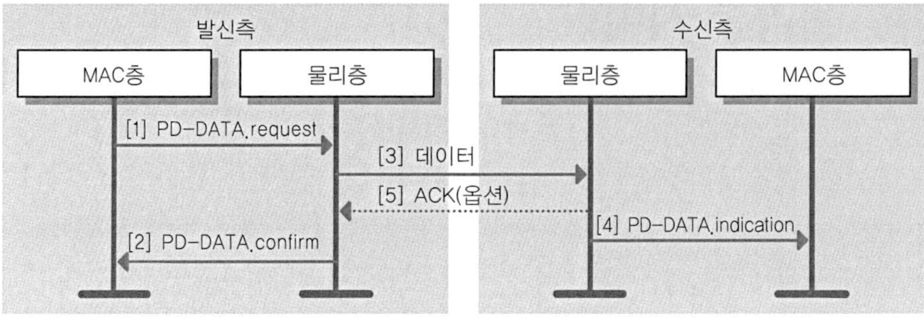

그림 3-12 물리층 데이터 서비스 PD-DATA

표 3-7 PD-DATA.request의 파라미터

파라미터	타입	값	설명
psduLength	정수	≦127	PSDU 페이로드 길이
psdu	바이트 배열		PSDU 페이로드

* PSDU 페이로드에 관해서는 3-6절 참조

TIP

PSDU 페이로드의 길이 psduLength에는 자신의 바이트 수는 포함되지 않는다.

링크 품질지수 : LQI

IEEE 802.15.4의 물리층 프리미티브인 PD-DATA indication은 프레임 데이터를 수신측 MAC층에 전송하는 것과 함께 프레임을 수신한 전파의 전계강도 및 잡음간섭의 강도로 계산된 링크 품질지수(LQI)도 MAC층에 통지한다. IEEE 802.15.4에서는 LQI의 구체적인 계산방법에 관하여 특별히 규정되어 있지 않지만 "0x00"~"0xFF"의 1바이트 정수로 LQI를 상대적으로 표시하도록 되어 있다.

TIP

중간에 중계를 거치지 않고 직접적인 무선 송수신 링크를 1홉(hop)이라고 한다. 동일한 1홉이라도 링크(경로)의 품질에 따라 통신의 성능이 다르다. IEEE 802.15.4는 링크품질지수 LQI를 도입하여 정량적으로 링크품질을 평가함으로써 보다 양호한 품질의 통신 링크를 선택하는 것이 가능하게 된다.

물리층 관리서비스

IEEE 802.15.4 물리층 관리서비스(PLME : Physical Layer Management Entity)에는 표 3-9와 같은 요구와 확인 프리미티브가 있지만 모든 프리미티브가 로컬 노드 안에서 완결되기 때문에 통지와 응답 프리미티브는 없다.

표 3-8 물리층 관리서비스의 개요

피라미터	요구	확인	통지	응답	설명
PLME-CCA	○	○			클리어 채널 판정
PLME-ED	○	○			전계 에너지 측정
PLME-GET	○	○			정보 베이스 독취
PLME-SET	○	○			정보 베이스 삽입
PLME-SET-TRX-STATE	○	○			송수신 동작 설정

○ = 실장 요구

아래에서는 물리층 관리서비스의 개요만을 설명하지만 상세한 것은 IEEE 802.15.4의 사양서[4]를 참조하기 바란다.

클리어 채널 판정 : PLME-CCA

IEEE 802.15.4는 기본적으로 무선 LAN과 마찬가지로 CSMA/CA(Carrier Sense Multiple Access with Collision Avoidance) 방식으로 액세스 제어를 관리 한다. 이 방식에서는 다른 노드의 메시지와 충돌을 회피하기 위해 데이터를 전송하기 전에 통신로가 일정시간 이상 계속해서 비어 있는 상태를 확인하지 않으면 안 된다. 이러한 확인을 클리어 채널 판정(CCA : Clear Channel Assessment)이라고 부르며, 물리층 관리 서비스의 하나인 PLME-CCA로 제공된다. PLME-CCA는 그림 3-13과 같은 단계로 동작한다.

[1] 물리층인 상위층의 MAC층은 CCA 판정이 필요시 되는 경우 파라미터 없는 프리미티브 PLME-CCA.request를 물리층에 요구한다.

[2] 물리층은 전파를 수신하여 채널의 사용 상태를 판정한다. 8심볼 주기(128마이크로초)를 경과하고 나서 판정 결과를 확인 프리미티브 PLME-CCA.confirm으로 MAC층에 보고한다. 판정 결과에는 RF가 동작하지 않는 상태(TRX_OFF), RF 송신중(TX_ON), 채널 사용중(BUSY), 채널이 비어 있는 상태(IDLE) 등이 있다.

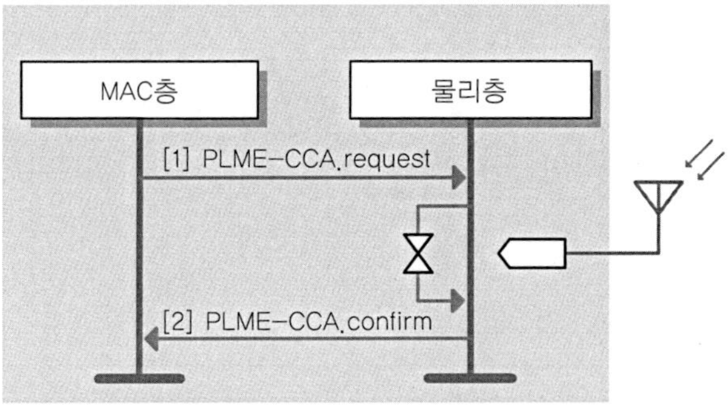

그림 3-13 클리어 채널 판정(PLME-CCA)

전계 에너지 측정 : PLME-ED

IEEE 802.15.4가 제공하는 무선 채널의 전파 상태를 측정하는 물리층 관리 서비스에는 PLME-CCA 이외에 전계강도를 측정하는 서비스인 PLME-ED도 있다. PLME-CCA가 단지 채널이 비어 있음 혹은 사용 중 같은 상태만을 판정하는 것에 비해서 PLME-ED는 수신전파의 강도를 정량적으로 측정한다. 측정기간은 CCA와 같은 8심볼(128 마이크로 초)이다.

무선통신의 경로는 거리 및 간섭 상태에 따라 링크의 강도가 다르다. 약한 링크의 경로를 사용하면 통신의 신뢰성을 저하시키게 된다. 통신경로의 신뢰성이 저하되면 재전송이 빈번히 발생하여 전력 낭비와 통신대역 자원의 허비 및 데이터 전송 지연시간의 증가 등 여러 가지 문제를 일으킨다. 그러므로 수신한 전파의 강도를 측정함으로써 가능한 한 강한 링크의 경로를 채용한다. 약한 링크 경로로는 좋은 네트워크 성능을 얻을 수 없다.

또한 PLME-ED에서는 수신전계 강도의 측정 이외에 채널의 점유 상황을 살피고 간섭 전파의 측정을 위하여 전계 에너지 측정을 이용할 수 있다. 예를 들면 인접한 무선 LAN 액세스 포인트 등 고주파 디바이스로부터의 전계 에너지를 측정함으로써 설치장소의 선정과 채널의 설정에 이용될 수 있다.

TIP

측정된 전계 에너지에는 IEEE 802.15.4 ZigBee부터의 전파만이 아니라 무선 LAN 등 다른 고주파 디바이스로부터의 전파 에너지도 포함되어 있다.

측정이 성공한 경우에는 8비트의 전계강도 측정치(Energylevel Level)가 얻어진다. EnergyLevel은 단지 상대적인 수치이며 전계강도의 절대치인 dBm으로 환산하는 방법에 관하여 IEEE 802.15.4에서는 특별히 규정되어 있지 않지만 규정된 최저 수신감도 (-85dBm)에서 10dB 이하의 값을 포함시켜 범위가 40dB 이상을 커버하는 계측치로 하지 않으면 안 된다.

송수신 동작 설정 : PLME-SET-TRX-STATE

센서 네트워크의 무선 송수신 동작에서는 마이크로 프로세서와 비교해 좀 더 많은 전력을 소비한다. 예를 들면 송수신 전력이 1mW(0dBm)가 표준인 경우 송수신 동작만으로도 약 10~20mA의 전력이 요구되지만 일반적으로 마이크로 프로세서의 소비전력은 이것보다 적은 10mA 전후이다. 전력을 줄이기 위한 유효한 방법으로 송수신 하지 않는 동안은 송수신 동작을 정지시키는 것이다. 이를 위해 IEEE 802.15.4의 물리층에는 송수신 동작을 시작하거나 멈추게 할 수 있는 서비스로서 PLME-SET-TRX-STATE가 있다.

정보 베이스 관리 : PLME-GET과 PLME-SET

IEEE 802.15.4의 물리층에는 다음과 같은 물리층의 속성을 저장하는 정보 베이스가 있다.

- PhyCurrentChannel : 사용중 채널
- PhyTransmitPower : 송신 파워

이들 속성을 읽고 쓰는 데에는 물리층 정보 베이스 관리 서비스의 PLME-GET과 PLME-SET를 이용한다.

3-6 물리층 프레임 구조

물리층의 프레임은 PPDU(PHY Protocol Data Unit)라고 불린다. 그림 3-14은 IEEE 802.15.4 물리층의 프레임 구조를 나타낸다.

			MAC층 프레임(MPDU)
바이트 수	동기 헤더 (5)	길이 (1)	물리층 데이터 페이로드(PSDU) (0~127)
	물리층 프레임(PPDU)		

그림 3-14 물리층 프레임 구조

IEEE 802.15.4 물리층 프레임은 다음과 같은 필드(Field)로 구성된다.

- 동기 헤더 : 5바이트의 동기 헤더는 프리앰블(Preamble)과 SFD(Start-of-Frame Delimiter)로 구성되어 있다. 4바이트의 프리앰블 값은 전부 [0]으로 되어 있지만 주의할 점으로는 확산 후 칩 열의 4×32=128칩이 전부 0이 될 일은 없다는 것이다. DSSS 스펙트럼 확산의 수신에는 송신측과 칩 동기 및 비트 동기의 2종류가 필요하다. 수신기는 프리앰블의 32비트 신호를 이용하여 이러한 2종류의 동기를 실현한다. 1바이트의 SFD 값은 0×A7이다. SFD의 목적은 동기신호의 종료와 실제 송신 데이터의 개시를 수신측에 통지하는 것이다.
- 길이 : 물리층의 헤더에서 1바이트로 표현하는 길이는 물리층 데이터 페이로드의 길이를 나타낸다. 이 길이는 페이로드의 바이트수이고 자기 자신의 1바이트는 포함되지 않는다. IEEE 802.15.4 프레임의 최대 길이는 127바이트이고 가장 짧은 MAC층의 ACK 프레임 길이는 5바이트이다. 그 이외의 프레임의 경우는 8부터 127바이트까지이다.
- 데이터 페이로드 : 물리층의 데이터 페이로드는 PSDU(PHY Service Data Unit)라고 부른다. 데이터 페이로드는 물리층에서 전송되는 데이터로서 그의 상위층인 MAC층의 프레임이 된다. MAC층 프레임의 구조에 관해서는 4-5절에서 상세히 설명한다.

IEEE 802.15.4의 데이터 전송속도는 250Kbps이므로 IEEE 802.15.4의 1 프레임 전송에 필요한 최대 시간을 계산하면,

$$(5+1+127)\times 8\div 250.000=4.265[msec]$$

가 되지만 실제로 센서 네트워크에 자주 이용되고 있는 프레임은 매우 작은 30바이트 정도이다. 동일한 방법으로 계산하면 대략 1미리초 전후의 시간에 데이터 전송이 가능하다는 것을 알 수 있다.

TIP

IEEE 802.15.4 무선센서 네트워크에 자주 이용되고 있는 데이터 프레임은 길이가 대개 30바이트 전후로 필요한 송신시간은 약 1밀리초이다.

본 장에서는 IEEE 802.15.4 [1]의 MAC층에 대해 설명한다.

IEEE 802.15.4의 MAC층은 다음과 같은 기본 기능을 제공한다.

- CSMA/CA 방식에서 채널 액세스
- 신뢰성 있는 데이터 통신 링크
- 네트워크에 접속과 절단
- 슈퍼프레임의 동기 신호인 비콘의 발신(FFD만 옵션)
- 비콘 수신에 의한 부모 노드와의 동기(옵션)
- 시간보증 슬롯의 관리(옵션)
- 암호화 보안기능(옵션)

4-1절에서는 IEEE 802.15.4의 액세스 제어방식인 CSMA/CA 방식을 소개한다. 4-2절에서는 IEEE 802.15.4의 특유한 기능인 슈퍼프레임과 비콘에 대해 해설한다. 4-3절에서는 IEEE 802.15.4의 데이터 전송 모델에 대해 설명한다. 마지막 4-4절과 4-5절에서는 IEEE 802.15.4의 MAC층에서 제공되는 서비스 및 MAC층의 프레임 구조를 서술한다.

IEEE 802.15.4의 MAC층에서는 기본 기능으로서 네트워크에의 접속 기능이 제공되고 있지만, 상위층인 네트워크층의 기능과 합쳐서 네트워크의 기동과 관리 등의 기능으로 동작한다. 설명의 중복을 피하기 위해 네트워크 관리에 관해서는 제5장 [ZigBee 네트워크층]에서 정리하여 설명하도록 한다.

IEEE 802.15.4의 MAC층에서는 옵션 기능으로서 암호 알고리즘인 AES[20]을 이용하여 프레임의 기밀성, 완전성, 확실성 등의 보안을 확보하는 것이 가능하다.

Chapter 04

IEEE 802.15.4 MAC층

4-1 액세스 제어방식

네트워크의 액세스 제어방식은 네트워크의 성능을 결정하는 중요한 특성 중의 하나이다. 회의할 때 복수의 사람이 동시에 발언하면 무엇을 말하고 있는지를 잘 알지 못하게 되는 것처럼 복수의 노드로부터 메시지가 동시에 네트워크에 송신되면 올바르게 수신하는 것이 불가능하다.

지금까지의 제어계측 네트워크에서는 그림 4-1과 같이 마스터/슬레이브의 액세스 방식이 자주 채용되고 있다. 1개의 네트워크에서는 특권을 가진 어떤 마스터 노드가 네트워크 전체의 액세스권을 제어한다. 이것은 사회자가 있는 회의와 같은 것이다. 사회자(마스터)가 참가자(슬레이브)에게 발언권을 주는 것처럼 한 사람 한 사람 돌아가며 듣는다(폴링 이라고 한다). 참가자는 사회자에 의해 지명되지 않으면 발언할 수 없다. 마스터/슬레이브 방식의 장점은 실장이 매우 간단하고, 각 노드가 통신 가능할 때까지의 최대 지연시간을 일정범위 안에서 제어할 수 있다는 점이다. 문제점으로는 마스터로부터 폴링이 오지 않으면 통신이 안 되기 때문에 네트워크의 자원은 효과적으로 이용될 수 없다. 예를 들면 무언가 말할 것이 있는 사람은 지명되기까지 기다릴 수 밖에 없지만 할 말이 없는 사람이 지명되면 뭔가 쓸데 없는 답변이라도 하지 않으면 안 된다.

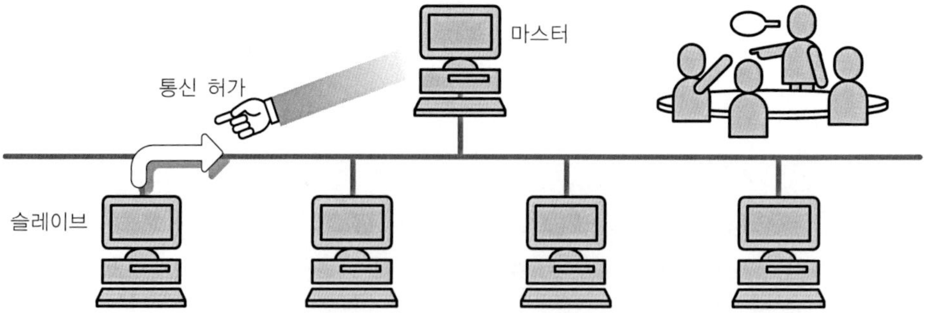

그림 4-1 마스터/슬레이브 액세스 제어방식

> **TIP**
> 마스터/슬레이브의 액세스 방식은 관리하기는 쉽지만 네트워크 통신대역 자원을 효과적으로 이용할 수 없다.

CSMA(Carrier Sense Multiple Access)를 직역하면 [반송파 감지 다중 액세스]가 된다. CSMA 액세스 방식에서는 송신할 때 우선 전송로의 상태를 확인하고 전송로가 비어 있으면 송신을 시작한다. CSMA는 그림 4-2와 같이 매너가 있는 자유토론 방식이다. 참가자는 모두 평등하고 발언권을 제어하는 사람은 특별히 없다. 발언하고 싶을 때에는 다른 사람의 발언을 먼저 잘 듣고 아무도 말하지 않는다고 판단되면 발언을 시작할 수 있다. CSMA 액세스 방식의 장점은 네트워크의 통신대역 자원을 최대한으로 이용할 수 있다는 것이다. 단점으로는 통신할 수 있을 때까지의 지연시간을 제어할 수 없다는 것이다. 이것은 발언하기를 좋아하는 사람과 함께 회의를 하면 좀처럼 자신이 발언할 시간이 얻어지지 않는 것과 유사하다.

이더넷에서 채용되고 있는 CSMA/CD(Carrier Sense Multiple Access with Collision Detection)는 케이블을 흐르는 신호의 충돌을 검출하여 CSMA로 통신하는 방식이다. 이 방식은 인터넷 보급과 함께 매우 주목받게 되었다. 그러나 무선통신의 경우는 신호의 충돌을 검출할 수 없기 때문에 CSMA/CA(Carrier Sense Multiple Access with Collision Avoidance) 방식을 이용한다. CSMA/CA 방식은 채널이 일정시간 이상 비어있음을 확인하고 랜덤한 길이의 시간을 기다렸다가 데이터를 전송하는 방식이다. 랜덤한 길이의 대기시간은 복수의 노드가 일제히 통신함에 따라 발생하는 데이터의 충돌을 회피하기 위한 대책이다.

그림 4-2 CSMA 액세스 제어방식

TIP

CSMA 액세스 방식은 네트워크의 통신대역 자원을 최대한으로 이용할 수 있지만 통신 지연시간을 제어하기가 어렵다.

그러나 CSMA/CA 방식에서는 은폐 단말(Hidden Node)이 존재한다고 하는 문제가 지적되었다. 예를 들면 그림 4-3과 같이 노드 A와 노드 B와의 단말간 거리가 1홉 범위를 초월해 설치되어 서로 송신 전파를 수신할 수 없는 경우를 은폐 단말이라고 말한다. 은폐 단말이 존재하는 경우 캐리어 센스(Carrier Sense)를 통한 채널 사용 상태의 확인이 확실하게는 불가능하기 때문에 통신 데이터의 충돌 가능성이 증가하는 문제가 지적된다는 것이다.

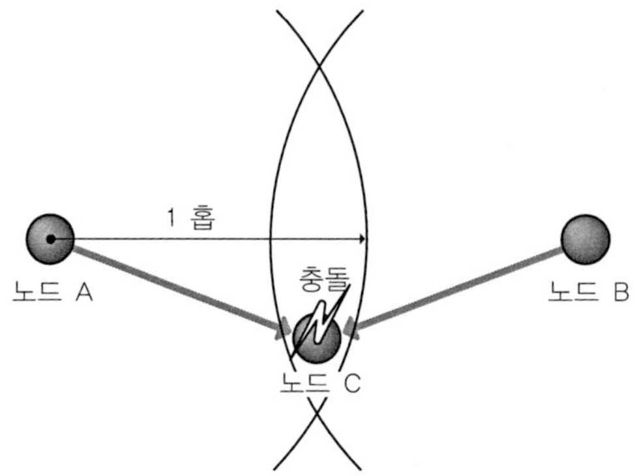

그림 4-3 CSMA/CA의 은폐 단말문제

4-2 슈퍼 프레임

본 절에서는 IEEE 802.15.4 네트워크의 노드들끼리 상호 협조하여 동작 가능한 구조를 설명한다. 노드들끼리 협조하기 위해서는 다음 2개의 문제를 해결하지 않으면 안 된다.

- 어떻게 다른 노드와 충돌없이 송신할 수 있을까?
- 목적지가 자신인 펜딩(pending) 메시지가 있는지를 알 수 있을까?

특히 일상적으로 슬립하고 있는 상태의 디바이스에서 후자는 무선 네트워크의 어려운 문제라고 말할 수 있다. IEEE 802.15.4에서는 본 절에서 설명하는 슈퍼 프레임과 비콘 기술을 이용하여 이 문제를 해결하고자 한다.

슈퍼 프레임

IEEE 802.15.4는 기본적으로 CSMA/CA 방식을 채용하고 있지만 CSMA/CA의 문제점을 극복하기 위해서 본 절에서 설명하는 슈퍼 프레임(Superframe)을 제안했다. 슈퍼 프레임은 가상적인 통신시간 할당이다. 즉, 네트워크상의 노드는 임의의 시간이 아니라 일정한 시간에서만 송수신이 가능하다. 예를 들면 우리들이 1시간 째, 2시간 째,.....8시간 째를 나누어 하루의 작업 시간표를 작성하는 것과 같은 형태로 IEEE 802.15.4에서는 같은 길이의 타임 슬롯(Time Slot)을 작성해서 처리한다. 타임 슬롯을 16개 합친 것이 1개의 슈퍼 프레임이 된다(그림 4-4).

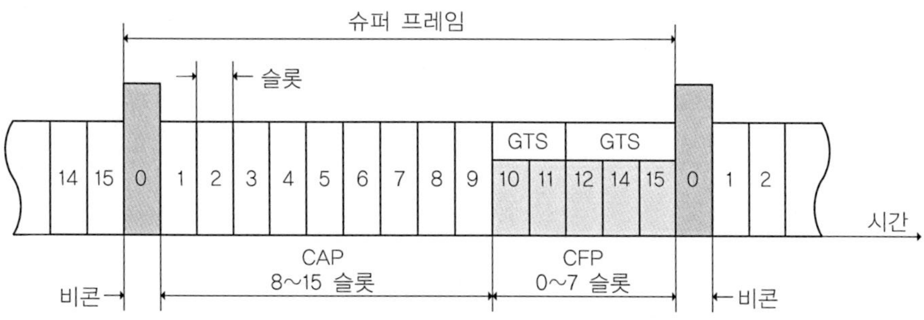

그림 4-4 슈퍼 프레임

슈퍼 프레임은 경쟁 액세스 기간(CAP : Contention Access Period)과 무경쟁 기간(CFP : Contention Free Period)으로 분류된다. 경쟁 액세스 기간(CAP)의 타임 슬롯은 특별히 예정되지 않은 스케쥴 같은 것으로 어떤 노드도 자유롭게 사용 가능하지만 CSMA/CA 방식을 사용하여 다른 디바이스와 경쟁하지 않으면 안 되기 때문에 데이터전송의 지연기간(Latency)을 보증할 수 없다. 이와는 달리 무경쟁기간 CFP의 타임 슬롯은 예정된 스케쥴같은 것으로 약속하지 않으면 사용할 수 없다. GTS(Guaranteed Time Slot)라고 불리는 보증 타임 슬롯은 코디네이터로부터 지정된 노드밖에 이용할 수 없기 때문에 동일한 네트워크 노드들 끼리의 충돌을 피할 수 있고 QoS(Quality of Service)를 확보한 데이터 전송에 사용된다.

IEEE 802.15.4의 슈퍼 프레임은 다음과 같은 특징을 가지고 있다.

- 1개의 슈퍼 프레임은 16개의 타임 슬롯에 시간적으로 균등하게 분류되지만 맨 앞의 0번 슬롯은 다음 항에서 설명하는 비콘 프레임밖에 사용할 수 없다.
- 1번부터 15개의 타임 슬롯은 모든 노드가 경합을 통하여 사용하는 경쟁액세스 기간(CAP)과 미리 비콘으로 지정된 노드만이 송신 가능한 무경쟁 기간(CFP)으로 나누어진다. CFP는 옵션이다.
- CAP는 비콘 신호의 다음 타임 슬롯으로부터 시작하여 최대 15개의 타임 슬롯까지 배치 가능하다.
- CFP는 CAP의 바로 다음에 배치되고 최대 7개의 CFP를 배치할 수 있지만 그 때에는 CSMA/CA에 충분한 CAP 슬롯수가 남도록 배치하지 않으면 안 된다.
- 1개의 GTS는 복수의 연속적인 CAP 타임 슬롯으로 구성될 수도 있다.

TIP

옵션의 GTS 기능은 부모와 자식 노드 간의 데이터 전송을 CSMA/CA의 경쟁으로부터 해방하여 최대 지연시간을 일정범위로 억제함이 보증된다. 그러나 이것은 ZigBee 스타 네트워크 범위 내에 한정된다. 무선 LAN 등의 전파 간섭이 원인으로 송신이 실패한 경우에는 재송신되기 때문에 최대 지연시간이 반드시 보증되지는 않는다.

1 비콘

슈퍼 프레임을 이용하기 위하여 네트워크상 각각의 노드는 서로 동기를 취할 필요가 있다. 이러한 동기를 취하기 위한 기능을 제공하는 것이 바로 비콘(Beacon)이다. 비콘은 원래 그림 4-5와 같이 배에게 항로를 나타내주기 위하여 등대로부터의 빛을 표현하는 것이다. 무선에서는 스타 토폴로지의 중심이 되는 부모 노드가 자신의 존재를 주변에 통지하는 메시지에 해당한다. IEEE 802.15.4의 경우는 라우터 또는 코디네이터가 슈퍼 프레임 최초의 슬롯으로 비콘을 그 주변의 자식 노드에게 멀티캐스트 한다. 즉, 비콘 메시지는 자식 노드를 부를 때에 사용되는 [여보세요]와 같은 메시지이다.

비콘의 목적은 단순히 네트워크 노드들끼리 시간 동기뿐만 아니라 각 타임 슬롯의 사용하는 방향도 규정한다. 예를 들면 슈퍼 프레임과 비콘의 주기, 슈퍼 프레임 슬롯의 구성, 펜딩 메시지의 목적지 등이다. 더욱이 비콘의 송신은 CSMA/CA 액세스 방식이 아니라 비콘 주기로 전파를 강제적으로 내보낸다.

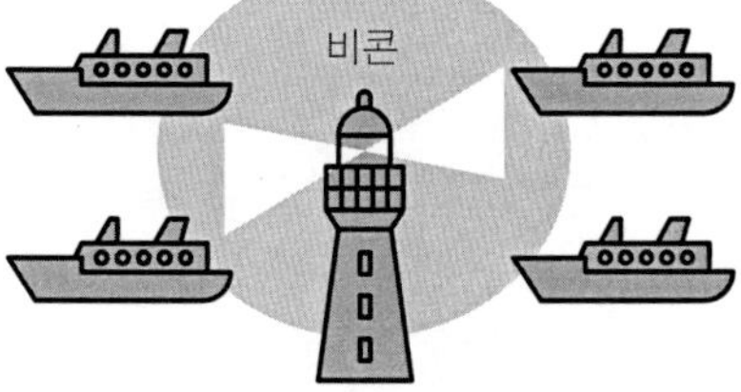

(a) 비콘

(b) 무선 네트워크

그림 4-5 비콘

TIP

비콘 프레임에는 슈퍼 프레임, 비콘의 주기, 슈퍼 프레임의 슬롯 구성 정보, 펜딩 데이터의 정보가 포함되어 있다.

2 슈퍼 프레임의 주기

IEEE 802.15.4에서 시간이 가장 짧은 기본 슬롯 폭*1은 60 심볼이다. 즉, 2.4GHz 주파수대역의 심볼 레이트 62.5[k 심볼/초]로 계산하면 0.96미리 초가 되고, 16슬롯으로 구성되며 시간이 제일 짧은 기본 슈퍼 프레임 기간은*2

$$\text{기본 슈퍼 프레임 기간} = \text{기본 슬롯 폭} \times 16 = 15.36[\text{mesc}]$$

*1 MAC층의 정수 1개이고, "aBaseSlotDuration"이라고도 한다.
*2 MAC층의 정수 1개이고, "BaseSuperFrameDuration"이라고도 한다.

이 된다. IEEE 802.15.4에서는 슈퍼 프레임 오더(SO : Superframe Order)에 의해서

$$\text{슈퍼 프레임 기간} = \text{기본 슈퍼 프레임 기간} \times 2^{SO} (0 \leq SO \leq 14)$$

가 된다. 즉, 시간 폭으로 15.36미리초에서 $15.36 \times 2^{14} = 251.65824$초(약 4분간)까지의 슈퍼 프레임은 15종류 이용이 가능하다. 단, $SO = 15$에서는 슈퍼 프레임이 기능하지 않는 것을 의미한다.

또한 IEEE 802.15.4는 슈퍼 프레임 종료 후 바로 다음의 슈퍼 프레임 비콘을 발신하지 않아도 그림 4-6과 같은 불활성기간(Inactive Period)을 설정할 수 있다. 비콘의 주기는 비콘 오더(BO : Beacon Order)에 의해

$$\text{비콘 주기} = \text{기본 슈퍼프레임 기간} \times 2^{BO} (0 \leq BO \leq 14)$$

로 표현된다. 단, BO=15의 경우는 통상적으로 비콘을 정기적으로 발행하지 않는 비(非) 비콘 시스템을 의미한다. BO는 반드시 SO 이상으로 설정하지 않으면 안 된다. BO를 SO와 동일하게 설정하는 경우 슈퍼 프레임이 이어지기 때문에 불활성 기간은 없게 된다. BO를 SO보다 1 크게 설정하는 경우에는 슈퍼 프레임 사이에 슈퍼 프레임 길이와 같은 불활성 기간이 설치된다. 불활성 기간에서는 네트워크 전체가 휴지상태로 들어가고 단말의 엔드 디바이스뿐만 아니라 부모 노드의 라우터 혹은 코디네이터도 무전력의 슬립 상태로 들어간다.

TIP

불활성 기간의 채용으로 인하여 네트워크 전체가 슬립 상태로 들어가게 되고, 라우터와 코디네이터의 무전력이 가능하며, 데이터의 샘플링 주기가 긴 네트워크에 적용이 가능하다.

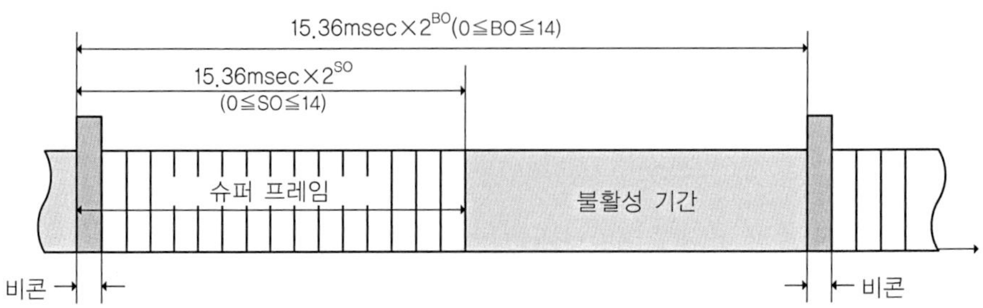

그림 4-6 슈퍼 프레임 오더와 비콘 오더

3 슈퍼 프레임의 적용

대표적인 무선센서 네트워크는 데이터를 집약할 수 있는 1개의 싱크 노드와 계측을 위한 복수의 센서 노드로 구성되어 있다. 이 경우 중심적인 역할을 담당하는 싱크 노드에는 센서 노드 간의 동기 및 통신 스케줄의 조정 기능이 요구된다. IEEE 802.15.4에서는 이러한 통신 스케줄 조정 기능을 가진 싱크 노드는 라우터 및 코디네이터에 해당한다. 데이터 수집을 수행하는 센서는 저비용의 엔드 디바이스 노드에도 실장 가능하다.

싱크 노드는 정기적으로 센서 노드에 비콘 프레임을 송신할 수 있다. 이 때문에 센서 노드는 정기적으로 기동되어 라우터 혹은 코디네이터로부터 비콘만 수신하면 자신으로 오는 메시지가 있을지 어떨지 알게 된다. 자신의 메시지가 없는 경우는 비콘 수신 후에 바로 슬립상태로 되돌아가 전력소비를 대폭 억제할 수 있다. 또한 비콘 프레임에는 각 센서 노드에게로 송신요구 메시지가 포함되어 있기 때문에 쌍방향 통신도 실현 가능하다. 이러한 슈퍼 프레임과 비콘의 구성으로 무선센서 노드에 요구되는 무전력이 실현된다.

TIP

IEEE 802.15.4 ZigBee가 제안한 슈퍼 프레임과 비콘은 쌍방향 통신과 무전력을 양립시키기 위한 해결안이다. 현 단계에서는 스타 토폴로지에만 적용가능하다. 실장 요구는 옵션이지만 짧은 주기의 슈퍼 프레임의 실장은 어려운 상태이다.

그러나 IEEE 802.15.4의 슈퍼 프레임은 옵션 기능으로 규정되어 있다. 또한 현재의 ZigBee 1.0 스택 프로파일[12]에서는 슈퍼 프레임의 실장도 요구되지 않는다. 그 이유는 현재의 슈퍼 프레임과 비콘의 사양에서는 단순한 스타 토폴로지밖에 지원되지 않기 때문이다. 즉, 코디네이터와 복수의 라우터로 구성되어 있는 네트워크에서는 각각 발행하는 비콘끼리 서로 충돌할 위험성이 있는 것이다.

IEEE 802.15.4b 태스크 그룹은 이 문제에 대해서 맨 처음 슬롯의 바로 직후에 PBP(Post-Beacon Period)라고 부르는 슬롯을 몇 개 추가해서 멀티 레벨의 비콘이 가능한 사양을 제안하고 있다. PBP 슬롯 기간에 각 레벨의 노드가 서로 심볼 단위로 중복없이 비콘을 발행함으로써 비콘 간의 충돌을 피하는 아이디어이다. 이 방법으로 비콘의 충돌을 확실히 피할 수 있지만 복수의 라우터로부터 전파가 도달하는 장소에 설정되어 있는 엔드 디바이스의 경우 GTS 슬롯은 정말로 보증될 수 있을까 라는 의문이 생긴다. 왜냐하면 어떤 라우터의 GTS 슬롯으로 전송되는 프레임은 인접 라우터 및 그의 자식 노드가 발신한 프레임과 충돌할 가능이 있기 때문이다.

4-3 데이터 전송 모델

본 절에서는 IEEE 802.15.4의 데이터 전송 모델에 관하여 설명한다. 데이터 전송 모델은 통신 노드 간에 정보를 교환할 때의 프로세스이다. IEEE 802.15.4의 데이터 전송 모델은 비콘의 이용 여부에 따라 달라진다. 따라서 여기서는 비콘을 이용하는 경우와 비콘을 이용하지 않는 경우 두 가지로 나누어 설명한다.

1 비콘 네트워크의 데이터 전송 모델

현재의 IEEE 802.15.4 사양에서는 스타 토폴로지 네트워크에서만 비콘 이용이 가능하다. 이러한 스타 토폴로지 네트워크에서 중심이 되는 부모 노드는 그것에 속하는 복수의 노드와 데이터 교환이 가능하지만, 자식 노드들끼리의 직접적인 데이터 교환은 불가능하다. 그림 4-7과 같이 비콘 네트워크의 경우 자식 노드에서 부모 노드로 향하는 데이터 전송 모델은 다음과 같이 푸쉬(Push)형 데이터 전송이 된다.

[1] 부모 노드는 정기적인 비콘을 발행한다. 자식 노드는 이 비콘 프레임을 수신하여 슈퍼 프레임과의 동기를 취해서 슈퍼프레임 슬롯을 사용하는 방법을 안다.

[2] 사전에 자식 노드로부터 부모 노드로의 송신용 GTS 슬롯이 할당된 경우는 그 CFP 기간의 슬롯을 이용하여 다른 노드와 경합하지 않고 부모 노드에게 송신이 가능하지만, GTS를 이용할 수 없는 경우는 CAP 기간 슬롯 베이스의 CSMA/CA 방식으로 다른 노드와의 경합을 고려하여 송신하지 않으면 안 된다. 슬롯 베이스의 CSMA/CA라고 하는 것은 클리어 채널은 종전대로 판정하지만, 송신 개시 타임은 슈퍼 프레임의 슬롯 개시 시각과 맞추지 않으면 안 되는 통신방식이다.

[3] 옵션으로서 부모 노드로부터 ACK를 얻을 수도 있다.

TIP

비콘 네트워크의 CSMA/CA 방식의 송신개시 시간은 임의의 시각이 아니라 슬롯의 시간에 맞추어야만 한다.

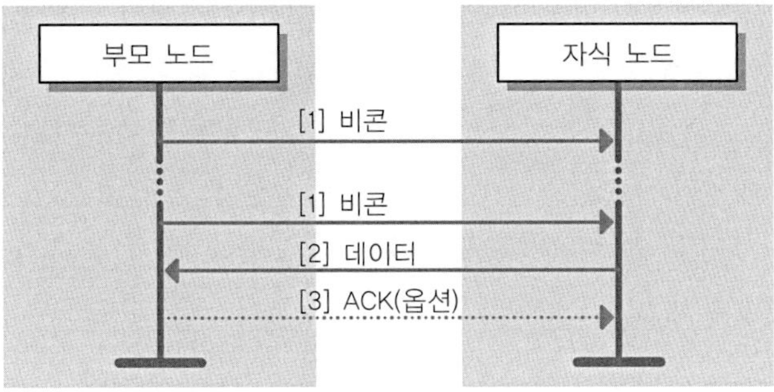

그림 4-7 비콘 네트워크의 푸쉬(Push)형 데이터 전송

그림 4-8과 같이 비콘을 이용하는 부모 노드로부터 자식 노드로의 데이터 전송 모델은 다음과 같이 풀(Pull)형 데이터 전송이 된다.

[1] 자식 노드는 부모 노드가 정기적으로 발행하는 비콘 프레임을 수신하여 슈퍼프레임의 동기를 설정한다. 또한 비콘 프레임에 기술되어 있는 데이터 펜딩(pending) 정보를 해석해야만 한다.

[2] 자기에게로 오는 펜딩 데이터가 있는 경우 부모 노드에게 데이터 송신을 요구한다.

[3] 부모 노드는 자식 노드로부터 데이터 송신 요구를 받은 후, 수신에서 송신으로 절체할 때 필요한 12심볼(0.192미리초) 경과 직후에 데이터 송신요구 메시지에 대하여 ACK로 답변한다.

[4] 그리고 부모 노드는 자식 노드에게 펜딩 데이터를 계속하여 송신한다.

[5] 부모 노드는 자식 노드로부터 확실히 데이터를 수신했다는 뜻의 ACK를 받고나서 펜딩 메시지를 삭제한다.

그림 4-8 비콘 네트워크의 풀 형 데이터 전송

비콘 네트워크의 데이터 전송모델의 장점으로는 무전력의 쌍방향통신을 실현할 수 있지만, 단점은 스타 토폴로지만으로 제한이 된다는 점이다. 통상의 경우, 자식 노드는 슈퍼프레임 최초 슬롯을 수신하는 동안에 기동되고, 비콘을 수신하면 자기한테로 오는 펜딩 메시지를 확인할 수 있다. 특히 수신 또는 송신 요구가 없는 경우 다음의 비콘이 올 때까지 슬립 모드로 들어가 전력을 절약할 수가 있다. 또한 푸쉬 형과 풀 형 데이터 전송을 이용하여 자식 노드→부모 노드와 부모 노드→자식 노드의 쌍방향 통신이 실현될 수 있다.

TIP

비콘 네트워크에서 데이터 전송이 이루어지기 위해서는 자식 노드가 비콘의 주기에 맞춰서 슬립 상태로부터 기동되지 않으면 안 된다. 비콘 수신을 통해 자기에게로 오는 수신 펜딩 정보를 알 수 있으므로 송신하기 위한 시간에 동기를 맞춰야 하기 때문이다.

그러나 이 방식의 데이터 전송은 비콘을 실장할 수 있지만 주기가 짧은 슈퍼 프레임 비콘의 실장은 매우 어려워진다. 예를 들면 가장 짧은 주기인 15.36미리초의 슈퍼 프레임의 경우, 슬롯의 폭은 겨우 0.96미리초이기 때문에, 슬립상태로부터 기동에 필요한 시간을 밀리 초 수준까지 제어하지 않으면 안 된다. 이러한 목표는 고성능의 RF칩과 마이크로 프로세서 등의 부품 제공에서부터 하드웨어의 회로설계, MAC층 스택 실장까지 종합적으로 추구하지 않으면 실현 불가능하다.

주기가 긴 슈퍼프레임 비콘의 실장은 시계의 오차를 생각하지 않으면 안 된다. 자식 노드를 슈퍼프레임의 주기에 맞춰서 기동시키지 않으면 비콘을 제대로 수신할 수 없다. 예를 들면 설치 환경의 온도 변화에 수정 진동자의 주파수가 어긋나서 시계의 누적시간 오차가 일정 범위를 넘어버리는 일도 충분히 고려해 두지 않으면 안 된다.

2 비 비콘 네트워크의 데이터 전송모델

현재의 IEEE 802.15.4 사양에서 비콘은 스타 토폴로지밖에 이용할 수 없다. 또한 앞에서 서술한 슈퍼프레임의 실장에 어려운 문제가 존재하기 때문에, IEEE 802.15.4 준한다고 해도 슈퍼프레임을 지원하지 않는 네트워크 제품이 다수 있다.

비콘을 이용하지 않는 경우 상시적으로 동작하는 노드들끼리의 데이터 전송모델과 함께 슬립 가능한 자식 노드로부터 부모 노드로의 전송모델은 그림 4-9와 같이 푸쉬 형이 된다.

[1] 발신 노드는 CSMA/CA 방식에서 푸쉬 형식으로 송신한다. CSMA/CA는 클리어 채널을 판정하고서 송신 개시가 가능하다.

[2] 옵션으로서 부모 노드로부터의 ACK를 받을 수 있다.

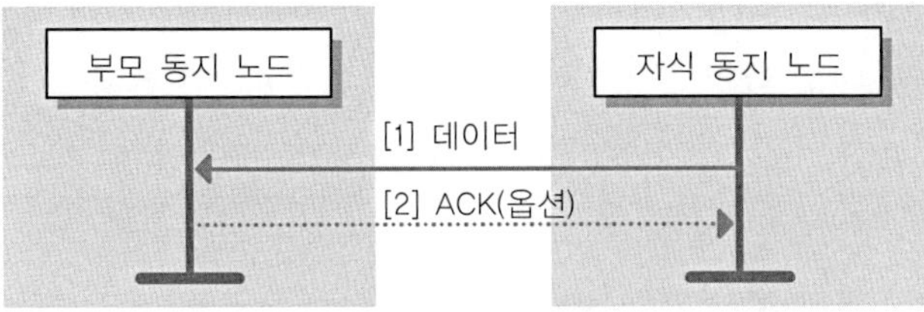

그림 4-9 비 비콘 네트워크의 푸쉬 형 데이터 전송

비(非) 비콘 네트워크의 경우 부모 노드로부터 슬립 가능한 자식 노드로의 데이터 전송모델은 그림 4-10과 같이 풀 형이 된다.

[1] 슬립으로부터 기동된 자식 노드가 자기에게로 오는 펜딩 데이터를 확인하기 위하여 부모 노드에게 송신요구 메시지를 송출한다.

[2] 부모 노드는 자식 노드로부터 데이터 송신요구를 받고서 수신에서 송신으로 절체에 필요한 12심볼(0.192초) 경과 직후에 데이터 송신요구 메시지에 대한 ACK를 답변한다.

[3] 그리고 부모 노드는 자식 노드에게 펜딩 데이터를 연달아 송신한다. 펜딩 데이터가 없는 경우는 페이로드가 없는 데이터 프레임을 송신한다.

[4] 부모 노드는 자식 노드가 확실히 데이터를 수신했다는 ACK를 받고나서 펜딩 메시지를 삭제한다.

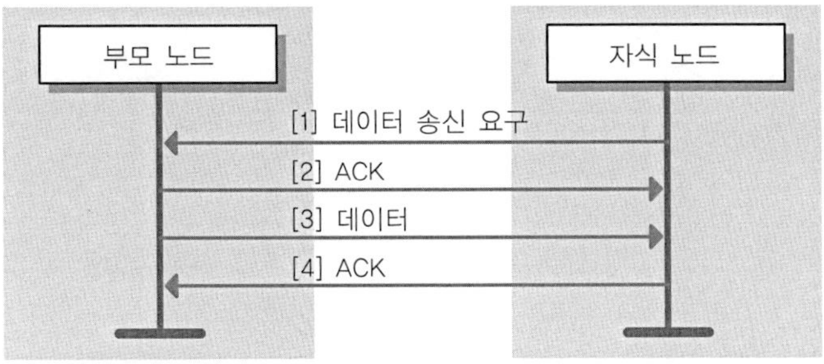

그림 4-10 비(非) 비콘 네트워크의 풀 형 데이터전송

부모 노드가 [2]와 [3] 2개의 스텝으로 나누어서 ACK와 데이터를 자식 노드에게 송신하는 이유는 IEEE 802.15.4 사양에서 MAC층의 ACK 프레임에 데이터 페이로드부가 포함되어 있지 않기 때문이다. 무전력 노드로 동작하고 있는 자식 노드에 있어서는 송신하고 나서 ACK를 얻을 때까지의 시간 동안에 높은 전력소비의 RF 수신모드로 기다리고 있기 때문에, 이 ACK 대기시간의 길이는 전력소비를 좌우하는 중요한 요소이다. ACK를 시간에 맞춰 수신한 직후에 응답하기 위하여 소프트웨어 처리를 경유하지 않고 생성 가능한 ACK 메시지는 페이로드부를 갖지 않는 간단한 구조로 되어 있다.

TIP

비(非) 비콘 네트워크에서는 대부분의 경우에 효율이 높은 푸쉬 형 데이터 전송이 채용되고 있지만 슬립 가능한 노드의 수신만이 풀 형 데이터 전송이 필요하다.

이러한 비(非) 비콘 네트워크의 데이터 전송모델에 있어서 푸쉬 형 데이터 전송에는 문제가 없지만 풀 형 데이터 전송에는 다소 문제가 있다. 비콘 네트워크의 경우, 자식 노드가 비콘을 수신하면 데이터 펜딩의 유무를 알지만, 비(非) 비콘 네트워크의 경우에는 자식 노드로부터 정기적으로 부모 노드에 데이터 송신요구를 송신하지 않으면 데이터 펜딩의 유무를 알지 못한다. 1개의 부모 노드가 다수의 자식 노드를 가지는 경우를 생각하면 무모한 메시지가 보다 많이 발생하게 되는 것이다. 또한 부모 노드는 자식 노드로부터의 메시지가 언제 올지 모르기 때문에 부모 노드의 무전력 슬립이 거의 불가능하게 될 것이다.

4-4 MAC층의 서비스

IEEE 802.15.4 ZigBee 사양의 각 층에서는 상위층이 실장된 기능을 이용하도록 서비스로서의 인터페이스가 정의된다. 본 절에서는 MAC층에서 제공되는 통신기능으로서의 데이터 서비스, 네트워크 관리기능으로서의 관리 서비스, 보안 서비스에 관하여 설명한다.

1 MAC층 데이터 서비스

IEEE 802.15.4 MAC층의 데이터 서비스에는 표 4-1과 같은 프리미티브가 있다.

표 4-1 MAC층 데이터 서비스의 개요

프리미티브	요구	확인	통지	응답	설명
MCPS-DATA	○	○	○		데이터 설명
MCPS-PURGE	△	△			송신 데이터 취소

○= 실장 요구 △= RFD의 옵션

데이터통신 : MCPS-DATA

그림 4-11과 같이 MAC층 데이터 서비스 MCPS-DATA는 다음 단계로 동작한다.

[1] MAC층의 상위층인 네트워크층이 데이터 전송을 요구하는 경우, 프리미티브 MCPS-DATA.request로 MAC층에 서비스를 요구한다.

[2] 데이터 송신 결과는 확인 프리미티브 MCPS-DATA.confirm으로 네트워크층에 보고한다. 상위층인 네트워크층은 MSDU 처리를 통하여 보고되는 송신 프레임을 식별할 수가 있다. 송신을 실패한 경우 스테이터스(status)로부터 실패의 원인도 알게 된다.

[3] MAC층은 데이터 송신요구를 받으면 물리층에 송신을 요구한다(이 그림에서는 MAC층→물리층의 과정은 생략한다. 이 과정에 관해서는 3-5절을 참조하기 바란다).

[4] 수신측은 데이터가 수신된 경우에 프리미티브 MCPS-DATA.indication으로 수신측 네트워크층에 통지하고 상위층에서 수신 데이터를 처리한다. 수신한 내용은 송신한 데이터와 거의 같지만 송신경로 링크 품질과 보안정보가 추가된다.

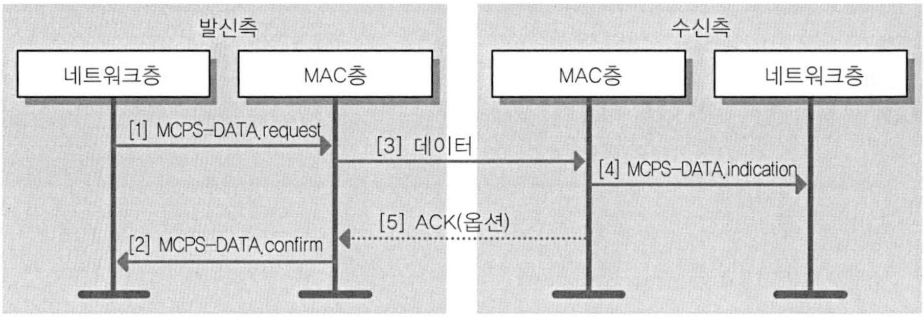

그림 4-11 MAC층 데이터 서비스 MCPS-DATA

[5] 옵션으로서 데이터 전송 ACK를 요구할 수 있다. ACK가 요구되는 경우 수신측은 자동적으로 ACK 프레임을 생성하여 송신측에 답신한다.

표 4-2는 MCPS-DATA.request의 파라미터 일람을 나타낸다. 물리층 데이터 요구 서비스의 파라미터(표 3-7(p. 76) 참조)와 비교하여 동일한 데이터 서비스라도 주소와 보안 등의 정보가 추가되어 있음을 알 수 있다. IEEE 802.15.4에서는 64비트의 IEEE 확장주소와 2바이트의 단축주소를 지원한다. IEEE 확장주소는 이더넷 카드의 MAC 주소 값과 유사한 것으로서 IEEE가 관리와 담당을 수행하고 있는 RF칩의 고유한 ID번호이다. 파라미터의 주소 모드에 따라 주소의 종류를 결정한다. 또한 MSDU 핸들(handle)도 지정 가능하다. MSDU 핸들이란 송신 프레임을 결부시키는 식별코드로서 송신한 프레임을 나중에 인식할 수 있게 해준다.

표 4-2 MCPS-DATA.request의 파라미터

파라미터	타입	값	설명
SrcAddrMode	정수	0x00~0x03	송신 어드레스 모드 : 어드레스 없음, 2바이트 단축 어드레스 혹은 64비트 IEEE 어드레스
SrcPANId	정수	0x0000~0xFFFF	송신 PAN ID
SrcAddr	정수	0x0000~0xFFFF	송신 어드레스
DstAddrMode	정수	0x00~0x03	수신 어드레스 모드
DstPANId	정수	0x0000~0xFFFF	수신 PAN ID
DstAddr	정수	0x0000~0xFFFF	수신 어드레스
msduLength	정수	<=102	MSDU 페이로드 길이
msdu	바이트 배열		MSDU 페이로드
msduHandle	정수	0x00~0xFF	MSDU 핸들
TxOptions1	비트열	0000XXXX	ACK, GTS 등 옵션 설정

TIP

MAC층 프레임에서는 1홉 범위에서 전파 송수신 노드의 주소만을 알 수 있지만, 모든 라우터의 주소 정보는 상위의 네트워크층 프레임에 의해 정의된다.

송신데이터 취소 : MCPS-PURGE

옵션기능인 MCPS-PURGE는 송신중의 데이터를 취소할 수가 있다.

MAC층 관리 서비스

IEEE 802.15.4의 MAC층에서는 표 4-3과 같은 관리 서비스가 제공된다. 여기서는 MAC층 관리 서비스의 개요에 관해서만 설명하지만, 서비스의 상세한 내용에 관해서는 IEEE 802.15.4의 사양서 [4]를 참조하기 바란다.

표 4-3 MAC층 관리서비스의 개요

프리미티브	요구	확인	통지	응답	설명
MLME-ASSOCIATE	○	○	△	△	네트워크 접속
MLME-DISASSOCIATE	○	○	○		네트워크 접속의 절단
MLME-ORPHAN			△	△	고립 디바이스 관리
MLME-GTS	△	△	△		보증시간 슬롯 GTS 관리
MLME-SYNC	○				부모 노드와의 동기
MLME-SYNC-LOSS			○		동기 분실의 통지
MLME-START	△	△			비콘 발신 개시
MLME-BEACON-NOTIFY			○		비콘 수신 통지
MLME-POLL	○	○			펜딩 데이터 송신 요구
MLME-COMM-STATUS			○		통신 스테이터스 통지
MLME-RX-ENABLE	○	○			수신기능 개시와 정지
MLME-SCAN	○	○			채널 스캔
MLME-GET	○	○			MAC층 정보베이스 MIB 삽입
MLME-SER	○	○			MAC층 정보베이스 MIB 독취
MLME-RESET	○	○			MAC층 리셋

○= 실장 요구 △= RFD의 옵션

네트워크 접속 : MLME-ASSOCIATE

네트워크에 참가하는 경우, 네트워크 접속 MLME-ASSOCIATE를 부모 노드에 요구한다. 네트워크 접속은 그림 4-12와 같은 단계로 동작한다.

[1] 부모 노드와 접속이 필요할 때에 MAC층의 상위층인 네트워크층은 표 4-4에서와 같은 파라미터를 갖는 프리미티브 MLME-ASSOCIATE.request로 MAC층에 요구한다.

[2] MAC층은 이 요구를 받아서 부모 노드에게 접속요구 MAC 명령을 송신한다.

[3] 부모 노드의 MAC층은 접속요구 명령에 대해서 ACK로 답변한다. 이 ACK는 접속요구를 승인했다는 의미라기보다는 어디까지나 착신했다는 확인 메시지에 불과하다.

[4] 부모 노드는 접속요구를 받고나서 프리미티브 MLME-ASSOCIATE.indication으로 부모 노드 상위층인 네트워크층에 통지한다.

[5] 부모 노드의 네트워크층은 접속요구에 대한 허가 혹은 거부 중에서 어느 쪽인가를 결정하여 프리미티브 MLME-ASSOCIATE.response로 부모 노드의 MAC층에 응답한다.

[6] 자식 노드는 처음으로 접속요구의 ACK를 받고서 일정한 시간(부모 노드 요구 처리에 필요한 시간)을 경과하여 부모 노드에 데이터 송신을 요구한다. 이 요구가 필요한 이유는 자식 노드가 슬립 가능한 디바이스일지도 모르기 때문에 자식 노드로부터 부모 노드에 대한 폴링 요구가 필요하기 때문이다.

[7] 부모 노드는 MAC층 접속요구 명령의 응답으로서 자식 노드에게 접속요구의 처리결과(접속 응답 명령)를 답신한다.

[8] 자식 노드의 MAC층은 부모 노드로부터 보내진 답신을 확인한 시점에서 프리미티브 MLME-ASSOCIATE.confirm으로 접속요구의 처리결과를 접속 신청측의 상위층에게 보고한다.

[9] 마지막으로 모든 접속 프로세서가 완료될 때에 통신 스테이터스(status)의 변화를 부모 노드의 상위층에 통지한다.

표 4-4 MLME-ASSOCIATE.request의 파라미터

파라미터	타입	값	설명
LogicalChannel	정수	0x11~0x26	표 4-5의 스캔 타입
CoordAddMode	정수	0x02~0x03	부모 노드의 어드레스 모드
CoordPANId	정수	0x0000~0xFFFF	부모 노드의 PAN ID
CoordAddress	어드레스	부모의 어드레스	노드의 어드레스
CapabilityInformation	비트열	XXXX,XXXX	FFD 혹은 RFD, 전원 공급, 슬립의등 디바이스의 능력
SecurityEnable	논리치	TRUE/FALSE	보안의 유무

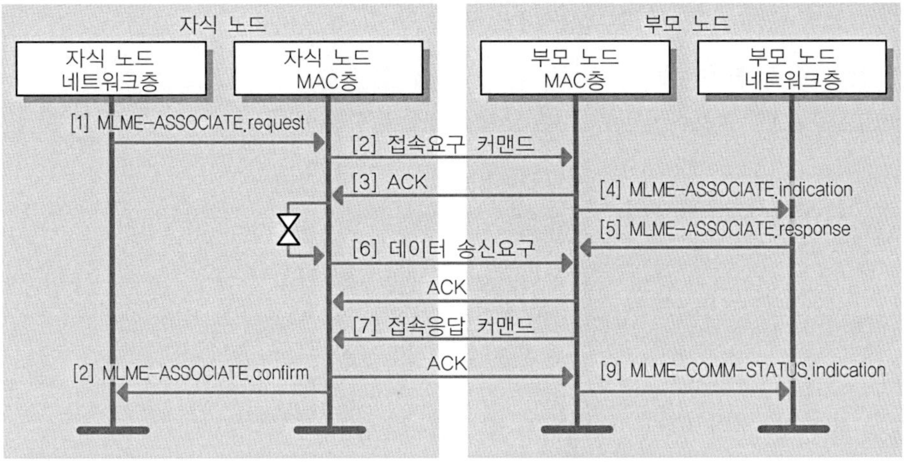

그림 4-12 MAC층 관리서비스 MLME-ASSOCIATE

TIP

MAC층 기능에서는 부모 노드와의 접속만 가능하지만 네트워크에의 참가가 완성되기 위해서는 상위 네트워크층의 네트워크 관리기능도 필요하다. 예를 들면 PAN ID의 결정, 채널의 선정, 주소 할당 등이 있다.

네트워크 접속 절단 : MLME-DIASSOCIATE

자식 노드가 참가 중의 네트워크로부터 이탈하고자 할 때 MLME-DIASSOCIATE를 이용하여 접속의 절단을 부모 노드에게 통지한다.

고립된 노드 관리 : MLME-ORPHAN

다음과 같은 경우에는 자식 노드는 부모 노드와 연락을 할 수 없는 고립상태가 될 가능성이 있다.

- 전파 간섭 등의 전송장애가 발생했다.
- 코디네이터의 사정으로 사용 중의 통신채널이 변경되었다.
- 자식 노드 혹은 부모 노드의 배치 위치가 변경되었다.

자식 노드의 고립 상태가 된 경우 주변에 고립 통지 메시지를 발행한다. 이러한 고립 통지 메시지를 수신한 경우 MLME-ORPHAN.indication으로 상위층에 보고한다. 최종적으로는 코디네이터의 판단으로 이 고립된 노드에 대한 재접속의 가부를 결정한다.

보증시간 슬롯 GTS의 관리 : MLME-GTS

시간보증 슬롯 GTS의 요구 혹은 사용 중인 GTS를 취소하는 경우 자식 노드가 MLME-GTS 프리미티브로 부모 노드에게 연락한다.

부모 노드와의 동기 : MLME-SYNC

비콘을 수신하여 부모 노드와의 동기를 맞추도록 MAC층에 요구한다. 또한 1회의 동기뿐만 아니라 비콘을 추적하여 주기적인 동기도 가능하다.

동기 분실의 통지 : MLME-SYNC-LOSS

부모 노드와의 동기가 맞추어지지 않는 것을 자신의 상위층에 통지한다.

비콘 발신의 개시 : MLME-START

정의되어 있는 슈퍼 프레임의 비콘 발신을 자신의 MAC층에 개시토록 한다.

비콘 수신의 통지 : MLME-BEACON-NOTIFY

비콘의 정상 수신을 자신의 상위층에 보고한다. 비콘 프레임 정보 이외에 수신 시각, 수신 경로의 링크 품질정보도 포함된다.

펜딩 데이터의 송신요구 : MLME-POLL

자식 노드는 부모 노드를 상대로 자기에게로 오는 데이터를 송신요구 폴링한다. 자식 노드가 무전력의 슬립모드에 들어가 있는 동안에 부모 노드는 자식 노드에의 데이터를 일시적으로 보관한다. 자식 노드로부터 요구받을 때 보관하고 있는 데이터를 자식 노드에게 송신한다.

통신 스테이터스(status)의 통지 : MLME-COMM-STATUS

통신 스테이터스의 정상 또는 이상을 상위층에 통지한다. 비정상의 스테이터스는 [ACK를 받고 있지 않다], [프레임이 너무 길다] 등 통신장애 상태와 보안인증 등에 관련한 상태를 표시한다.

수신기능 개시와 정지 : MLME-RX-ENABLE

이 프리미티브는 실제로는 3-5절 ②에서 설명한 PLME-SET-TRX-STATE를 이용하여 통신기능을 개시할 수가 있다. 즉시 실행할 지 또는 일정 시간을 두고서 실행할 지 설정 가능하다. 슈퍼프레임 혹은 사용자가 기대하는 시간에 맞추어 기동 스케쥴을 설정함으로써 전력소비를 최소한으로 억제하고 필요한 시간에만 통신기능을 기동시킬 수 있다.

채널 스캔 : MLME-SCAN

지정된 채널 리스트에 대해서 일정한 기간에 표 4-5와 같이 4종류의 채널 스캔을 지원한다.

표 4-5 채널 스캔 타입

타입	FFD	RFD	설명
전계강도 스캔	○	×	ED 스캔. 수신경로 링크의 품질을 측정하기 위해 채널의 전계강도를 검지한다.
액티브 스캔	○	×	주변 노드를 탐색하기 위해 비콘 요구 커맨드를 발행한다.
패시브 스캔	○	○	비콘 요구 커맨드를 발행하지 않고 주변 노드로부터 비콘을 탐지한다.
고립 스캔	○	○	고립 노드는 코디네이터로부터 재가입응답 메시지를 기다린다.

○= 필수 기능　　×= RFD는 지원 안 됨.

MLME-SCAN은 그림 4-13과 같은 단계로 동작한다.

[1] MAC층의 상위층인 네트워크층은 채널 스캔이 필요한 경우, 표 4-5에서와 같은 스캔타입, 스캔대상 채널 및 스캔 기간을 프리미티브의 파라미터로 하여 MLME-SCAN.request를 MAC층에 요구한다. 복수의 채널에 대한 스캔도 가능하다.

[2] MAC층은 1채널씩 지정된 스캔 기간에 스캔을 수행한다. 모든 채널을 스캔한 후에 측정 결과는 프리미티브 MLME-SCAN.confirm으로 상위층에 보고한다. 전계강도 스캔의 경우에 스캔 결과는 각 채널의 전계강도의 배열이 되지만 액티브 스캔, 패시브 스캔 및 고립 스캔의 경우에 스캔 결과는 발견한 부모 노드의 디스크립터 배열이 된다.

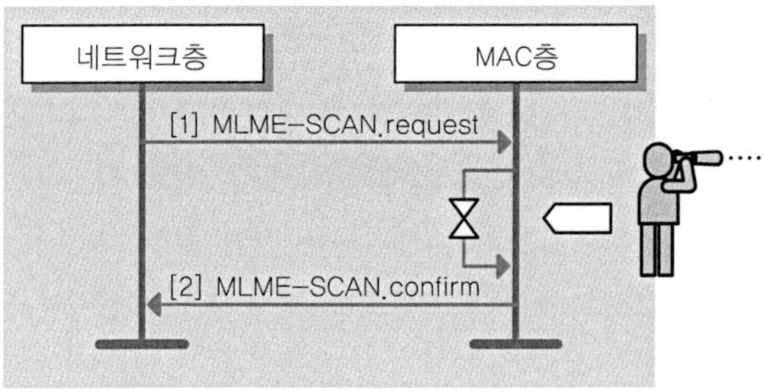

그림 4-13 MAC층 관리서비스 : MLME-SCAN

TIP

4종류의 스캔은 목적에 따라 분리 사용할 필요가 있다. 클리어한 채널을 찾기 위해서는 전계강도 스캔을 사용하지만, 네트워크에 참여할 목적으로 부모 노드를 발견하기 위해서는 액티브 혹은 패시브 스캔을 이용한다.
전계강도 스캔에서는 ZigBee로부터의 전파만으로 제한하지 않고 무선 LAN 등으로부터의 전파도 검지할 수 있으며, 그 이외의 액티브 스캔 혹은 패시브 스캔에서는 IEEE 802.15.4 네트워크만을 대상으로 하고 있다.

정보베이스 관리 : MLME-GET와 MLME-SET

MAC층 정보베이스에는

- macBeaconOrder : 비콘 주기를 결정하는 명령
- macCoordExtendAddress : 부모 노드의 IEEE주소
- macCoordShortAddress : 부모 노드의 단축주소
- macPANid : PAN의 ID
- macRxOnWhenIdle : 대기 시 수신 가능의 가부 즉, 무전력의 슬립 모드 유무
- macShortAddress : 단축 주소
- macSuperframeOrder : 슈퍼 프레임 주기를 결정하는 명령

등의 MAC층 속성이 보관되어 있다. 이 속성들의 독취 및 기입에는 MAC층 정보베이스 관리 서비스의 MLME-GET와 MLME-SET를 이용한다.

MAC층의 리셋 : MLME-RESET

RF 기능을 일단 중지하고 MAC층 스택을 리셋한다. 파라미터의 초기치로 재설정할 수 있다.

2 MAC층 보안 서비스

IEEE 802.15.4의 MAC층에서는 옵션기능으로서 보안 서비스를 제공하고 있다. MAC층의 보안기능에 대한 요구 레벨에 따라서 다음 3가지의 보안 모드가 정의되어 있다.

- 무보안 모드 : 보안기능이 실장되지 않는다.
- 액세스 컨트롤 리스트 모드 : 액세스 컨트롤 리스트 ACL(Access Control List)에 들어 있는 노드와만 통신을 허가한다.
- 보안 모드 : 액세스 컨트롤 리스트의 기능에 추가하여 그 위에 AES(Advanced Encryption Standard) 암호화 알고리즘 기능이 적용된다.

IEEE 802.15.4층의 보안 서비스에서는 표 4-6과 같이 몇 개의 보안 쉬트가 있다. 보안 쉬트에 따라 제공되는 보안기능도 다르다.

IEEE 802.15.4층의 보안 서비스에서 인증 및 암호 키의 교환 등은 지원되지 않는다. 상위층의 보안기능에 의존한다.

표 4-6 보안 쉬트

쉬트	액세스 컨트롤	데이터 암호화	프레임 정합성	순차갱신
None				
AES-CTR	○	○		△
AES-CCM-128	○	○	○	△
AES-CCM-64	○	○	○	△
AES-CCM-32	○	○	○	△
AES-CBC-MAC-128	○		○	
AES-CBC-MAC-64	○		○	
AES-CBC-MAC-32	○		○	

○= 필수 기능 △= 옵션 기능

TIP

IEEE 802.15.4 MAC층의 액세스 컨트롤과 암호화 등의 보안기능은 아직 불충분하며 인증 및 암호 키의 교환 등 필요한 보안기능은 상위층에 의존한다.

4-5 MAC층 프레임 구조

MAC층의 프레임은 MPDU(MAC Protocol Data Unit)라고 부른다. MPDU는 3-6절에서 설명한 물리층의 데이터 페이로드 PSDU의 위에 올려진다. 그림 4-14에 IEEE 802.15.4의 MAC층 프레임 구조를 나타낸다.

<table>
<tr><td rowspan="2">(바이트 수)</td><td rowspan="2">프레임
컨트롤</td><td rowspan="2">시퀀스</td><td>수신
PAN ID
(0/2)</td><td>수신
어드레스
(0/2/8)</td><td>송신
PAN ID
(0/2)</td><td>송신
어드레스
(0/2/8)</td><td rowspan="2">MAC층 페이로드(MSDU)</td><td rowspan="2">체크 섬
(2)</td></tr>
<tr><td colspan="4">어드레스(0~20)</td></tr>
<tr><td></td><td colspan="8">MAC층 프레임(MSDU)</td></tr>
<tr><td></td><td colspan="8">물리층 데이터 페이로드(PSDU)</td></tr>
</table>

그림 4-14 MAC층 프레임

IEEE 802.15.4 MAC층 프레임은 다음과 같은 필드로 구성된다.

- **프레임 컨트롤** : 2바이트의 프레임 컨트롤에는 표 4-7과 같이 프레임 전체를 컨트롤하는 중요한 정보가 포함되어 있다.
- **시퀀스** : 1바이트로서 MAC층의 시퀀스 번호이다.
- **주소** : 0-20바이트의 주소 필드에는 수신노드와 송신노드의 주소(2바이트의 단축주소, 또는 64비트의 IEEE 확장주소) 및 PAN ID를 저장한다. 주의해야 할 점으로는 멀티 홉의 경우, MAC층의 송신주소와 수신주소는 전파를 내보내는 노드의 주소와 전파를 직접 받는 노드의 주소이다. 즉, 1홉(인접노드 간)의 주소이다. 최초의 송신원 노드의 주소와 최종적으로 도달하는 노드의 주소는 상위층의 네트워크층 프레임으로 기술된다. 또는 "0xFFFF"의 주소는 특정 노드를 목적지로 하지 않는 브로드캐스트 메시지임을 나타낸다.
- **데이터 페이로드** : 각각 프레임 타입의 페이로드이다.
- **체크 섬** : 프레임 끝의 2바이트에는 ITU-T(국제전기통신연합의 전기통신표준화부문)이 제안한 CRC(Cyclic Redundancy Checksum) 순회 여분 체크 섬이 들어가 있다. 이것에 의해서 수신오류를 검출할 수가 있다.

TIP

단축주소 “0xFFFF”는 송신 상대를 특정하지 않는 브로드캐스트이다.

표 4-7 MAC층 필드 컨트롤

비트	필드	설명
0~2	프레임 타입	비콘, 데이터, ACK, 커맨드의 프레임 타입
3	보안	보안의 유무
4	펜딩	펜딩 데이터의 유무
5	ACK 요구	ACK 메시지 요구의 유무
6	PAN 내부	PAN 내부에서의 통신 혹은 복수의 PAN을 넘는 통신
10~11	수신 어드레스 모드	수신 어드레스 유무. 있을 경우 단축 어드레스 혹은 IEEE 64비트 어드레스
14~15	송신 어드레스 모드	송신 어드레스 유무. 있을 경우 단축 어드레스 혹은 IEEE 64비트 어드레스

TIP

MAC층 프레임은 물리층 프레임 위에서 송수신 주소 등의 정보가 추가된다.

비콘 프레임

비콘 네트워크에서 부모 노드는 비콘 프레임을 자식 노드에게 주기적으로 브로드캐스트함으로써 슈퍼 프레임과의 동기 및 펜딩 데이터를 통지한다. 그림 4-15의 IEEE 802.15.4 MAC층 비콘 프레임 구조에는 이러한 2종류의 정보가 포함되어 있다.

IEEE 802.15.4 슈퍼 프레임은 옵션 기능이지만 비콘 프레임은 옵션 기능이 아니다. 왜냐하면 어떤 노드가 네트워크에 참가하고자 하는 경우에 이 노드는 액티브 스캔으로 비콘 요구 명령을 주변 노드에게 브로드캐스트한다. 주변 노드가 이 요구에 대해서 비콘 프레임을 회신하여 자신의 존재를 나타낸다. 자식 노드는 수신된 비콘 프레임으로 주변 노드의 정보를 알고 잠재적인 부모 노드를 발견할 수가 있기 때문에 비(非) 비콘 네트워크에서도 비콘 프레임의 실장은 필수적이다.

IEEE 802.15.4 MAC층 비콘 프레임의 데이터 페이로드는 다음과 같은 필드로 구성된다.

- **슈퍼 프레임** : 2바이트의 필드는 슈퍼프레임 명령, 비콘 명령, CAP 슬롯의 수 등 슈퍼 프레임과 비콘을 정의하는 정보이다.
- **GTS** : 정의된 GTS의 수를 나타낸다. GTS가 정의되는 경우, 각각 GTS의 데이터 전송 방향, 할당된 노드의 주소, 개시 슬롯 및 사용되는 슬롯 수 등의 정보가 포함되어 있다.
- **펜딩** : 부모 노드가 펜딩하고 있는 메시지의 수 및 그 목적지 주소를 나타낸다. 데이터가 펜딩되어 있는 경우 각각의 주소 목록이 포함되어 있다.
- **비콘 페이로드** : IEEE 802.15.4에서는 비콘 페이로드의 사용 방법을 특별히 규정하고 있지 않지만 ZigBee 네트워크층의 사양에서는 부모 노드로서 네트워크에 참가를 받을 수 있을까라는 디바이스의 능력이 포함되어 있다.

그림 4-15 비콘 프레임

> **TIP**
>
> 코디네이터 또는 라우터는 옵션인 슈퍼 프레임 기능을 실장하지 않아도 되지만 비콘 프레임은 실장하지 않으면 안 된다. 이 경우의 비콘은 슈퍼 프레임의 동기 목적이 아니라 자식 노드가 네트워크에 참가하려고 할 때의 비콘 요구(액티브 스캔)에 대해서 자신의 존재를 나타내는 것이다.

데이터 프레임

IEEE 802.15.4의 MAC층 데이터프레임 구조를 그림 4-16에 나타낸다. MAC층의 데이터 페이로드는 MSDU(MAC Service Data Unit)라고 부른다. 데이터 페이로드는 MAC층에서 전송되는 데이터로서 그 상위층인 네트워크층의 프레임 NPDU(Network layer Protocol Data Unit)가 된다. 네트워크층 프레임의 구조에 관하여는 5-8절에서 상세히 설명한다.

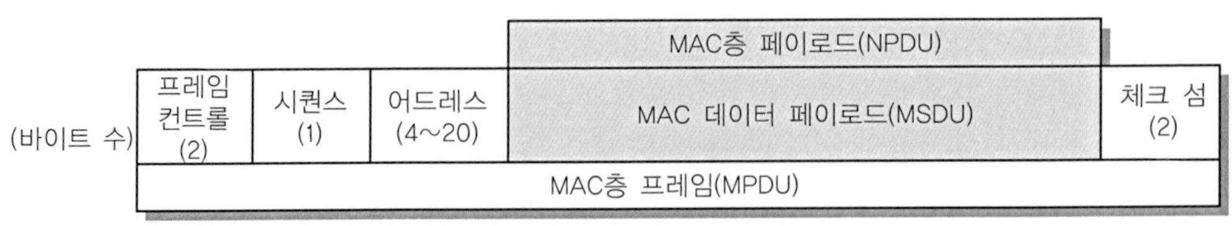

그림 4-16 데이터 프레임

TIP

MAC층 뿐만 아니라 IEEE 802.15.4 ZigBee 각 층의 데이터 프레임은 상위층의 데이터를 이용 가능한 유일한 프레임이다.

ACK 프레임

그림 4-17과 같은 IEEE 802.15.4의 MAC층 ACK 프레임은 가장 단순한 프레임으로서 길이가 겨우 5바이트이며, 주소 필드나 데이터 페이로드도 없다. 유일하게 전달할 수 있는 정보는 수신메시지의 시퀀스 번호 뿐이다. 오리지널 메시지를 발신한 노드는 시퀀스 번호의 조합에 따라서 메시지가 바르게 전송되었는지 판단한다. ACK 프레임이 단순한 구조로 설계된 이유는 다음과 같이 2가지의 이유가 거론된다.

- 페이로드 데이터가 없는 프레임은 마이크로 프로세서의 처리없이 RF칩의 하드웨어로 자동적으로 발생하도록 실장이 가능하다. IEEE 802.15.4 사양에서는 데이터 프레임을 전부 수신한 후 ACK 프레임을 송신하기까지의 시간은 수신 모드에서 송신 모드로의 절체에 필요한 12심볼(0.192미리초)뿐이다.
- 프레임이 단축되면 송신에 필요한 시간도 단축되어버린다. ACK 프레임 길이의 5바이트에 물리층 헤드의 6바이트를 더해도, 합계 11바이트(=22심볼) 밖에 되지 않는다.

수신으로부터 송신으로 절체하기 위해 필요한 12심볼과 ACK 프레임 송신에 필요한 22심볼을 합쳐서 IEEE 802.15.4에서는 데이터프레임을 송신한 후 34심볼(0.544미리초) 이내에 ACK 프레임이 반송되어 올 것이다. 송신 노드는 가능한 한 빨리 ACK를 받음으로써 높은 전력소비의 RF 수신모드 시간을 짧게 하여 전력을 절약할 수 있다.

더욱이 ACK에 필요한 시간이 길어지면 송신 노드는 메시지가 도달하지 않는 것으로 판단해 재송신한다. 메시지 재송신에 의해 무의미한 트래픽이 발생하는 문제도 있다.

그림 4-17 ACK 프레임

TIP

IEEE 802.15.4의 ACK 프레임은 고속으로 응답하기 위해 매우 심플한 5바이트로 되어 있다. 고속 응답성이 있으면 엔드 디바이스의 무전력이 가능하다.

커맨드 프레임

IEEE 802.15.4의 MAC층 커맨드 프레임 구조를 그림 4-18에 나타낸다. RFD 디바이스에 있어서 MAC층 커맨드는 실장 불필요 혹은 옵션 기능이다.

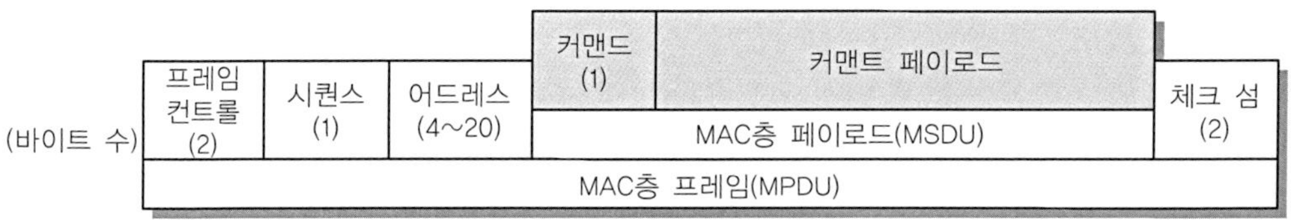

그림 4-18 커맨드 프레임

IEEE 802. 15. 4 MAC층 커맨드 프레임의 데이터 페이로드는 다음과 같은 필드로 구성된다.

- 커맨드 : 1바이트의 커맨드 필드는 표 4-8과 같이 커맨드 ID로 커맨드 타입을 정의한다.
- 커맨드 페이로드 : 커맨드의 파라미터를 저장하고 있다. 커맨드 타입에 따라서 내용과 길이도 다르다.

표 4-8 MAC층 커맨드

커맨드 ID	RFD		커맨드	설명
	발신측	수신측		
0x01	○		접속 요구	네트워크에 참가 신청
0x02		○	접속 응답	네트워크 참가 신청의 허가
0x03	○	○	접속절단의 통지	네트워크로부터 이탈을 통지
0x04	○		데이터 요구	펜딩 데이터의 요구
0x05	○		PAN ID 충돌 통지	코디네이터에 통지
0x06	○		고립 통지	부모 노드와 연락할 수 없음을 통지
0x07	△		비콘 요구	채널 액티브 스캔
0x08		○	코디네이터의 재배치	고립된 노드 재참가 허가
0x09	△		GTS 요구	보증시간 슬롯의 신청

○= RFD의 옵션 △= RFD의 옵션

IEEE 802.15.4의 사양에서 비콘의 요구 커맨드(0x07)는 RFD의 옵션기능으로서 규정되어 있지만 비(非) 비콘 네트워크의 경우는 이 커맨드를 실장하지 않으면 주변 네트워크를 발견할 수 없기 때문에 실장이 필요하다고 생각된다. 또한 비콘 네트워크에서도 비콘 주기가 상당히 긴 경우 이 커맨드를 실장시켜 놓지 않으면 패시브 스캔만으로 비콘을 청취하게 되므로 네트워크 탐색이 어려워지게 된다.

지금까지 서술해 온 바와 같이 IEEE 802.15.4 태스크 그룹은 무선센서 네트워크의 물리층과 MAC층만을 규격화했지만 ZigBee 연합은 그것을 기초로 하여 상위층의 네트워크층과 어플리케이션 지원 부층, 어플리케이션층을 규격화 하였다.

본 장에서는 IEEE 802.15.4를 기초로 한 ZigBee 연합의 네트워크층 사양 [6]에 관하여 설명한다. ZigBee 네트워크층은 다음과 같은 기본 기능을 제공한다.

- 멀티 홉이 가능한 메시지 통신
- 네트워크의 기동
- 논리 디바이스 타입의 설정
- 네트워크 주소 관리
- 네트워크에의 참가와 이탈
- 1홉 범위에서의 인접 노드 발견
- 라우트 발견과 관리
- 수신기능 동작 스케줄의 관리
- 보안기능(옵션)

본 장 5-1절에서는 IEEE 802.15.4 ZigBee에서 지원하는 네트워크 토폴로지를 소개한다. 5-2절에서는 ZigBee에 있어서의 네트워크 주소를 소개한다. 5-3절에서는 네트워크의 관리에 관한 인접 테이블에 대하여, 5-4절에서는 네트워크에 참가하는 방법에 관하여 설명한다. 그리고 5-5절에서는 ZigBee의 라우팅 알고리즘에 관하여 해설한다. 5-6절에서는 브로드캐스트 방법을 설명한다. 마지막으로 5-7절과 5-8절에서는 ZigBee 네트워크층에서 제공되는 서비스 및 네트워크층의 프레임 구조에 관하여 서술한다.

또한 ZigBee 네트워크층의 보안기능에 관하여는 APS의 보안기능과 함께 제6장의 6-4절에서 소개한다.

Chapter 05

ZigBee 네트워크층

5-1 네트워크 토폴로지

네트워크 토폴로지(Network Topology)란 네트워크의 접속형태이다. 회사경영으로 예를 들면 네트워크 토폴로지는 회사의 조직에 해당한다. 회사경영 조직의 중요성과 마찬가지로 네트워크 토폴로지는 유선이냐 무선이냐에 관계없이 어떠한 네트워크에 있어서도 아키텍쳐 관점에서 매우 중요하다.

IEEE 802.15.4는 다음 두 종류의 기본 토폴로지밖에 지원하지 않지만 이 두 종류의 토폴로지로부터 여러가지 다양한 토폴로지를 파생시킬 수가 있다.

- **스타(Star) 토폴로지** : 스타 토폴로지란 중심이 되는 노드로부터 방사 형태로 다른 단말노드를 접속시키는 별 형태의 구성을 말한다. 단말 노드들끼리는 직접통신이 불가능하지만 중심이 되는 노드를 반드시 개입시켜서 서로 접속할 수 있는 방식이다.
- **P2P(Pear-to-Pear) 토폴로지** : [Peer]에는 [동등한 지위의 동료]라고 하는 의미가 있다. P2P 토폴로지는 네트워크를 구성하는 노드의 지위가 전부 같으며 특별히 중심이 되는 노드를 개입시키지 않고 직접 데이터를 교환할 수 있는 접속방식이다.

최근 메쉬 네트워크의 연구개발이 크게 주목받고 있다. 메쉬 네트워크란 각 노드가 각각 메시지의 중계 기능을 가지고 P2P에 접속하는 메쉬 형의 네트워크이다. 메쉬 네트워크의 장점은 통신경로를 여러 개 둠으로써 무선통신의 신뢰성을 높일 수가 있다는 것이다.

1 스타 토폴로지

스타 토폴로지에서는 그림 5-1과 같이 중심이 되는 노드의 논리 디바이스 타입이 코디네이터 혹은 라우터가 아니면 안 된다. 즉, 물리 디바이스 타입의 풀 기능 디바이스(FFP : Full-Function Device)가 필요하다. 단말 노드에 대해서는 논리 디바이스 타입 혹은 물리 디바이스 타입의 요구가 없다. 왜냐 하면 엔드 디바이스의 기능 한정 디바이스(RFD : Reduced-Function Device)로도 충분하기 때문이다. 물리 디바이스 타입의 FFD나 혹은 RFD에 관해서는 2-4절 ③을 참조하기 바란다. 단 단말 노드는 반드시 중심 노드와 직접교신이 가능한 범위로 설치하지 않으면 안 된다. 즉, 스타 토폴로지에서는 중심 노드부터 1홉까지의 범위를 커버할 수 있다.

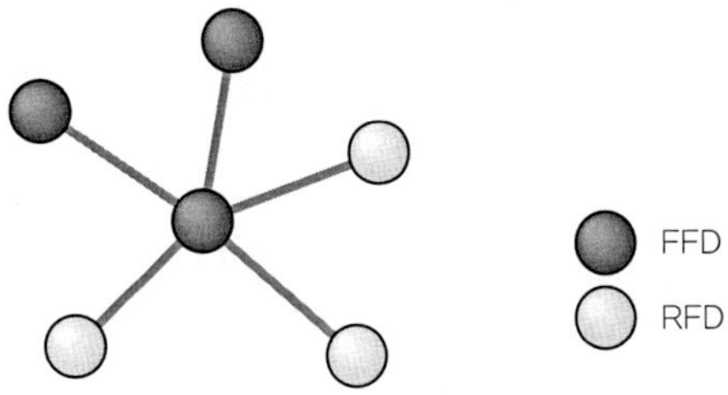

그림 5-1 스타 토폴로지

스타 토폴로지는 종래부터 자주 이용되는 단순한 토폴로지이다. 단말노드는 RFD로도 구성이 가능하기 때문에 저비용으로도 실장할 수가 있다. 또한 단말노드를 슬립시킬 수 있으므로 무전력 무선센서 네트워크를 실현할 수 있다. 스타 토폴로지는 다음과 같은 장점이 있다.

- 구성이 단순하다.
- 단말노드는 평소에는 동작하지 않아도 된다. 따라서 교신하지 않는 동안은 무전력의 슬립 상태가 가능하게 된다.
- 단말노드는 저비용의 RFD로 구성이 가능하다.
- 1홉만의 통신이므로 데이터전송의 최대 지연시간을 일정 범위로 제어할 수 있다.
- 단일 통신 라우터이기 때문에 군더더기 메시지가 거의 발생하지 않는다. 신뢰성의 관점에서 보면 이는 단점이지만 통신대역의 유효이용의 관점에서 보면 장점이다.

스타 토폴로지의 단점은 역시 통신거리가 1홉의 범위로 제한되어 있다는 것이다. 따라서 이는 단말 노드 간에 직접 통신이 가능하지 않다는 결점이 될 수 있으며, 또한 통신경로가 단일하기 때문에 통신의 신뢰성에도 문제가 된다.

TIP

스타 토폴로지는 저비용으로 구성되는 동시에 무전력으로 실장하기가 용이하지만 통신거리와 통신거리에는 제한이 있다.

현재 IEEE 802.15.4 사양의 비콘 네트워크는 스타 네트워크만이 적용 가능하다. 중심이 되는 부모 노드는 정기적으로 비콘을 주변에 브로드캐스트 하여 자식 노드와의 동기 및 데이터의 교환을 수행한다. 비콘 네트워크에서 부모 노드와 자식 노드의 데이터교환 방법에 관하여는 4-3절 ①[비콘 네트워크의 데이터전송모델]을 참조하기 바란다.

그러나 스타 네트워크는 비(非) 비콘 네트워크에도 실장이 가능하다. 이 경우 중심이 되는 부모 노드는 정기적인 비콘을 발신하지 않는다. 부모 노드로부터 자식 노드로의 데이터 전송은 자식 노드로부터의 풀 형 데이터 요구에 의해 실현된다. 자식 노드는 슬립 기능도 장착이 가능하지만 부모 노드가 맡았던 펜딩 데이터를 읽어내는 것은 풀 형 데이터 요구로 실행된다. 비(非) 비콘 네트워크에서 부모 노드와 자식 노드의 데이터 교환 방식에 관해서는 4-3절②[비(非) 비콘 네트워크 데이터 전송모델]을 참조하기 바란다.

2 메쉬 토폴로지

그림 5-2와 같은 메쉬 토폴로지에서는 중심이 되는 노드가 특별히 존재하지 않는다. 모든 노드는 평등하여 전파가 닿을 수 있으면 어떤 노드라도 통신이 가능하다. 메쉬 네트워크를 구성하는 노드는 논리 디바이스 타입이 코디네이터나 혹은 라우터일 필요가 있다. 즉, 물리 디바이스의 FFD가 필요시 된다. 엄밀히 말하면 IEEE 802.15.4만으로는 P2P 토폴로지만 지원되기 때문에 메쉬 네트워크를 구성할 수 없지만, 상위 네트워크층의 라우팅 기능을 추가하면 메쉬 네트워크가 된다.

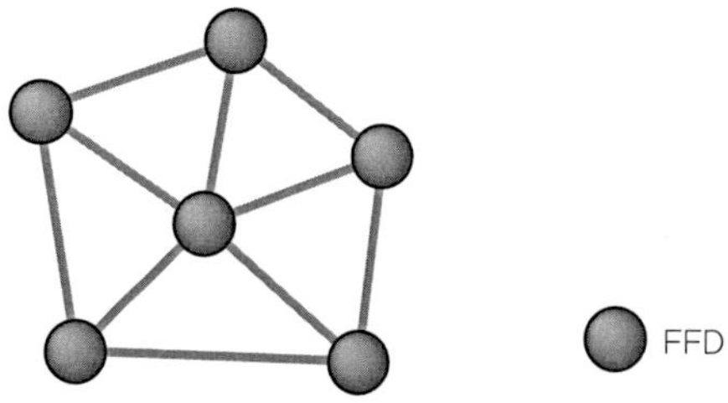

그림 5-2 메쉬 토폴로지

메쉬 토폴로지에는 다음과 같은 장점이 있다.

- 1홉의 통신 거리 제한을 초월해 멀티 홉 통신이 가능하다.
- 통신 라우트의 여유분을 둠으로써 통신의 신뢰성을 향상시킬 수 있다. 만일 간섭 전파 등의 원인으로 통신장애가 발생해도 별도의 통신경로로 우회하여 메시지가 도달될 수 있다.

메쉬 토폴로지의 주된 문제는 소비전력이다. 메쉬 네트워크를 구성하는 노드는 자신을 위한 메시지 통신뿐만 아니라 자원해서 다른 노드로 가는 메시지를 중계하는 행위가 필요하다. 이러한 중계요구가 언제 있을지 알지 못하기 때문에 무전력을 위한 슬립기능의 실장은 매우 어렵게 된다. 메쉬 토폴로지에는 다음과 같은 단점이 있다.

- 메시지 릴레이 기능이 필요하기 때문에 항상 동작하는 것이 요구되므로 무전력을 위한 슬립기능의 실장은 매우 어렵다.
- 멀티 홉 통신의 경우 데이터 전송에 필요한 지연시간은 좀처럼 제어되기 어렵다. 네트워크층의 스택에 따라 차이가 있지만 1회 릴레이에는 수십 미리초 이상의 처리시간이 걸린다. 이것은 프레임의 전송뿐만 아니라 통신경로 비용의 계산*등 라우팅 처리에서 재작성한 프레임을 릴레이하기 때문이다.
- 관리 정보가 각각의 노드에 분산되어 있기 때문에 네트워크 구성의 전체 정보가 파악되기 어렵다.
- 라우팅 테이블 등을 실장하기 때문에 보다 큰 메모리 등의 자원이 요구된다.
- 통신대역의 유효 이용 관점으로 보면 동일한 메시지를 여러 경로로 송신하는 것은 단점이 된다. 메쉬 네트워크의 라우팅 알고리즘에 따라서 발생하는 여분 메시지의 수도 다르다. 여분의 메시지 수는 신뢰성과 내장해성과의 트레이드 오프(trade off) 관계가 있다.

* 이 경우의 비용에 대해서는 5-5절 ①을 참조.

TIP

메쉬 토폴로지는 메시지의 릴레이에 의해 통신거리의 연장이 가능하고 여유분의 경로로 통신의 신뢰성을 향상시킬 수 있지만 실장 비용이 다소 높고 무전력의 실장도 어려워진다.

3 클러스터 트리 토폴로지

메쉬 토폴로지는 통신거리를 연장할 수 있는 멀티 홉을 지원할 수 있지만 데이터 전송 라우트가 확정되지 않아서 메시지 전송에 필요한 지연시간을 제어하기 어렵다고 하는 문제점이 있다. 경우에 따라서는 통신 경로를 확정하여 데이터 전송시간을 일정범위로 보증하고 싶은 것도 사실이다.

네트워크 노드의 접속 능력은 노드의 물리 자원에 제한된다. 예를 들면 라우팅 테이블의 용량은 마이크로 프로세서의 메모리 사이즈에 제한된다. 메쉬 네트워크의 노드끼리는 평등하기 때문에 어느 노드에 접속 액세스가 집중되어버리는 경우에 네트워크 구성의 균형이 무너져 버린다고 하는 문제가 발생한다.

이러한 문제점을 해결하기 위해서 그림 5-3과 같은 클러스터 트리(Cluster Tree) 토폴로지가 제안되었다. 클러스터 트리 토폴로지의 특징은 메쉬 토폴로지와 다르게 노드들끼리의 관계가 평등이 아니라 명확한 부모 자식 관계가 된다. 물리 디바이스 타입 FFD의 노드는 부모 노드로서 물리 디바이스 타입 FFD 혹은 RFD의 자식 노드를 가질 수가 있다. 또한 자식 노드의 FFD노드는 손자 노드를 가질 수 있다. 이처럼 명확한 부모 자식의 상하 관계에 의해서 네트워크의 아키텍쳐는 피라미드형의 트리 구조가 된다.

피라미드의 정점에 있는 노드의 논리 디바이스 타입은 물론 코디네이터이다. 그 이외 부모 노드의 논리 디바이스 타입은 라우터이다. 단말 노드의 논리 디바이스 타입은 엔드 디바이스 혹은 라우터이다.

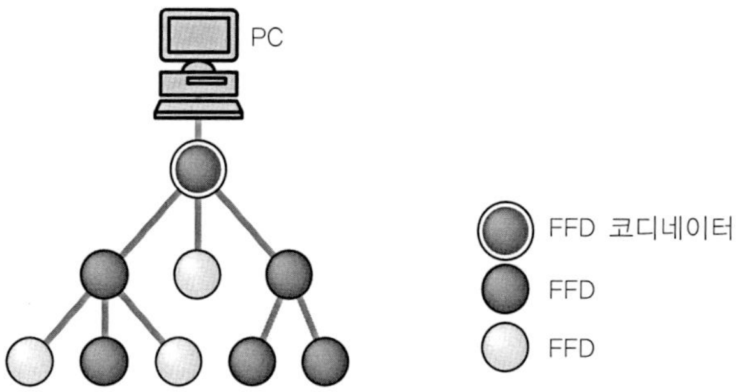

그림 5-3 클러스터 트리 토폴로지

클러스터 트리 토폴로지는 다음과 같은 장점이 있다.

- 부모 노드는 항상 자신의 자식 노드 상태를 파악하고 네트워크의 접속 상태는 트리 라우트를 따라 위로 집약될 수 있기 때문에 정점에 있는 코디네이터는 네트워크 전체의 접속 상태를 파악하기 쉽다.
- 네트워크 구성의 균형은 코디네이터에 의해 제어가 가능하다. 예를 들면 어느 자식 노드가 네트워크에 참가할 때 잠재적인 부모 노드가 복수로 존재하는 경우, 코디네이터는 부모 노드의 네트워크 접속능력을 생각하여 접속 능력의 여유를 가진 최적의 부모 노드에게 할당시킬 수 있다.
- 통신거리가 1홉의 제한을 넘어 멀티 홉 통신이 가능하다.
- 통신경로가 확정되어 있기 때문에 여분의 메시지가 발생하지 않는다.
- 통신경로가 확정되어 있기 때문에 메시지 전송의 최대 지연시간을 예측할 수 있다.

클러스터 트리 토폴로지의 단점으로서는 다음과 같은 것이 있다.

- 통신경로가 단일로 고정되기 때문에 만일 간섭 전파 등의 원인으로 통신장애가 발생하는 경우에는 메시지가 도달할 수 없게 된다.

■ 메시지 전송이 최적의 경로로 행해지지 않을 가능성이 있다. 예를 들면 실제로는 1홉으로 전송 가능한 메시지가 송신측과 수신측이 부모 자식의 관계를 가짐으로써 직접 통신이 불가능하고 부모 노드를 경유한 멀티 홉 통신이 되기 때문에 여분의 메시지가 발생하고 통신에 필요한 지연시간도 길어진다.

■ 정보를 정점에 집약시키기 때문에 코디네이터에 가까우면 가까울수록 통신 트래픽이 많아지므로 네트워크 자원 이용의 균형이 좋지 않다.

■ 코디네이터는 네트워크 전체 정보를 관리하기 때문에 다른 노드와 비교해서 상당히 큰 마이크로 프로세서 자원이 요구된다. 이 때문에 코디네이터는 외부 장착 메모리 증설 등 특별한 장착이 필요할 수가 있다. 대책으로는 코디네이터는 PC와 접속하는 게이트웨이를 겸임하는 일이 많기 때문에 PC의 자원을 빌려 쓰고 일부의 데이터를 PC 메모리에 보존하여 필요할 때만 PC로부터 읽어 들이는 방법도 있다.

■ 부모 노드가 항상 동작하고 있는 상태에서 자식 노드로의 메시지 전송 기능이 필요하기 때문에 부모 노드에 무전력 슬립 기능을 실장하기가 어렵다.

TIP

클러스터 트리 토폴로지는 매우 관리하기 쉬운 아키텍쳐이며 대규모 네트워크도 구성이 되지만 통신 경로의 유연성이 결여된다.

4 토폴로지 선택

어플리케이션에 요구되는 사양에 따라서 적절한 무선센서 네트워크의 토폴로지를 선택하는 것이 필요하다. 앞에서 서술한 토폴로지를 비교하여 표 5-1에 정리한다.

표 5-1 네트워크 토폴로지 비교

토폴로지	스타	메쉬	클러스터 트리
소비전력	소	대	중
실장 가격	저	고	중
통신 거리	짧다	길다	길다
1네트워크 당 최대 노드 수	적다	많다	많다
신뢰성	낮다	높다	낮다
여분 메시지	적다	많다	중간
지연 시간	짧다	예측이 어렵다	예측 가능

실제 어플리케이션에서는 단순한 스타형과 메쉬형 혹은 클러스터 트리형으로 구성되어 있다고 한정지을 수는 없으며, 스타형과 메쉬형 혹은 클러스터 트리형이 혼재되어 있는 하이브리드형의 네트워크 토폴로지가 자주 이용되고 있다. 예를 들면 제어계측의 하이브리드형 네트워크 토폴로지에서는 그림 5-4와 같이 계측 데이터를 샘플링하는 센서 디바이스를 스타형의 단말노드에, 데이터를 집약하는 싱크 디바이스를 스타의 중심 노드로 하는 스타 토폴로지가 된다. 그리고 싱크 노드들 끼리는 메쉬 토폴로지가 된다. 이러한 구성의 장점은 센서 노드가 무전력으로 동작되고 저비용으로 실장이 가능한 동시에 싱크 노드의 메쉬 네트워크에 의해서 통신거리의 연장과 통신 신뢰성 향상 등의 양립이 가능하다는 것이다.

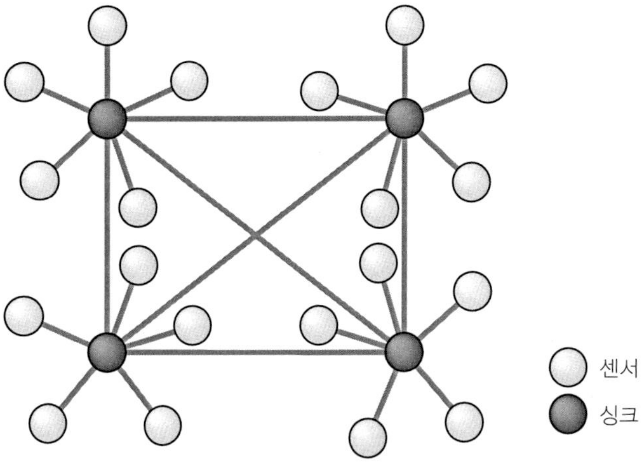

그림 5-4 하이브리드형 토폴로지

TIP

어플리케이션의 요구에 맞춰서 스타형과 메쉬형 혹은 클러스터 트리형을 혼재시켜서 최적의 네트워크를 구성할 수 있다.

5-2 PAN ID와 주소

앞장에서 설명한 IEEE 802.15.4의 MAC층에서는 네트워크를 식별하는 PAN ID, 무선디바이스를 식별하는 64비트의 IEEE 확장 주소, 2바이트의 단축 주소 등이 지원되지만 실용상의 기술적인 과제가 아직 몇 가지 남아 있다. 예를 들면 PAN ID의 관리 및 주소의 할당 방법 등이다. ZigBee 사양에서는 IEEE 802.15.4의 PAN ID와 주소 기능에 기초하여 시스템의 실제 구축 방법을 정하고 있다. 본 절에서는 IEEE 80.15.4와 ZigBee의 두 가지 사양에 있어서 PAN ID와 주소관리 방법에 관하여 해설한다.

PAN ID(Personal Area Network ID)

IEEE 802.15.4에서는 특정의 PAN을 식별하기 위해서 2바이트의 PAN ID가 사용되고 있다. 그 중에 "0xFFFF"의 PAN ID는 1개의 PAN 범위를 넘어서 브로드캐스트 PAN ID 혹은 미정의 PAN ID로 이용되고 있기 때문에 통상의 PAN ID로는 사용되지 않는다. PAN ID의 할당 방법과 주변에 있는 PAN ID와 충돌할 때의 회피방법에 관하여 IEEE 802.15.4에서는 특별히 규정하고 있지 않다.

ZigBee 네트워크층의 사양에서는 다음과 같은 방법으로 PAN ID를 할당한다.

[1] 코디네이터가 NLME-NETWORK-FORMATION 관리 서비스로 네트워크를 기동할 때에 옵션으로서 디폴트(default)의 PAN ID를 할당할 수 있다.

[2] 코디네이터는 지정된 채널 목록에 대해서 스캔을 통하여 주변 네트워크를 탐색한다.

[3] 탐색한 결과, 할당된 PAN ID가 주변의 네트워크와 충돌하지 않는 경우는 디폴트(default) PAN ID를 그대로 채용하지만, 충돌이 발생한 경우는 "0x0000-0X3FFF"의 범위에서 랜덤하게 새로운 PAN ID를 선택한다. "0x4000" 이상의 PAN ID는 종래의 ZigBee 사양을 위해 예약되어 있기 때문에 사용은 피하기 바란다.

IEEE 확장 주소

64비트의 IEEE 확장 주소는 이더넷 LAN 카드의 MAC 주소와 같아서 전세계의 IEEE 802.15.4에 준하는 RF칩에 1매씩 유일한 번호가 할당되어 있다. 통상 IEEE 확장 주소는 실장되는 RF 모듈의 마이크로 프로세서의 EEPROM(Electrically Erasable and Program Read Only Memory)에 기록되어 있다. 이 IEEE 확장 주소는 통상 반도체 회사로부터 칩을 구입할 때 지정된다. 또한 주소의 할당은 직접 IEEE에 신청할 수도 있다. IEEE 확장주소는 세계적으로 중복되어 있지 않기 때문에 PAN 내부는 물론 PAN을 통과하는 통신에도 이용이 가능하다. 그러나 8바이트 IEEE 확장 주소로 송신 주소와 수신 주소를 나타내면 16바이트의 오버헤드가 되어 통신 트래픽에 커다란 영향을 준다.

단축 주소

IEEE 802.15.4의 2바이트 단축 주소(Short Address)는 PAN 내부에서만 사용되기 때문에 네트워크의 최대용량은 65,536노드가 된다. 또한 동일한 ZigBee 무선 노드에서도 기동될 때마다 언제나 동일한 단축 주소를 사용함이 보증되지 않는다. IEEE 802.15.4에서는 단축주소를 할당하는 방법에 관하여 다음 2개의 예외사항 이외는 특별히 규정되어 있지 않다.

- "0xFFFF"=브로드캐스트 주소 또는 미정의 주소
- "0xFFFF"=단축주소를 사용하지 않고 IEEE 확장주소만 사용

네트워크 주소

ZigBee 네트워크층에서는 단축 주소의 정의 방법을 정하고 이 주소를 네트워크 주소(Network Address)라고 부른다. ZigBee 사양에 채용되는 네트워크 토폴로지에는 기본적으로 클러스터 트리형과 메쉬형의 하이브리드형 토폴로지이다. 클러스터 트리 토폴로지로 ZigBee 네트워크의 계층 아키텍쳐를 구축한다. 이러한 계층 아키텍쳐상의 위치에 따라서 노드의 네트워크 주소가 결정된다. 예를 들면 네트워크 주소 "0"은 계층 아키텍쳐의 피라미드 정점이 되는 노드를 나타낸다. 즉, IEEE 802.15.4의 단축 주소는 단지 2바이트의 숫자로 특별한 의미는 없지만 ZigBee의 네트워크 주소는 클러스터 트리 계층상의 위치 및 주변 노드와 부모자의 상하관계를 나타낸다.

TIP

ZigBee의 네트워크 주소와 IEEE 802.15.4의 단축 주소의 차이는 IEEE 802.15.4의 단축 주소는 임으로 지정되지만, ZigBee의 네트워크 주소는 클러스터 트리 계층 속의 위치로 정의되고 있다는 것이다.

주소 용량

네트워크의 주소 용량이라 함은 네트워크에 참가하는 자식 노드에 지정 가능한 주소의 최대수로서 다시 말하면 자식(및 손자) 노드 합계의 최대수이다. 센서 네트워크의 노드를 구성하는 마이크로 프로세서는 메모리 등의 자원이 제한적이므로 네트워크에 접속되는 노드의 수는 사전에 결정된다. ZigBee 사양에서는 표 5-2와 같이 최대 자식 노드의 수 Cm, 최대 라우트의 수 Rm, 최대 계층의 수 Lm 등 3개 네트워크층의 속성에 따라서 네트워크에 접속 가능한 노드의 수가 결정된다.

표 5-2 ZigBee 네트워크 용량의 속성

피라미터	약칭	명칭	설명
nwkMaxChildren	Cm	최대 자식 노드 수	최대 자식 노드의 개수
nwkMaxRouters	Rm	최대 라우터 수	최대 라우터 자식 노드의 개수
nwkMaxDepth	Lm	최대 계층 수	클러스터 트리의 최대계층수

표 5-2와 같은 3개의 속성치를 결정하면 제d층 노드의 라우트 타입 자식 노드의 주소용량 $Cskip(d)$는 다음 식으로 계산된다.

$$Cskip(d) = \frac{1 + Cm - Rm - Cm Rm^{Lm-d-1}}{1 - Rm}$$

예를 들면 $Cm = 4$, $Rm = 4$, $Lm = 3$으로 계산하면 각 계층의 최대주소 용량 $Cskip(d)$는 표 5-3과 같이 얻어진다. $Cskip(d) = 0$의 경우 제d층에서는 자식 노드를 가질 능력이 없음을 의미한다.

표 5-3 주소용량 계산의 예($Cm = 4$, $Rm = 4$, $Lm = 3$)

계층	*Cskip*	최대 노드 수	어드레스
0	21	1	0
1	5	4	1,22,43,64
2	1	16	2,7,12,17,23,28,33,38,44,49,54,59,65,70,75,80
3	0	64	3,4,5,6,8,9,10,11,13,14,15,16,18,19,20,21, ..., 81,82,83,84

그림 5-5는 표 5-3의 계산 결과에 기초하여 구성된 ZigBee 네트워크의 예이다. 이 예에서는 최대 자식 노드수 Cm이 최대 라우트 수 Rm과 같기 때문에 엔드 디바이스도 라우트 노드와 동일하게 취급되어 네트워크 주소가 주어짐에 주의하기 바란다. 예를 들면 노드 [28]과 노드 [70]이 해당된다.

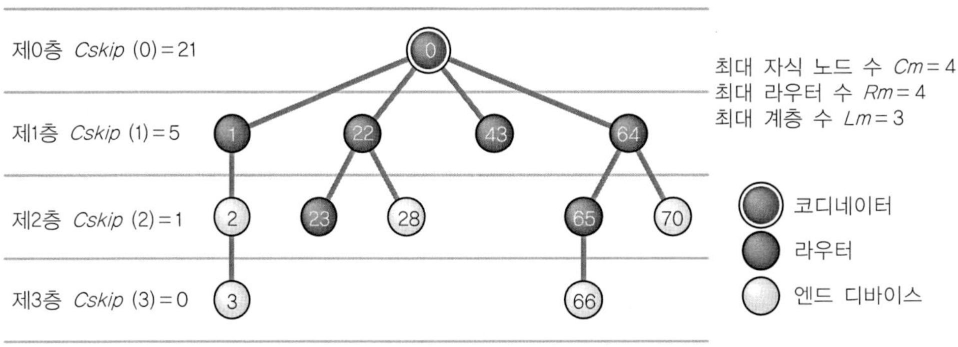

그림 5-5 ZigBee 네트워크 주소의 예

TIP

네트워크 용량을 결정하는 중요 속성인 최대 자식 노드 수 Cm, 최대 경로 수 Rm, 최대계층 수 Lm 등은 각 노드의 네트워크층 정보베이스(Information Base)에 보관되어 있다. 이러한 속성치에 기초하여 라우팅을 수행하므로 ZigBee 네트워크에 참가하는 각 노드는 3개의 속성을 공통값으로 하지 않으면 안 된다. ZigBee 스택 프로파일[12]은 어플리케이션에 의해 정해지는 공통값을 규정한다.

ZigBee 네트워크층의 사양에서는 코디네이터의 네트워크 주소는 항상 0으로 정해져 있다. 그 이외의 노드에 대해서는 주소용량 $Cskip(d)$에 기초하여 다음 식으로 제N번째의 라우트 타입 자식 노드에게 주소 $A(N)$을 할당한다.

$$A(N) = Aparent + Cskip(d)(N-1) \qquad [1 \le N \le Rm]$$

여기서 $Aparent$는 부모 노드의 주소이다. 또한 제M번째의 라우팅 능력을 갖지 않은 엔드 디바이스 타입의 자식 노드의 경우에 주소는 다음 식으로 결정된다.

$$A(M) = Aparent + Cskip(d)\,Rm + M \qquad [1 \le M \le (Cm - Rm)]$$

어플리케이션에 따라서 요구되는 네트워크 용량도 다르다. [ZigBee1.0 스택 프로파일][12]에 의해 표 5-4와 같은 네트워크접속 용량이 요구된다.

표 5-4 네트워크 접속용량 요구

어플리케이션	홈 컨트롤	빌딩 오토메이션	플랜드 제어
트리 어드레스	필수	필수	필수
최대 자식 노드 수	20	14	22
최대 라우터 수	6	10	7
최대 계층 수	5	10	5

어떤 경로가 주소 용량을 모두 사용해 버리면 자식 노드로부터의 접속 신청을 받아들일 수 없는 상태가 되지만, 별도의 경로는 주소 용량에 아직 여유가 남아있을 가능성이 있다. 이러한 접속노드 수의 불균형을 해소하기 위하여 어떤 네트워크에 참가하고자 하는 노드가 복수의 잠재된 부모 라우터 후보에 접속이 가능한 경우, 코디네이터는 주소 자원에 여유가 있는 라우터에 지시하여 접속을 받아들이도록 할 수가 있다. 한편 단순한 메쉬 네트워크의 경우 모든 노드는 평등하여 상하 관계가 없기 때문에 이러한 네트워크 자원을 제어하는 것은 상당히 어려워진다.

본 절에서 설명한 바와 같이 ZigBee의 네트워크 주소는 IEEE 802.15.4의 단축 주소와 달라서 단지 노드의 식별이 아니라 클러스터 트리 구조에서의 위치도 의미하고 주변 노드와의 부모자식·상하 관계도 결정한다. 또한 트리 라우트를 따라 가면서 네트워크상 임의의 노드에 도달이 가능하기 때문에 ZigBee 네트워크 주소는 라우팅 정보도 포함되어 있다고 말할 수 있을 것이다.

5-3 인접 테이블

ZigBee 네트워크층 사양에서 모든 디바이스 타입 노드는 인접 테이블(Neighbor Table)을 장착할 필요가 있다. 이 인접 테이블은 네트워크에의 참가, 라우팅, 브로드캐스트 등을 수행하는 경우에 1홉 범위에 있는 주변노드 정보를 파악하기 위하여 매우 중요한 역할을 담당하고 있다.

인접 테이블을 구성하는 각 필드를 표 5-5에 나타낸다. 모든 필드를 반드시 실장하지 않아도 되며 일부분은 옵션이다.

표 5-5 인접 테이블

필드	실장	타입 · 범위	설명
PAN ID	○	0~FFFF	인접 노드의 PAN ID
Extended address	○	64비트	인접 노드의 IEEE 확장 어드레스
Network address	○	0~3FFF	인접 노드의 네트워크 어드레스
Device address	○	0~3	인접 노드의 논리 디바이스 타입 (코디네이터, 라우터, 엔드 디바이스)
RxOnWhenIdle	○	True/False	대기상태에서 수신가능/불가능의 플래그
Relationship	○	0~3	인접 노드와의 관계(부모, 자식, 형제)
Depth	△	0~최대계층수	인접 노드의 계층
Beacon order	△	0~0xF	인접 노드의 비콘 오더
Permit joining	△	True/False	인접 노드에 참가의 허가
Transmit failure	△	0~FF	인접 노드에 송신실패 회수
Potential parent	△	0~1	인접 노드를 부모 후보로 할 가능성
LQI	△	0~FF	링크 품질지수
Logical channel	△	11~26	인접 노드가 사용하는 채널
Beacon timestamp	△	4바이트 정수	인접노드 · 비콘 수신 타임 스탬프
Beacon offset	△	4바이트 정수	인접 비콘과 부모 비콘의 시각차

○= 필수 field △= Option field

TIP

인접 테이블에는 접속 관계의 유무에 관계없이 1홉 범위에 존재하는 인접 노드의 정보가 보관되어 있다.

어플리케이션에 따라서 요구되는 인접 테이블의 용량도 다르다. [ZigBee1.0스택 프로파일] [12]에서는 표 5-6과 같이 용도에 따라 인접 테이블의 용량이 29~87 이상으로 요구된다.

표 5-6 인접 테이블의 실장 요구

어플리케이션	홈 컨트롤	빌딩 오토메이션	플랜트 제어
인접 테이블 용량	29 레코드 이상	30 레코드 이상	87 레코드 이상

5-4 네트워크에의 참가

ZigBee 네트워크에의 참가라고 함은 참가하고자 하는 자식 노드가 부모가 되는 노드와의 사이에 부모자식 관계를 확립하고 부모 노드로부터 네트워크 주소를 지정받아서 네트워크의 멤버로서 다른 노드와의 통신을 가능하게 하는 프로세스이다.

ZigBee 네트워크에의 참가 방법은 다음의 두 가지가 있다.

- 직접 참가 : 정의한 노드를 직접 등록하는 직접 참가의 방법. 주로 설계 정보에 따라서 네트워크에 참가 가능한 노드의 주소를 사전에 코디네이터 또는 라우터의 EEPORM에 기록하거나, 일단 네트워크에 참가한 노드의 주소를 EEPROM에 기록하고 다시 기동할 때에는 참가 신청을 경유하지 않고 EEPROM의 정보에 근거하여 네트워크에 참가하는 방법.
- 참가 신청 : EEPROM에 접속 상대의 정보가 존재하지 않는 경우에 MAC층의 접속 요구로 네트워크에 참가하는 방법.

본 절에서는 후자의 MAC층의 접속요구에 의한 참가신청 방법에 관해서만 설명한다.

논리 타입이 엔드디바이스 혹은 라우터인 노드는 네트워크에의 참가 신청을 수행한다. 코디네이터 또는 이미 네트워크에 참가하고 있는 라우터는 주소용량에 여유가 있는 한 이러한 참가 신청을 받아들이게 된다.

네트워크에의 참가는 다음 순서로 진행된다(그림 5-6).

[1] 네트워크에 참가하려면 노드의 상위층으로부터 프리미티브 NLME-NETWORK-DISCOVERY.request에 따라 네트워크 발견을 자식 노드의 네트워크층에 요구한다.

[2] 참가신청의 네트워크층은 네트워크 발견 요구를 받고서 채널 스캔을 수행하고 주변의 잠재적인 부모 노드를 탐색한다. 비콘 요구 커맨드가 실장되는 경우는 액티브 스캔(비콘 요구)이 가능하지만, 비콘 요구가 실장되어 있지 않는 RFD의 경우 패시브 스캔(비콘을 기다린다)만 가능하다.

[3] 참가신청서가 비콘을 수신한 경우 비콘 프레임에 기술된 송신노드(부모 노드)의 PAN ID, 채널, 참가를 받아들이는 디바이스 능력, 보안 등의 정보를 인접 테이블에 등록한다.

[4] 지정된 채널 후보 목록에 대해서 [2]-[3]의 순서를 되풀이한다. 모든 채널 스캔이 완료되고 나서 NLME-NETWORK-DISCOVERY.confirm 프리미티브로 발견된 네트워크의 정보를 참가 신청 측의 상위층에 보고한다.

[5] 참가 신청 측의 상위층에 의해 최적의 채널을 선택하고 프리미티브 NLME-JOIN.request로 네트워크 참가 신청을 네트워크층에 요구하고 라우터로서 참가할지 어떨지도 지시한다.

[6] 참가 신청 측의 네트워크층은 상위층으로부터 참가신청 요구를 받아서 MAC층의 접속요구 커맨드로 부모가 되는 노드에 접속을 요구한다.

[7] 부모가 되는 노드가 참가신청을 허가한 경우 네트워크 주소를 참가 신청 측에 발행한다. 새로 참가한 자식 노드를 네트워크 멤버로서 취급하고 인접 테이블에 자식 노드를 등록한다.

[8] 부모 노드는 자식 노드에게 보내는 참가 허가 메시지의 송신이 성공한 경우 NLME-JOIN.indication 통지 프리미티브로 새로운 가입을 부모 노드의 상위층에게 알린다.

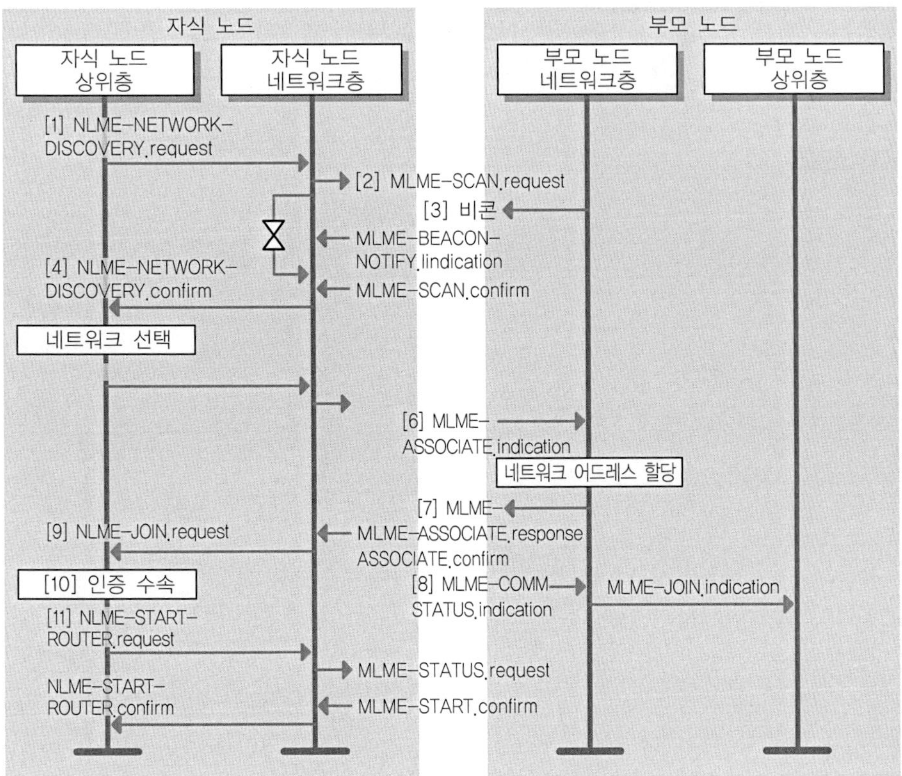

그림 5-6 네트워크에의 참가

[9] 자식 노드는 참가허가를 받고나서 확인 프리미티브 NLME-JOIN.confirm으로 상위층에 보고한다. 인접 테이블에서 그 부모 노드의 상태를 부모자식 관계로 변경하여 참가 절차를 완료한다.

[10] 보안이 장착된 네트워크의 경우 참가신청 측의 상위층이 보안인증을 수행한다.

[11] 새롭게 참가한 자식 노드를 라우터로서 동작시키고자 할 때에 상위층에 의한 NLME-START-ROUTER.request 프리미티브로 네트워크층의 라우터 기능을 개시시킨다.

네트워크 참가 프로세스에서는 이러한 단계를 밟게 되지만 실제로는 어느 정도의 시간이 필요할까? 네트워크 참가 프로세스에서 가장 시간이 많이 걸리는 것은 채널 스캔이다. 참가에 필요한 시간은 참가하고자 하는 후보 채널의 수에 거의 비례한다. 또한 채널 스캔의 방법도 필요한 스캔 시간에 영향을 준다. 액티브 스캔의 경우 즉시 비콘을 받을 수 있기 때문에 단시간 내에 끝나지만 패시브 스캔의 경우에는 비콘을 확실히 수신할 때까지 기다리지 않으면 안 되므로 필요한 스캔 시간이 길어진다. 특히 비콘 주기가 긴 경우는 패시브 스캔에 많은 시간이 걸리게 될 것이다. 참가 후보 채널의 수를 1개로 한 경우 액티브 스캔이 가능한 디바이스가 네트워크 참가에 필요한 소요시간은 수백미리초 이내이다.

TIP

ZigBee의 노드는 주변에 있는 참가 가능한 ZigBee 네트워크를 자동적으로 탐색하고 적절한 네트워크에 자동적으로 참가할 수 있다.

5-5 라우팅

본 절에서는 ZigBee 네트워크층 사양에서 가장 중요한 요점인 ZigBee의 라우팅 알고리즘에 관하여 설명한다. ZigBee의 라우팅은 주로 다음과 같은 기능을 제공한다.

- 적절한 데이터 전송 라우트의 선택
- 라우트의 발견
- 라우팅의 유지보수

본 절의 전반부에서는 ZigBee 라우트 비용의 개념과 라우팅 능력과 라우팅 프로세스에 관하여 설명한다. 후반부에서는 ZigBee 사양에서 이해가 가장 어려운 개념인 메쉬 네트워크의 라우트 발견 알고리즘에 관하여 설명한다.

트리 라우트와 P2P 라우트

5-2절에서 설명한 것처럼 ZigBee의 네트워크 주소는 단지 노드의 식별 번호만이 아니라 트리 라우트(Tree Route) 정보도 포함되어 있다. 예를 들면 제d층의 어떤 라우터의 경우 다음 식을 만족시키는 목적 주소 D는 이 라우터의 자식(또는 손자) 노드임을 나타낸다.

$$A < D < (A + Cskip(d-1))$$

여기서 A는 라우터의 네트워크 주소로서 $Cskip(d-1)$는 상위층($d-1$)층의 주소 용량이다. 자식(또는 손자) 노드로의 메시지는 트리의 말단 방향으로 전송해야 한다. 또한 그 이외의 목적노드로의 메시지의 경우 부모 노드에 전송해야 한다.

그림 5-7과 같은 네트워크에서 노드 2에서 노드 23으로 데이터를 전송하는 경우의 트리 라우트를 생각해 보자.

[1] 노드 2는 자식 노드를 갖고 있지 않기 때문에 어떻게 하든 메시지를 부모 노드 1에 전송한다.

[2] 제1계층인 노드 1은 자신의 주소 A가 1이며 상위층 주소용량은 $Cskip(d) = 21$이다. 목적 주소 D는 23이기 때문에 $A < D < (A + Cskip(d-1))$라고 하는 조건

이 성립되지 않아서 목적 노드는 자신의 자식 노드가 아니라고 판단하고 다시 메시지를 상위층의 노드 0에 전송한다.

[3] 노드 0은 정점이 되는 코디네이터이기 때문에 $Cskip(0)=21$주소 용량으로 계산하고 목적노드 23은 2번째의 자식 노드 22보다 크고, 3번째의 자식 노드 43보다 작기 때문에 2번째 자식 노드 22의 자식(또는 손자)로 판단하여 메시지를 노드 22에 전송한다.

[4] 동일한 제1계층에 있는 노드 22는 자신의 주소 A가 22이며 상위층 주소용량은 $Cskip(0)=21$이다. 목적주소 23은 $A<D<(A+Cskip(d-1))$라고 하는 조건이 성립되기 때문에 목적지가 자신의 자식(또는 손자) 노드인 것을 안다. 또한 $D=A+1$이기 때문에 목적지가 자신의 첫 번째 자식 노드라는 것을 안다. 이렇게 하여 메시지를 목적노드 23에 직접 전송하는 것이 가능하다.

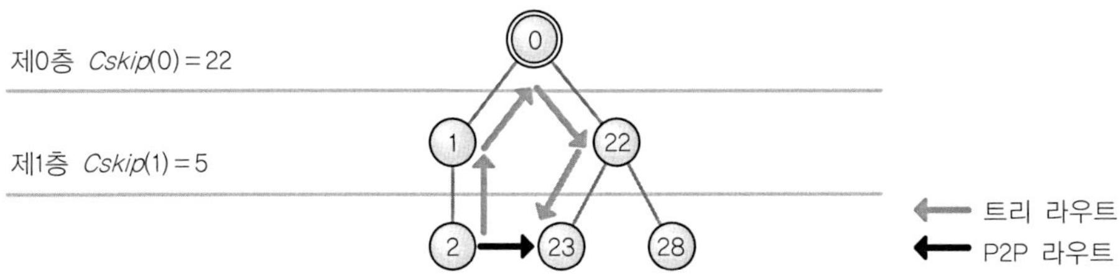

그림 5-7 트리 라우트와 P2P 라우트

TIP

트리 라우트는 ZigBee 네트워크에서 고유의 라우팅 방법으로 라우팅 테이블에 의존하지 않고 네트워크 주소만으로 라우팅이 가능한 방법이다.

이상의 예로 알 수 있듯이 트리 라우트의 경우 특별히 라우팅 정보가 없어도 노드 2 → 노드 1 → 노드 0 → 노드 22 → 노드 23과 같은 트리 라우트를 따라서 4홉으로 노드 23에 도착할 수 있다. 그러나 만일 노드 23이 노드 2의 1홉 도착 범위 내인 경우를 생각하면 이러한 트리 라우트는 결코 최적의 경로가 아니다. 왜냐하면 그림 5-7에서와 같은 P2P 경로를 이용하면 1홉만으로 데이터가 전송가능하기 때문이다. 다음 항에서는 이러한 P2P 경로(Pear-to-Pear Route) 즉, 메쉬 라우팅 방법에 관하여 해설한다.

최근 메쉬 네트워크의 연구는 상당히 주목을 받아 여러 가지 메쉬 네트워크의 라우팅 알고리즘이 제안되고 있다. 본 책에서는 ZigBee 사양에 채용된 AODV라고 하는 라우팅 알고리즘을 중심으로 해설한다(AODV 라우팅 알고리즘에 관해서는 다음 항을 참조).

TIP

ZigBee 네트워크는 클러스터 트리형과 메쉬형의 이중 토폴로지를 지원하는 구조이다.

1 ZigBee의 라우트 정보와 이용

ZigBee의 라우팅을 해설하는 전제로서 먼저 ZigBee의 라우트 비용 정보와 그 관리이용 방법에 관해 소개한다.

라우트 비용

ZigBee 사양에서는 라우트 비용(Route Cost)이라고 하는 개념을 사용해 통신경로의 품질을 평가하고 최적의 라우팅을 수행한다. 비용이 낮다는 것은 가능한 한 적은 홉 수와 동시에 링크품질이 높은 경로로 데이터를 전송하는 것이다. 저비용의 라우트를 채용함에 따라서 다음의 이점이 얻어진다.

- 강한 전계강도의 신호를 채용하기 때문에 통신의 신뢰성을 높인다.
- 홉이 적음과 동시에 재시도가 적기 때문에 데이터 전송에 필요한 시간이 단축된다.
- 홉이 적음과 동시에 재시도 메시지가 적기 때문에 네트워크 트래픽이 감소한다.
- 재시도가 적기 때문에 소비전력도 절약된다.

TIP

메쉬 네트워크에서는 링크의 조합에 따라서 많은 수의 데이터 전송경로가 존재한다. 라우트 비용에 따라 최적의 라우트를 선택하지 않으면 성능이 우수한 네트워크를 구축할 수 없다.

1홉으로 링크된 2개의 노드간의 비용을 링크 비용(Link Cost)이라고 말한다. ZigBee 사양에서는 0-7의 3비트 정수를 사용해 링크 비용을 나타낸다. 멀티 홉의 경우는 데이터 전송에 사용된 경로의 링크 비용 합계를 라우트 비용으로 나타낸다. 예를 들면 메시지가 노드 A로부터 노드 B를 경유하여 노드 C에 전송되는 경우 라우트 비용은 A→B의 링크비용과 B→C의 링크비용의 합이 된다.

가장 간단한 비용 계산방법은 링크 비용을 정수로 하는 것이다. 즉 모든 링크를 동일한 비용이라고 간주하는 것이다. ZigBee 네트워크층의 사양에서는 정보 베이스의 속성 nwkReportConstantCost를 “TRUE”로 설정하면 모든 링크 비용이 정수 7이 된다.

그러나 동일한 1홉 링크라도 노드간의 거리와 전송로의 품질은 멀티 패스 페이징, 간섭 전파, 잡음 등의 작용으로 인해 달라지기 때문에 ZigBee 사양에서는 비 정수 링크비용의 장착을 강력히 권고한다. 링크 비용을 계산하는 알고리즘을 ZigBee 사양에서는 특별히 규정하고 있지 않지만, IEEE 802.15.4의 물리층과 MAC층에서는 프레임을 수신할 때 링크 품질지수(LQI : Link Quality Indication)가 얻어진다. LQI는 수신 프레임의 전계강도와 변형의 정도를 반영하는 수치가 되기 때문에 LQI를 활용하여 보다 합리적으로 링크 비용을 평가할 수가 있다.

TIP

라우트 비용은 전송로의 거리와 전송로의 품질(멀티 패스 페이징, 간섭 전파, 잡음 등의 작용 결과) 등과 필요한 홉 수로 라우트의 품질을 종합적으로 평가하는 수치이다.

라우팅 능력

ZigBee 라우트 또는 코디네이터에는 네트워크의 라우팅 정보를 보관하기 위해 표 5-7과 같은 라우팅 테이블(Routing Table)이 실장되어 있다. ZigBee의 라우팅 테이블은 매우 단순해서 3개의 필드밖에 없다. 즉 최종 목적 네트워크 주소, 다음 홉의 직접 송신 목적지의 네트워크 주소, 라우팅 상태를 표시하는 스테이터스(status)필드 등이다.

ZigBee의 라우팅 테이블에는 최종 목적지까지 도달하기 위해 필요한 홉의 라우트 정보가 전부 등록되어 있지는 않다. 단 최종 목적지로 가는 다음 홉만을 기술하고 있다. 동경에서부터 오사카로 화물을 옮기는 것을 예로 들면, 동경으로부터 출발하는 시점에서 [여하튼 나고야에 먼저 가라]라고 하는 것을 운전사에게 가르쳐주고 그 이후의 경로는 나고야에서 지시를 내리는 것과 유사하다.

표 5-7 라우팅 테이블

필드	범위	설명
Destination	0~3FFF	최종목적 네트워크 주소
Status	0~3	라우팅상태(유효 · 발견중 · 발견실패 · 무효)
Next-hop address	0~3FF	다음 홉의 직접 송신 목적지 주소

ZigBee 메쉬 네트워크의 동작에는 라우팅 테이블이 꼭 필요하기 때문에 라우팅 테이블은 항상 메모리나 EEPROM에 상주하고 있다. 한편 경로를 발견할 때 라우팅 테이블

이외에 표 5-8과 같은 라우트 발견 테이블(Route Discovery Table)도 필요하다. 라우트 발견 테이블은 라우팅 테이블과 달리 일단 라우트 발견 프로세스가 완료되면 메모리로부터 자동적으로 제거된다.

표 5-8 라우트 발견 테이블

필드	타입 · 범위	설명
Route request ID	1 바이트 정수	라우트 발견 요구 시퀀스 번호
Source address	0~3FFF	송신원 노드의 네트워크 주소
Sender address	0~3FFF	이전 홉 송신 노드의 네트워크 주소
Forward cost	1 바이트 정수	진로 가격 : 송신원부터 이 노드까지의 가격 합계
Residual cost	2 바이트 정수	잔류 가격 : 이 노드부터 최종 목적지까지의 가격 합계
Expiration time	2 바이트 정수	발견 타임아웃까지의 잔류 시간(밀리초)

라우트 발견 테이블의 내용을 보면 라우트 발견 요구마다 식별을 위한 시퀀스 번호, 오리지널 요구를 발생시킨 원래 송신 노드의 주소, 요구 메시지를 발신 또는 릴레이한 이전 홉의 송신 노드 주소, 라우트 경로의 시점으로부터 이 노드까지 비용의 합계(진로 비용) 및 이 노드로부터 라우트 종점까지의 비용합계(잔류 비용), 유효기한과 같은 타임아웃까지의 잔류시간 정보가 포함되어있다.

실제로는 테이블 용량의 제한으로 라우팅 테이블 또는 라우트 발견 테이블에 새로운 엔트리를 등록시킬 수 없는 경우가 있다. 이러한 경우에는 라우터 기능이 있느냐에 관계없이 새로운 라우트의 발견은 불가능하다. 라우팅 테이블과 라우트 발견 테이블에 아직 여유가 있는 라우터나 코디네이터의 경우만 [라우팅 능력(Routing Capacity)이 있다]라고 말한다.

어플리케이션에 의해 요구되는 라우팅 테이블의 용량도 서로 다르다. [ZigBee1. 0스택 프로필] [12]에서는 표 5-9에서와 같이 용도에 따라 라우팅 테이블 용량이 8~64레코드 이상, 경로발견 테이블 용량은 4~8레코드 이상으로 요구된다.

표 5-9 라우팅 능력의 실장 요구

어플리케이션	홈 · 컨트롤	빌딩 · 오토메이션	플랜드 제어
라우팅 테이블 용량	8레코드 이상	20레코드 이상	64레코드 이상
라우트 발견 테이블 용량	4레코드 이상	8레코드 이상	8레코드 이상
비정수 방식에 의한 라우트 가격 산출	필수	필수	필수
대칭 라우트의 동시설정	아니오	아니오	아니오

TIP

코디네이터 혹은 라우터는 라우팅 테이블 혹은 라우트 발견 테이블에 필요한 자원을 확보하지 않으면 라우팅 능력을 가지고 있다고 말할 수 없다.

라우팅 프로세스

라우팅 프로세스라 함은 기존 라우팅 정보 이용 및 새로운 라우트 발견의 기동 처리 프로세스이다. 그림 5-8은 ZigBee 네트워크층의 라우팅 프로세스를 나타내고 있다. 이 프로세스에서는 다음과 같은 단계로 통신 프레임의 전송 라우트를 결정한다.

[1] 네트워크층이 상위층으로부터의 데이터 전송요구를 받으면 메시지를 브로드캐스트와 유니캐스트로 구분한다. 브로드캐스트의 경우 주소모드는 “0x02”(브로드캐스트)이고 주소는 “0xFFFF”이다. 다른 노드로부터의 브로드캐스트의 경우 상위층에 착신통지를 수행함과 동시에 그 메시지를 다른 노드에 릴레이 시킨다.

[2] 유니캐스트의 경우 메시지의 최종 목적지가 자신인지 아닌지를 판단한다. 자신이 메시지의 최종 목적지인 경우 릴레이는 더 이상 필요하고 않고 상위층에게만 착신을 통지한다.

[3] 다음은 목적 노드가 자신의 자식인지 아닌지를 체크한다. 목적 노드가 자신의 자식 노드인 경우 자식 노드로 송신한다.

[4] 목적 노드가 자식 노드가 아닌 경우는 라우팅 테이블에 필요한 라우팅 정보가 있는지 없는지를 체크한다.
라우팅 정보가 모두 이용 가능한 경우는 라우팅 테이블의 정보에 따라서 메쉬 라우트에서 다음 홉 노드에게 메시지를 전송한다.

[5] 라우팅 테이블에 필요한 정보가 존재하지 않는 경우는 자신이 라우팅 능력이 있는지 없는지를 체크한다. 예를 들면 라우팅 테이블이 가득 차면 새로운 라우트를 발견할 수 없는데 이러한 경우 어쩔 수 없이 앞에 기술한 트리 라우트를 이용하여 메시지를 전송한다.

[6] 라우팅 능력이 있는 경우 라우트 발견이 요구되고 있는지 어떤지를 조사한다. 송신 프레임에 DiscoverRoute 플래그가 “True”로 설정되어 있는 경우는 라우트 발견이 요구되고 있음을 나타낸다. 라우트 발견이 요구되고 있지 않는 경우는 역시 트리 라우트를 이용하여 메시지를 전송한다.

[7] 라우트 발견이 요구되는 경우는 라우트 발견 프로세스를 기동시켜 새로운 라우트 발견을 시작한다.

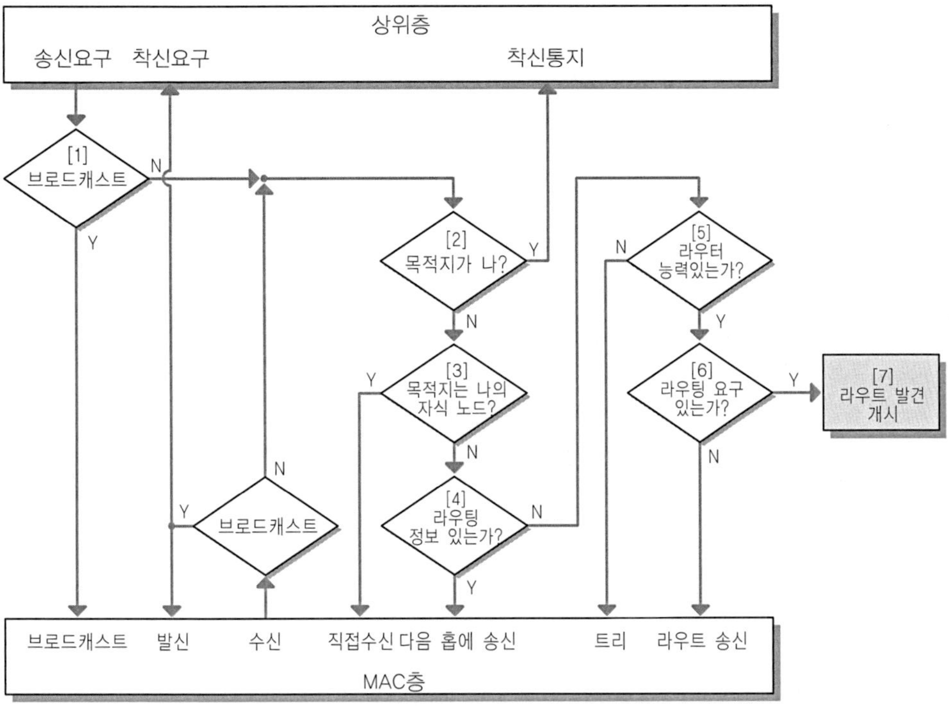

그림 5-8 라우팅 프로세스

TIP

필요한 라우팅 정보가 라우팅 테이블에 존재하지 않는 경우는 라우트를 새롭게 발견할 수 있지만 어떻게 해도 무리인 경우에는 트리 라우트를 이용한다.

2 AODV 라우팅 알고리즘

메쉬 네트워크의 라우팅 기술은 최근 연구과제 초점 중의 하나가 되어 있다. 플러딩(Flooding)형의 메쉬 네트워크는 무제한으로 중계되는 메시지가 범람해 버리기 때문에 실용적인 것은 아니다. 따라서 이 문제를 해결하는 라우팅 알고리즘이 많이 제안되고 있다. 기본적인 고려 방향은 통신링크가 강한 경로를 우선적으로 채용할 수 있도록 가능한 한 적은 홉 수의 최적 경로를 자동적으로 탐색하는 것이다. ZigBee 규격에서는 통신경로의 세기를 나타내는 비용 정보가 제공되고, 이 비용 정보에 기초하여 메쉬 네트워크의 AODV 라우팅 알고리즘이 채용되고 있다.

AODV(Ad hoc On-demand Distance Vector)라는 것은 인터넷 기술의 표준화 조직인

IETF(Internet Engineering Task Force)의 MANET위킹 그룹에 의해 제안된 라우팅 알고리즘[21]이다. AODV는 온디맨드형의 라우팅 방식을 채용하고 있다. 온디맨드형 라우팅에서는 송신 라우트 탐색이 필요할 때에 라우트 발견을 수행하지만, 일단 라우트가 확정되면 데이터 송신 이외에 라우팅을 확인하기 위하여 불필요한 메시지는 네트워크상에 흐르지 않는다.

또한 AODV에서 송신원은 모든 라우팅 정보를 갖지는 않고 다음 홉의 송신 목적지 정보만을 갖는다. 즉 라우팅 정보는 라우트를 경유하는 모든 노드에 분산되어 보존되고 있다. 라우팅 정보의 분산 관리에는 다음과 같은 이점이 얻어진다.

- 전체 경로의 라우팅 정보가 전부 통신 프레임에 포함되어 있지 않으므로 프레임의 크기가 컴팩트(compact)하고 통신의 신뢰성을 높일 수 있을 뿐만 아니라 전력 소비도 절약할 수 있다.
- 최소한의 라우팅 정보가 각 노드에 보존되기 때문에 마이크로 프로세서의 메모리 요구가 가벼워져서 실장 비용의 절감이 가능해진다.

ZigBee 사양에서는 종래의 AODV 알고리즘을 간소화하여 메쉬형 무선센서 네트워크의 라우팅 알고리즘으로 채용하고 있다. 유선 네트워크의 AODV 알고리즘에서는 통상 비용으로서 홉 수만을 생각하고 있지만, ZigBee 사양에서는 무선통신의 링크품질을 나타내는 비용으로 라우트의 비용을 보다 합리적으로 평가할 수가 있다.

AODV 라우팅 알고리즘의 동작원리는 다음과 같다. 먼저 라우트 발견 요구 노드로부터 경로비용 정보가 포함되어 있는 RRFQ(Route REQuest)의 라우트 요구 메시지가 네트워크에 브로드캐스트 된다. 중간 노드는 수신된 RREQ 메시지의 경로비용에 앞 홉의 링크 비용을 가산하여 새로운 RREQ 메시지를 브로드캐스트로 릴레이한다. 가장 낮은 비용의 RREQ 메시지가 최종 목적노드에 도착하면 송신 라우트를 따라 가면서 RREP(Route REPly)라고 하는 응답 메시지를 유니캐스트로 답신하고 라우트 발견 요구를 송신한 노드까지 거슬러 올라가 발견된 라우트를 확립한다.

거대한 미로에서의 최단경로 탐색을 예로 들면 그림 5-9와 같이 여러 사람을 미로의 입구로부터 일제히 출발시키고 경로에 자신의 표식을 남기면서 조합 가능한 모든 경로를 각각 경유하여 출구를 찾는다. 최초에 목적지에 도착하는 사람의 경로를 최단 경로로 인식한다. 이 사람이 경로에 남겨둔 표식을 따라서 경로를 역으로 오르면 최단 경로를 확인할 수 있다.

그림 5-9 미로에서의 경로 찾기

TIP

AODV 라우팅을 간단히 말하면 경로비용 정보가 포함되어 있는 라우트 발견 요구 메시지 RREQ를 네트워크에 브로드캐스트함으로써 모든 조합이 가능한 메쉬 네트워크의 라우트를 망라하는 라우트 발견 방법이다. 또한 라우트 발견 응답메시지 RREF는 비용이 가장 낮은 RREQ 송신경로에 따라서 역으로 거슬러 오름으로써 발견된 라우트를 유니캐스트로 확립하는 방법이다.

라우트 발견 요구 : RREQ

여기에서는 단순한 예를 들어 AODV 라우트의 발견 동작을 설명한다. 그림 5-10(a)와 같이 4개의 노드로 구성된 메쉬 네트워크의 예를 생각하자. 전송경로에 있는 [1] 또는 [2]의 수치는 링크 비용을 나타내고 있다. 노드 S는 노드 D로의 데이터 전송경로를 발견하려 하지만 1홉으로 직접 도달할 수 없기 때문에 중간노드 N1 또는 N2의 릴레이에 의존하지 않으면 안 된다. 라우트 발견 요구는 다음과 같은 단계로 실현된다.

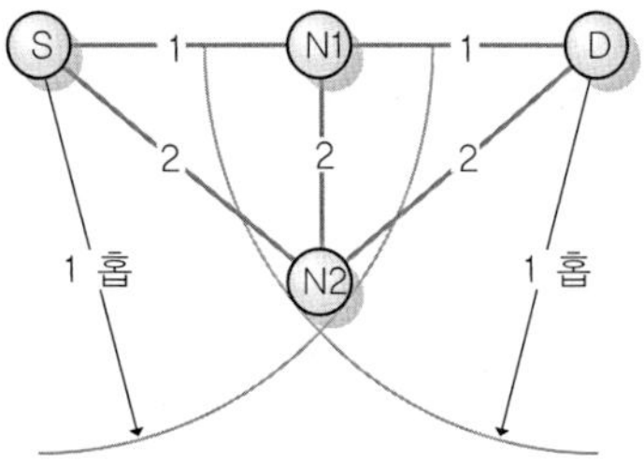

그림 5-10(a) AODV 라우트 발견 요구의 예(네트워크 구성)

[1] 노드 S는 라우팅 테이블의 상태 [발견 중]에 S→D의 라우트를 신규 등록함과 동시에 발견 요구 시퀀스 번호를 발행하고 라우트 발견 테이블에 S→D의 발견 요구도 신규 등록한다.

[2] 그림 5-10(b)와 같이 RREQ 메시지를 브로드캐스트한다. RREQ 메시지는 5-8절에서 설명하는 네트워크층의 커맨드 프레임 중의 하나이다. RREQ 메시지에 다음과 같은 정보가 포함되어 있다.

- 발견 요구 시퀀스 번호(1바이트)
- 발견 목적노드의 주소(2바이트)
- 진로비용(1바이트)

[3] 노드 N1과 노드 N2는 RREQ 메시지를 수신하면 라우팅 테이블에 상태 [발견 중]인 노드 D로 가는 라우팅을 각각 신규 등록하고, 수신된 RREQ도 라우트 발견 테이블에 각각 발견 요구를 신규 등록한다. 또한 수신 프레임의 MAC층과 네트워크층으로부터 다음과 같은 정보를 알기 때문에 RREQ 메시지의 진로비용에 앞 홉의 링크비용을 가산하여 라우트 발견 테이블의 진로비용 정보를 갱신한다.

- 송신원 노드의 주소
- 앞 홉의 송신 노드 주소
- 앞 홉의 링크 비용

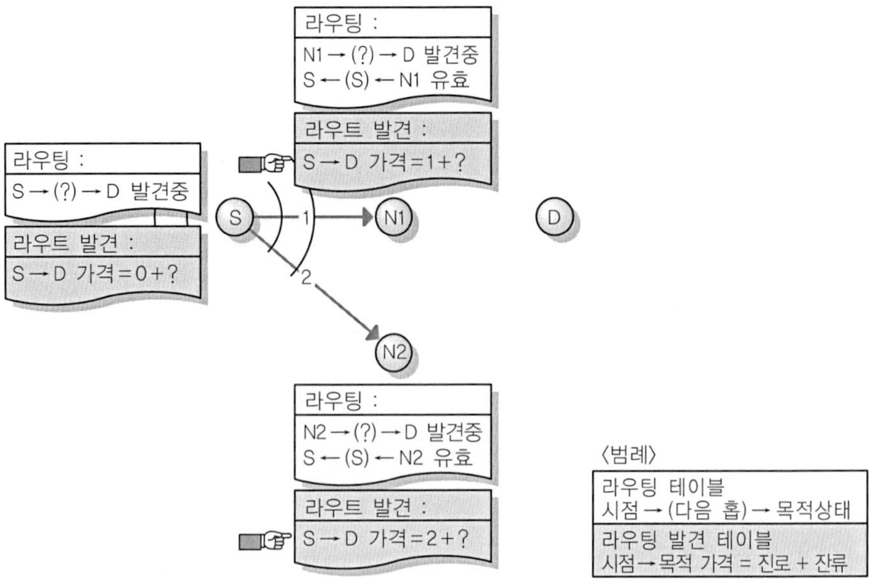

그림 5-10(b) AODV 라우트 발견 요구의 예(노드 S의 RREQ 브로드캐스트)

[4] ZigBee 네트워크층에는 전송비용이 전송방향과 무관하다는 전제 하에 대칭 경로를 동시에 설정할 수 있는 속성 nwkSymLink가 있다. nwkSymLink가 유효하게 설정된 경우 노드 N1과 노드 N2는 노드 S에의 역방향 라우팅을 가등록한다. 그 이유는 발견 중의 라우팅은 아직 확정되어 있지 않기 때문이다.

[5] 노드 N1은 그림 5-10(c)와 같이 진로비용이 가산된 RREQ 메시지를 브로드캐스트로 릴레이한다. 이 메시지는 각각 노드 S와 노드 N2 및 노드 D에 도달한다.

- 노드 S는 발견요구 시퀀스 번호로 자신으로부터 보내진 메시지인 것을 알기 때문에 이 메시지를 버린다.
- 노드 N2는 노드 N1으로부터 릴레이된 RREQ 메시지를 받으면 RREQ의 진로비용이 [1(S→N1 진로비용) + 2(N1→N2 링크비용) = 3]이 되고 라우트 발견 테이블에 등록된 진로비용의 2보다 높기 때문에 이 메시지를 버린다.
- 노드 D는 노드 N1에서부터 수신된 RREQ를 라우트 발견 테이블에 새로 등록시킨다. 이 시점의 진로비용은 2가 된다. 또한 노드 S에의 역방향 라우팅을 가등록할 수 있다.

[6] 노드 N2는 그림 5-10(d)와 같이 비용이 가산된 RREQ 메시지를 브로드캐스트로 릴레이한다. 이 메시지는 각각 노드 S와 노드 N1과 노드 D에 도달된다.

- 노드 S는 송신원 주소로 자신으로부터 보내진 메시지인 것을 알기 때문에 이 메시지를 버린다.

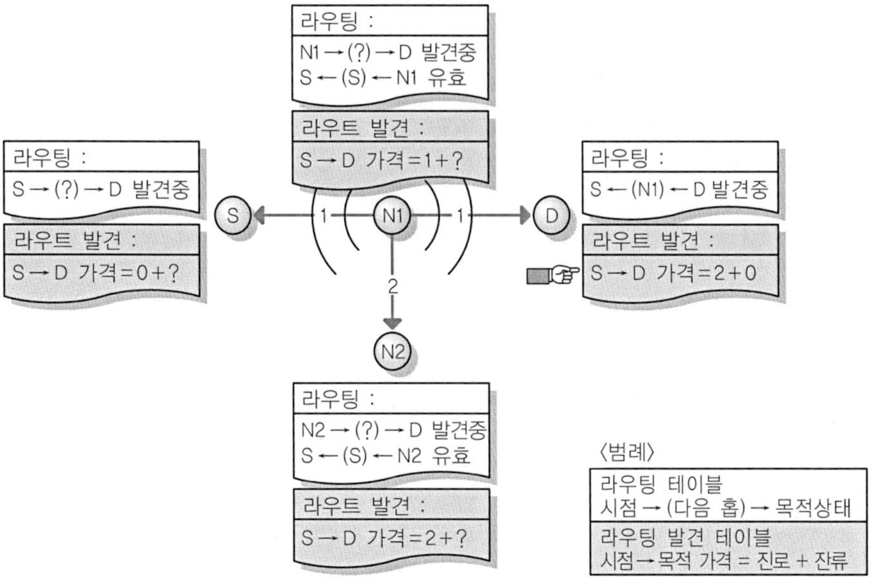

그림 5-10(c) AODV 라우트 발견요구의 예(노드N1의 RREQ 브로드캐스트)

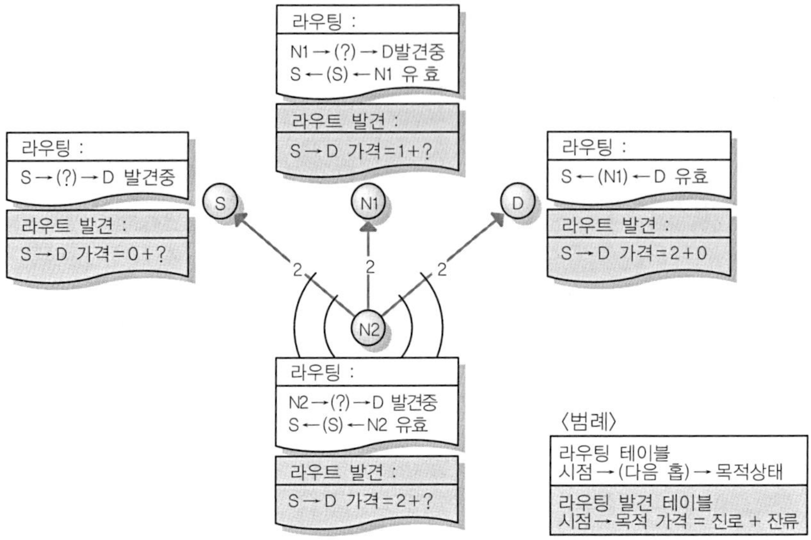

그림 5-10(d) AODV 라우트 발견요구의 예(노드N2의 RREQ 브로드캐스트)

- 노드 N1은 노드 N2에서부터 릴레이된 RREQ 메시지를 받으면 RREQ의 진로비용이 [2(S→N2 진로비용)+2(N2→N1 링크비용)=4]가 되어 라우트 발견 테이블에 등록된 비용의 1보다 높기 때문에 이 메시지를 버린다.
- 노드 D는 노드 N2에서부터 릴레이된 RREQ 메시지를 받으면 RREQ의 진로비용이 [2(S→N2 진로비용)+2(N2→D 링크비용)=4]가 되어 라우트 발견 테이블에 등록된 비용의 2보다 높기 때문에 이 메시지를 버린다.

[7] 발견에 필요한 시간이 경과하고부터 라우트 발견 타임아웃이 발생한다. 이 때에 노드 D의 라우트 발견 테이블에는 가장 낮은 비용의 경로가 발견 테이블에 남아 있게 되는 것이다.

그림 5-11D은 RREQ 메시지의 처리 프로세스를 나타낸다. 이 프로세스에서는 다음과 같은 원칙으로 RREQ 메시지를 처리한다.

- 라우팅 능력을 갖지 않은 경우는 트리 라우트만 이용이 가능하기 때문에 트리 라우트 이외의 경로로부터의 RREQ 메시지는 처리하지 않고 버린다. 트리 라우트로부터의 RREQ 메시지일 때 목적 노드가 자신 혹은 자신의 엔드 디바이스 자식 노드인 경우에 RREP 메시지로 응답한다. 그 이외의 경우는 진로비용에 링크비용을 가산해 트리 라우트를 따라 가면서 유니캐스트로 RREQ 메시지를 릴레이 전송한다.
- 라우팅 능력이 있는 경우는 시퀀스 번호에 따라 라우트 발견 테이블에 라우트 발견 요구 RREQ가 등록되는가를 체크한다. 라우트 발견 요구가 아직 존재하지 않는 경

우는 라우팅 테이블에 상태 [발견 중]의 발견 목적지로의 라우팅을 신규 등록한다. 또한 라우트 발견 테이블에 라우트 발견 요구의 신규 등록도 수행한다. 라우트 발견 테이블에 발견 요구가 이미 등록되어 있어도 진로비용이 테이블의 기록보다 높은 경우 RREQ 메시지는 처리하지 않고 버린다. 진로비용이 기존 기록보다 낮은 경우는 라우트 발견 테이블에 보다 낮은 비용과 앞 홉 노드의 주소를 갱신한다.

- 라우트 발견 테이블이 신규 등록 또는 갱신된 경우는 발견 목적주소를 체크한다. 발견 목적주소가 자신 또는 자신의 엔드 디바이스 타입의 자식 노드인 경우는 RREP 메시지를 응답한다.

그 이외의 경우는 진로비용에 링크비용을 가산하여 RREQ 메시지를 브로드캐스트로 릴레이 전송한다.

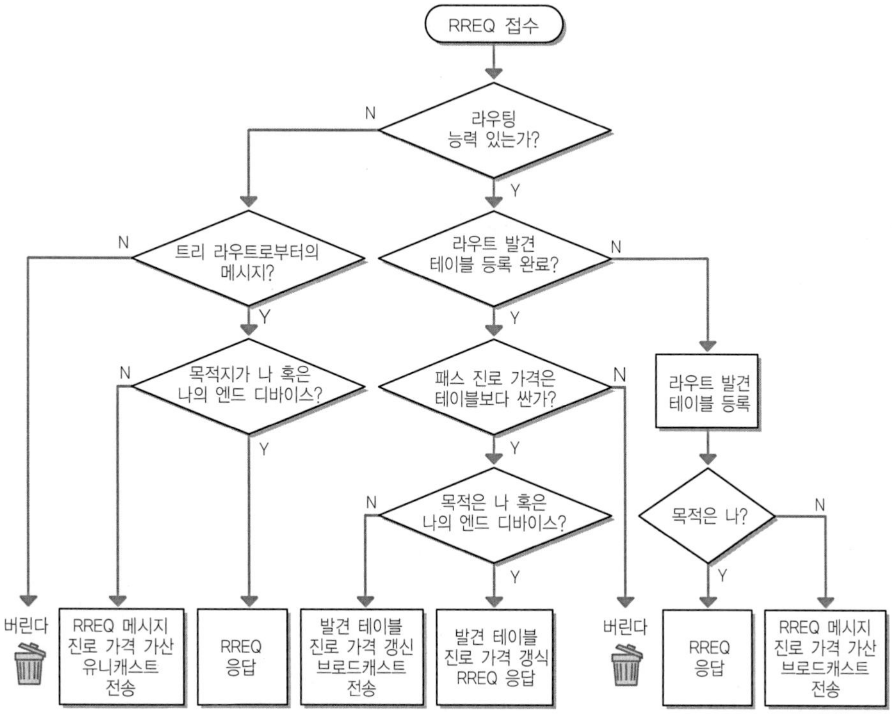

그림 5-11 RREQ 메시지의 처리 프로세스

> **TIP**
>
> 라우트 발견 요구 RREQ의 프로세스를 간단히 말하면, 진로비용이 가장 낮은 RREQ 메시지의 유래 라우트만 기억하여 진로비용이 가산된 라우트 발견 요구를 발견 목적지에 브로드캐스트로 릴레이 하는 것이다.

라우트 발견 응답 : RREP

라우트 발견 요구 프로세스에서는 비용이 가장 낮은 라우팅이 발견되었지만 이 라우팅을 경유한 노드는 이 라우팅의 채용을 아직 알지 못한다. 이 때문에 발견된 라우팅을 확정하기 위한 RREP 응답 메시지가 필요하다. RREP 응답 메시지도 5-8절에서 설명하는 네크워크층 커멘드 프레임 중의 하나이다. RREP 메시지는 다음과 같은 정보가 포함되어 있다.

- 발견 요구 시퀀스 번호(1바이트)
- 라우트 발견을 요구하는 노드(경로의 시점)의 주소(2바이트)
- 라우트 발견을 응답하는 노드(경로의 종점)의 주소(2바이트)
- 잔류비용(1바이트)

서술한 예로 계속하면 라우트 발견의 응답 RREP는 그림 5-12와 같이 다음 단계로 실현된다.

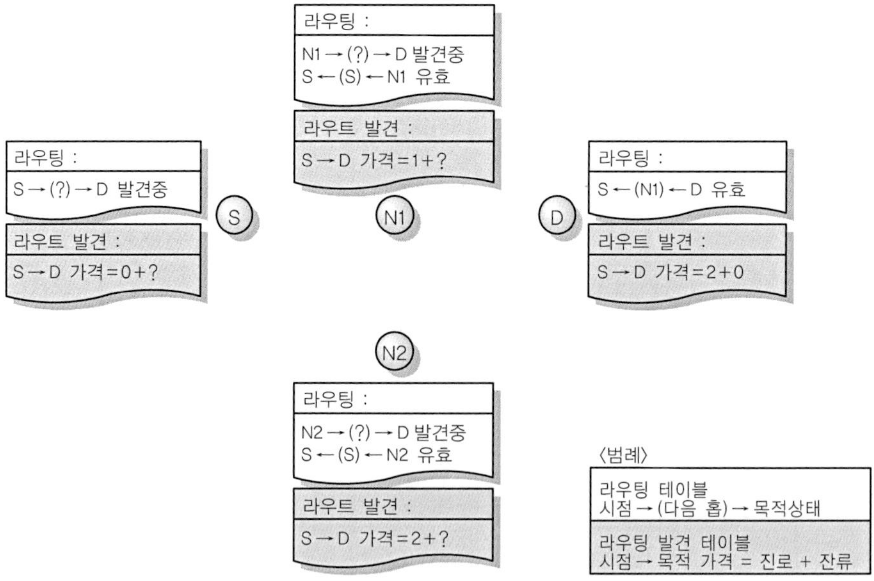

그림 5-12(a) AODV 라우트의 발견 응답 예(REP의 개시)

[1] 노드 D는 발견된 라우팅을 채용하면 그림 5-12(b)처럼 노드 S로의 역방향 라우팅을 유효화 시킨다. 그리고 나서 잔류비용을 0로 하는 RREP 응답 메시지를 앞 홉의 발신노드 N1에게 역방향의 유니캐스트로 송신한다.

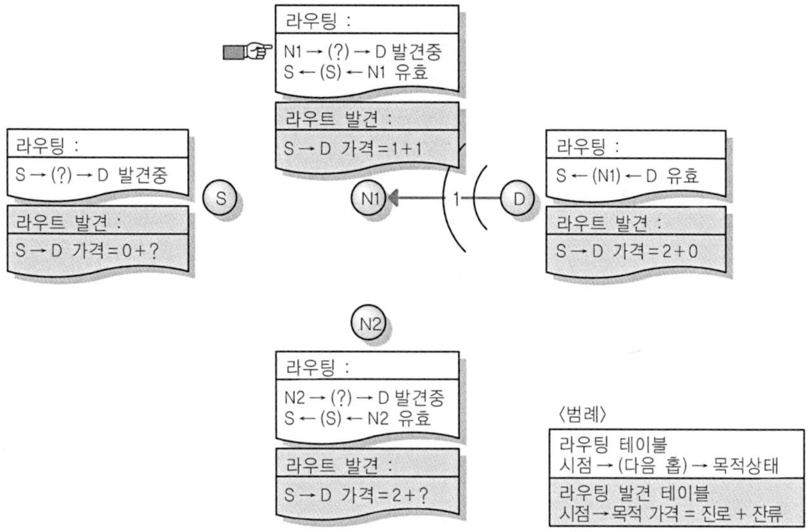

그림 5-12(b) AODV 라우트의 발견 응답 예(노드 D의 RREP 유니캐스트)

[2] 노드 N1은 RREP 응답메시지를 받으면 발견 중의 라우팅이 채용되었음을 알기 때문에 목적노드 D로 가는 라우팅의 다음 홉을 노드 D(=RREP 메시지의 유래노드)로 하고, 또한 그 라우팅의 상태를 [발견 중]에서 [유효]로 변경한다. 그리고 나서 RREP 응답메시지의 잔류비용에 링크비용의 1을 가산하여 라우트 발견 테이블의 기록을 갱신함과 동시에 RREP 메시지를 앞 홉의 발신노드 S에게 유니캐스트로 답신한다(그림 5-12(c)).

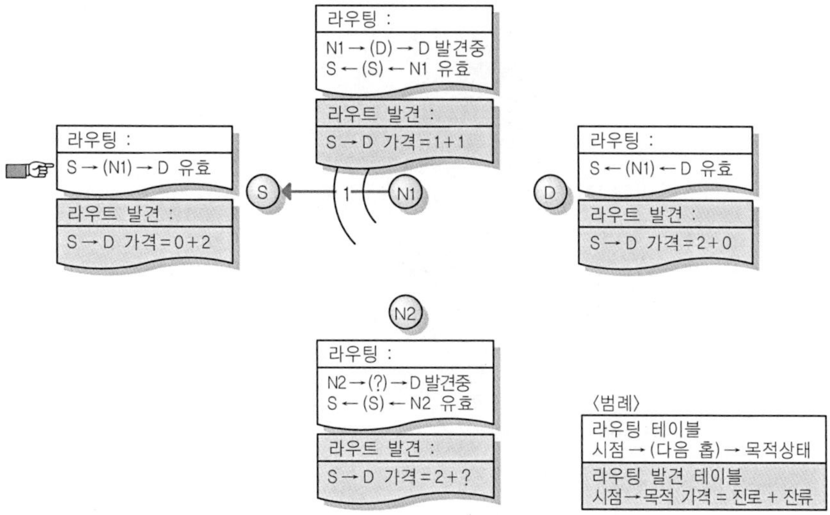

그림 5-12(c) AODV 라우트의 발견 응답 예(노드 NI의 RREP 유니캐스트)

[3] 노드 S는 RREP 응답메시지를 받으면 자신이 요구한 라우팅이 발견되었음을 안다. 그러면 목적노드 D로 가는 라우팅의 다음 홉을 노드 N1(=RREP 메시지의 유래노드)으로 설정하고 다음 홉이 노드 N1으로 된 목적노드 D로 가는 라우팅을 유효화 한다. 그 이후 발견된 라우팅이 사용되게 된다. RREP 잔류비용에 링크비용을 가산하고 발견된 라우팅의 비용이 2가 됨을 안다.

[4] 노드 N2는 라우트 발견 타임아웃이 발생하기까지 RREP 응답메시지가 오지 않기 때문에 발견 중의 라우팅은 채용되지 않음을 안다. 그러면 가등록한 노드 S로의 역방향의 라우팅과 [발견 중] 상태의 노드 D로 가는 라우팅을 삭제한다(그림 5-12(d)).

[5] 라우트 발견 타임아웃이 발생하면 라우트 발견 프로세스가 종료된다. 이 때 모든 노드에 등록된 발견요구도 삭제된다.

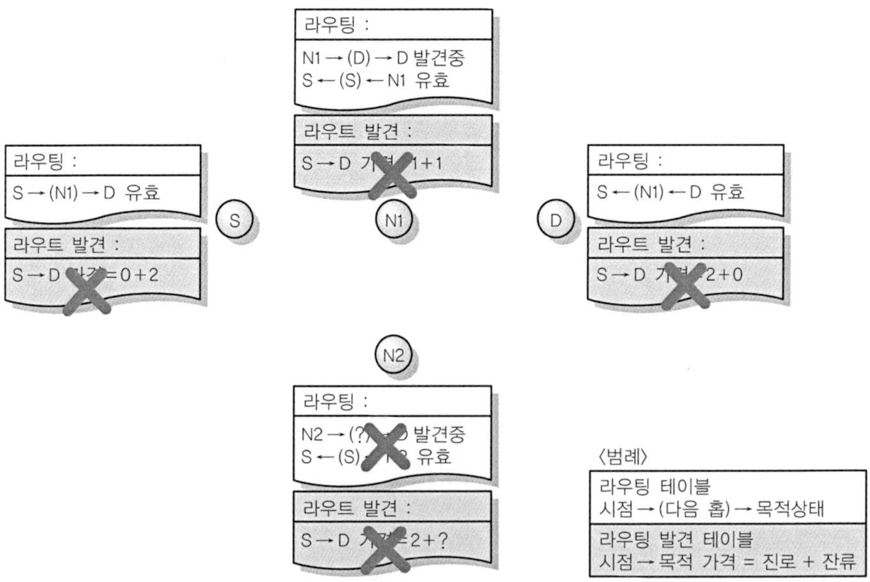

그림 5-12(d) AODV 라우트의 발견응답 예(RREP의 완성)

새로운 라우트가 발견되면 노드 S는 노드 D에게 데이터를 전송할 때에 노드 S의 라우팅 테이블의 정보에 따라서 먼저 노드 N1에 송신하게 된다. 노드 N1이 노드 D로 가는 메시지를 수신하면 노드 N1의 라우팅 테이블의 정보를 이용하여 노드 D에 릴레이한다.

그림 5-13에는 RREP 메시지의 처리 프로세스를 나타낸다. 이 프로세스는 다음과 같은 알고리즘으로 RREP 메시지를 처리한다.

- 라우팅 능력을 갖지 않은 경우는 오리지널 요구 목적지를 체크한다. 라우팅 능력이 없는 노드에 있어서 오리지널의 요구 목적지가 자신인 경우는 있을 수 없기 때문에 RREP 메시지는 처리하지 않고 버린다. 오리지널 요구 목적지가 자신이 아닌 경우는 RREP 메시지의 잔류비용에 링크비용을 가산해 트리 라우트를 따라서 유니캐스트로 전송한다.
- 라우팅 능력을 가지고 있는 경우는 라우트 발견 테이블에 대응하는 시퀀스 번호의 요구가 등록될지 어떨지를 체크한다. 등록되지 않는 경우는 RREP 메시지를 처리하지 않고 버린다. 라우트 발견 테이블에 등록이 되어 있어도 잔류비용이 테이블의 기록보다 높은 경우는 RREP 메시지를 버린다.
- 잔류비용이 라우트 발견 테이블 기록보다 낮은 경우는 라우트 발견 테이블을 보다 저비용의 라우트로 갱신한다. 또한 라우팅 테이블의 다음 홉의 주소를 RREP의 유래 노드로 설정하여 [발견 중] 상태의 라우팅을 유효화 한다.

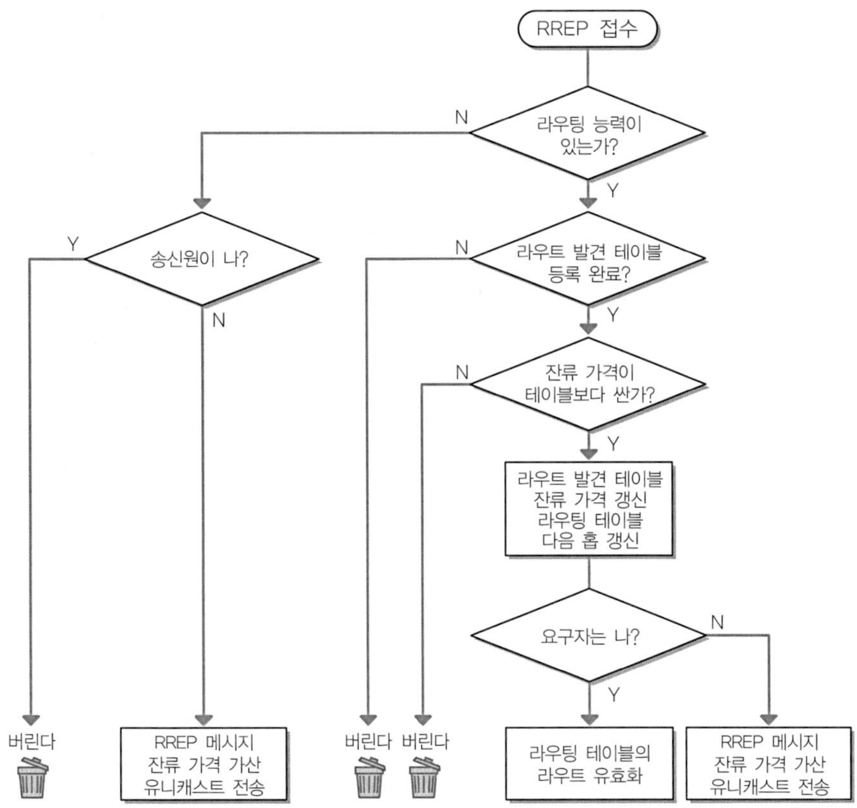

그림 5-13 RREP 메시지의 처리 프로세스

오리지널 요구 목적지가 자신이 아닌 경우는 잔류비용에 링크비용을 가산해 RREP메시지를 유니캐스트로 릴레이한다.

TIP

라우트 발견 응답 RREP의 프로세스를 간단히 말하면 잔류비용이 가장 낮은 RREP 메시지를 받으면 발견 중의 라우팅이 채용되었음을 판단하고 RREP 메시지의 유래경로를 기억하여 잔류비용이 가산된 라우트 발견응답을 라우트 발견의 오리지널 요구 목적지에 유니캐스트로 전송하는 것이다.
라우트 발견 테이블의 정보에는 유효기한이 있다. 유효기한이 지나면 그 정보는 자동적으로 버려진다.

5-6 브로드캐스트

ZigBee 네트워크에서 브로드캐스트 데이터 전송은 5-5절에서 설명한 라우팅을 필요로 하지는 않지만, 브로드캐스트의 특성으로부터 생기는 브로드캐스트의 도달 범위와 전송데이터의 확인에 문제점이 있다. 본 절에서는 ZigBee 네트워크의 브로드캐스트 구조에 대하여 소개한다.

브로드캐스트라는 것은 네트워크상의 특정 노드가 아니라 모든 노드에 동시에 데이터를 전송하는 수단이다. 네트워크층 프레임의 목적 주소를 "0xFFFF"로 하고 주소모드를 브로드캐스트 모드(0x02)로 설정하면 통신프레임을 네트워크상으로 브로드캐스트 할 수 있다.

브로드캐스트의 도달 범위를 제어하는 수단으로서 ZigBee 네트워크층 사양에서는 브로드캐스트 반경(Broadcast Radius)을 설정할 수가 있다. 브로드캐스트 반경이라는 것은 메시지 전송이 가능한 최대 홉의 수이다. 예를 들면 브로드캐스트 반경을 1로 설정하면 릴레이하지 않고 1홉 범위 내에서만 브로드캐스트를 수행한다. 그러나 브로드캐스트 반경이 0으로 설정된 경우는 무제한 홉 수의 릴레이로 네트워크상의 모든 노드에 브로드캐스트하게 된다.

유니캐스트의 경우 송신노드는 수신노드로부터 ACK를 받음으로써 데이터의 도착을 확인할 수 있다. 일정 시간 내에 ACK를 받지 않으면 재송신하여 데이터 전송의 신뢰성을 확보할 수가 있다. 그러나 브로드캐스트의 경우는 송신 목적지가 특별히 정해지지 않기 때문에 유니캐스트와 같이 명확한 ACK를 이용할 수는 없다. ZigBee 네트워크층 사양에서는 브로드캐스트 송신을 확실하게 수행하도록 패시브 ACK(Passive Acknowledge)라고 하는 수단을 이용한다.

> **TIP**
>
> 브로드캐스트의 경우는 ACK를 이용할 수 없지만 수신메시지의 릴레이를 [방청]하는 패시브 ACK를 이용하여 송신 확인을 수행한다. 확인은 1홉 범위를 커버할 수 있다.

브로드캐스트된 프레임을 수신한 노드는 당연히 자동적으로 릴레이를 수행하지만 이러한 릴레이를 제한하지 않으면 메시지가 네트워크상에 범람해 버린다. 다음의 예를 통해서 ZigBee 사양에서 브로드캐스트 릴레이의 제어와 패시브 ACK의 구조에 관하여 설명한다.

그림 5-14는 3개의 노드로 구성되어 있는 네트워크에서 브로드캐스트의 예를 나타내고 있다.

[1] 노드 1은 최초로 네트워크에 통신프레임을 브로드캐스트 모드로 송출한다. ZigBee 사양에서는 브로드캐스트된 프레임에 반드시 브로드캐스트 시퀀스 번호(BCSN : Broad Cast Sequence Number)를 붙인다. 이 BCSN으로 브로드캐스트의 프레임을 특정 지을 수 있다.

[2] 노드 2는 브로드캐스트 프레임을 수신하면 시퀀스 번호가 BCSN인 프레임을 노드 1로부터 수신한 것을 **브로드캐스트 트랜잭션 기록**(BTR : Broad Transaction Record) 테이블에 등록한다.

[3] 랜덤시간이 경과하고 나서 노드 2는 이 프레임을 브로드캐스트 모드로 릴레이한다. 만일 릴레이한 프레임이 자신의 책임 범위에서 닿지 않는 경우는 재송신하지 않으면 안 되기 때문에 랜덤으로 시간 간격을 두고 재송신 타이머를 가동시킨다.

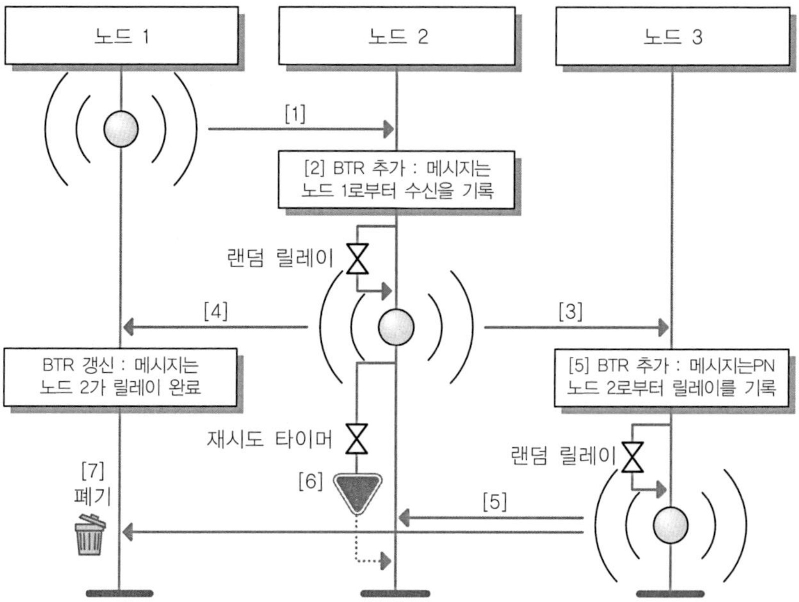

그림 5-14 브로드캐스트

[4] 노드 1은 노드 2로부터 릴레이된 프레임을 수신하면 브로드캐스트 프레임이 확실하게 노드 2에 도달되었음을 안다. 이렇게 송신상대로부터의 릴레이로 송신을 확인하는 것을 패시브 ACK라고 한다.

[5] 노드 3은 노드 2로부터 릴레이 된 브로드캐스트 메시지를 수신하면 노드 2와 동일한 방법으로 브로드캐스트 기록 BTR을 등록하고 랜덤 시간을 보내고 나서 프레임을 브로드캐스트 모드로 다시 릴레이한다.

[6] 노드 2는 노드 3으로부터의 릴레이를 수신하면 프레임이 확실하게 노드 3에 도달되었음을 안다. 노드 2의 인접 테이블에는 노드 1과 노드 3밖에 없다. 프레임이 노드 1로부터 수신되었기 때문에 노드 2의 릴레이 책임은 노드 3으로의 전송밖에 없다. 노드 3으로부터 패시브 ACK를 이미 얻었으므로 재송신이 이제 필요없게 됨에 따라 재송신 타이머를 정지시킨다.

[7] 만일 노드 1이 노드 3으로부터의 릴레이를 받은 경우는 시퀀스 번호 BCSN으로부터 자신이 발신한 프레임인 것을 안다. 그리고 인접 테이블에 노드 3은 존재하지 않기 때문에 이 프레임은 처리하지 않고 버린다.

슬립이 가능한 자식 노드에게 브로드캐스트 메시지를 송신하는 경우에 그 부모 노드는 자식 노드로의 브로드캐스트 메시지를 얼마동안 맡고 있을 필요가 있다. 이것은 슬립상태로부터 기동된 자식 노드로부터 데이터 송신의 요구를 받을 때에 펜딩 데이터로서 맡았던 메시지를 자식 노드에 전송하기 때문이다. 한편 슬립이 가능한 자식 노드로부터 브로드캐스트 메시지를 발신하는 경우는 앞에서 서술한 것처럼 브로드캐스트 프레임의 송출만이 아니라 재송신 패시브 ACK의 확인을 위해서 보다 긴 동작 시간이 필요하게 된다. 따라서 이러한 경우는 전력을 보다 잘 확보할 수 있는 부모 노드가 그 자식 노드의 대행으로서 브로드캐스트 송신을 수행하게 된다.

5-7 네트워크층 서비스

본 절에서는 ZigBee 네트워크층이 상위층에 제공하는 데이터 서비스와 관리 서비스에 관하여 설명한다. ZigBee 네트워크층의 데이터 서비스는 멀티 홉의 라우트를 포함하고 네트워크상 노드간의 데이터 전송기능을 제공한다. ZigBee 네트워크층의 관리서비스는 네트워크의 기동과 참가 및 라우팅 등의 네트워크 관리기능을 제공한다.

1 네트워크층의 데이터 서비스

ZigBee 네트워크층의 데이터 서비스에는 표 5-10과 같은 프리미티브가 있다.

표 5-10 네트워크층 데이터 서비스의 개요

프리미티브	요구	확인	통지	응답	설명
NLDE-DATA	○	○	○	○	데이터 통신

○= 실장 요구

데이터통신 : NLDE-DATA

ZigBee 네트워크층의 데이터통신 서비스인 NLDE-DATA는 IEEE 802.15.4 MAC층의 데이터통신 서비스 MCPS-DATA의 위에 실장된다. MCPS-DATA와 동일하게 요구, 확인, 통지 등의 프리미티브가 있지만 이용 가능한 파라미터가 서로 다르다. 표 5-11에 NLDE-DATA.request의 파라미터를 나타내지만, 표 4-3(p. 99)의 MCPS-DATA.request와 비교하면 서로 다름을 알 수 있다. NLDE-DATA.request에는 앞에서 서술한 브로드캐스트 반경과 라우트 발견 플래그 이외에 라우팅 주소 정보로서 목적주소가 지정된다. 1홉의 경우 네트워크층의 목적주소는 MAC층의 수신주소와 같다. 한편 멀티 홉의 경우 네트워크층의 목적주소는 최종목적 노드의 주소와 같지만 MAC층의 수신주소는 다음 홉의 송신 목적지만을 나타낸다.

표 5-11 NLDE-DATA.request의 파라미터

파라미터	타입	값	설명홈 · 컨트롤
DstAddr	정수	0x0000~0xFFFF	목적 노드의 주소
NsduLength	정수		NSDU 페이로드의 길이
Nsdu	바이트 배열		NSDU 페이로드
NsduHandle	정수	0x00~0xFF	NSDU의 핸들
BroadcastRadius	정수	0x00~0xFF	브로드캐스트 반경
DiscoverRoute	부울	TRUE/FALSE	라우트 발견요구 플래그
SecurityEnable	부울	TRUE/FALSE	보안 유효 플래그

TIP

라우트 발견요구 플래그(DiscoverRoute)가 [TRUE]로 설정된 경우 필요에 따라서 라우트 발견 프로세스를 자동적으로 기동할 수 있다.

2 네트워크층 관리 서비스

ZigBee의 네트워크층에서는 표 5-12와 같은 관리 서비스가 제공된다. 이 항에서는 네트워크층 관리서비스의 개요에 대해 설명한다. 서비스의 상세한 사항에 대해서는 ZigBee 네트워크층의 사양서[5]를 참조하기 바란다.

네트워크의 발견 : NLME-NETWORK-DISCOVERY

네트워크 스캔을 수행하여 주변 네트워크를 발견한다. 4-4절 ②를 참조하기 바란다. 후보 채널 목록과 스캔 기간을 지정할 수가 있다.

네트워크의 기동 : NLME-NETWORK-FORMATION

코디네이터만 네트워크를 기동할 수가 있다. 코디네이터는 다음과 같은 순서대로 새로운 네트워크를 기동시킨다.

[1] 지정된 채널 목록에 대해서 전계강도 스캔을 수행하고 각 채널에서 수신된 전파의 최고치를 얻는다. 높은 최고치가 검출되었다는 것은 가까이에 무선 LAN 등 고주파 디바이스가 그 채널을 사용하고 있음을 나타낸다.

[2] 수신된 전파의 전계강도가 일정 임계치를 넘어 있는 채널은 이용하지 않고 그 이외의 채널로 액티브 스캔을 수행하여 주변의 ZigBee 네트워크를 탐색한다.

[3] 수신한 비콘을 바탕으로 주변 네트워크와 충돌하지 않는 채널 중에서 번호가 가장 작은 채널을 선택한다.

[4] 수신한 비콘을 바탕으로 주변 ZigBee 네트워크의 PAN ID를 알게 된다. 디폴트의 PAN ID가 주변 ZigBee 네트워크와 충돌하지 않는 경우는 그대로 하지만, 주변 네트워크의 PAN ID와 중복되는 경우는 새로운 PAN ID를 "0x0000-0x03FF"의 범위에서 랜덤한 값으로 설정한다.

[5] 자신의 네트워크 주소를 "0x0000"(= 코디네이터)로 설정한다.

[6] MAC층에 MLME-START를 보내어 네트워크 동작을 시작하게 한다.

TIP

네트워크를 기동시키는 코디네이터는 기동 전에 간섭이 적은 클리어한 채널을 선택하고서 주변 ZigBee 네트워크와 충돌하지 않는 PAN ID를 결정하지 않으면 안 된다.

표 5-12 네트워크층 관리서비스의 개요

프리미티브	요구	확인	통지	응답	설명
NLME-NETWORK-DISCOVERY	○	○			네트워크 발견
NLME-NETWORK-FORMATION	◎	◎			네트워크 기동
NLME-PERMIT-JOINNING	△	△			네트워크에 참가 허가/불허가
NLME-JOIN	○	○	△		네트워크에 참가
NLME-DERECT-JOIN	△	△			네트워크에 직접 참가
NLME-LEAVE	○	○	△		네트워크로부터 이탈
NLME-START-ROUTER	△	△			라우터 기능 개시
NLME-SYNC	○	○	○		비콘 동기
NLME-RESET	○	○			네트워크층 리셋
NLME-GET	○	○			네트워크층 정보베이스로부터 독취
NLME-SET	○	○			네트워크층 정보베이스에 삽입

◎= 코디네이터만 가능 ○= 라우터와 코디네이터만 가능 △= 모든 디바이스 가능

네트워크 참가의 허가 : NLME-PERMIT-JOINING

코디네이터나 라우터에 대해서 네트워크에의 참가를 받아들이는 허가 또는 불허가를 통지하는 프리미티브이다. 허가하는 기간도 설정할 수 있다.

네트워크에의 참가 : NLME-JOIN

MAC층의 접속을 사용하여 네트워크에의 참가 또는 재참가를 신청한다. 자세한 것은 5-4절을 참조하기 바란다.

네트워크에의 직접 참가 : NLME-DIRECT-JOIN

코디네이터나 라우터는 MAC층의 접속을 경유하지 않고 사전에 등록된 자식 노드를 네트워크에 직접 참가시킬 수가 있다. 이 기능은 공장에서 출하할 때 설정된 구성으로 네트워크에 참가시키는 경우에 사용할 수 있다. 또한 사용자가 처음 설정한 네트워크 구성을 일단 EEPROM에 보존하고 재기동할 때 EEPROM의 설정 구성에 따라 네트워크의 재구성에도 이용이 가능하다.

네트워크로부터의 이탈 : NLME-LEAVE

네트워크로부터 이탈할 때에 이용되는 프리미티브이다. 코디네이터나 라우터는 자식 노드를 이탈시키는 것도 가능하다.

라우터 기능의 개시 : NLME-START-ROUTER

코디네이터나 라우터에 대해서 비콘 발신 등의 라우터 기능을 개시시킬 때에 이용되는 프리미티브이다. 슈퍼프레임의 구성변경도 가능하다.

비콘 동기 : NLME-SYNC

코디네이터나 라우터에 비콘의 동기를 갖도록 한다. 펜딩 데이터 읽기를 요구할 수도 있다. 1회만의 동기가 아니라 연속적인 추적 동기를 설정할 수도 있다.

네트워크층의 리셋 : NLME-RESET

네트워크층 스택을 리셋한다. 동시에 하위층 MAC층의 리셋 NLME-RESET도 실행된다.

정보베이스 관리 : NLME-GET와 NLME-SET

네트워크층 정보 베이스에는 다음과 같은 네트워크층 속성 등이 저장되어 있다.

- nwkBCSN : 브로드캐스트 시퀀스(5-6절 참조)
- nwkMaxChildren : 최대 자식 노드 수(5-2절 참조)
- nwkMaxDepth : 최대 계층 수(5-2절 참조)
- nwkMaxRouters : 최대 라우터 수(5-2절 참조)
- nwkNeighborTable : 인접 테이블(5-3절 참조)
- nwkReportConstantCost : 정수 비용 사용의 플래그(5-5절 참조)
- nwkRouteTable : 라우팅 테이블(5-5절 참조)
- nwkSymLink : 대칭 라우트 설정 플래그(5-5절 참조)

이러한 속성의 읽기 및 기록에는 네트워크층 정보베이스 관리서비스의 NLME-GET와 NLME-SET를 이용한다.

5-8 네트워크층 프레임 구조

네트워크층의 프레임은 NPDU(Network layor Protocal Data Unit)라고 부른다. NPDU는 4-5절에서 설명한 MAC층 데이터 프레임의 데이터 페이로드 MSDU 상에 올려진다. 그림 5-15에 ZigBee의 네트워크층 프레임 구조를 나타낸다.

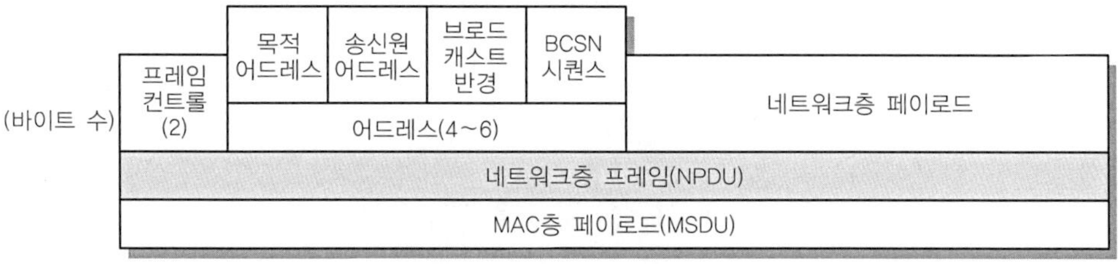

그림 5-15 네트워크층 프레임

ZigBee의 네트워크층 프레임은 다음과 같은 필드로 구성된다.

- 프레임 제어 : 2바이트의 프레임 제어에는 표 5-13과 같이 프레임 전체를 제어하는 정보가 포함되어 있다.
- 라우팅 : 4~6바이트의 라우팅 필드에는 목적노드와 송신원 노드의 주소를 보관한다. 주의해야 할 점으로는 멀티 홉의 경우 네트워크층의 송신원 주소와 목적주소는 처음으로 데이터 전송요구를 보내는 노드의 주소와 데이터를 마지막으로 받는 노드의 주소가 된다. 즉 멀티 홉의 전체 경로의 시점과 종점의 주소이다. 실제로 전파를 송신하는 노드의 주소 혹은 전파를 수신하는 노드의 주소는 하위층인 MAC층 프레임에 기술된다. 또한 "0xFFFF"로 설정된 주소는 특정 노드를 목적지로 하지 않는 브로드캐스트 메시지임을 나타낸다. 브로드캐스트의 경우에는 브로트캐스트 반경과 브로드캐스트 시퀀스 번호 BCSN도 포함된다.
- 데이터 페이로드 : 각각의 프레임 타입 페이로드이다.

표 5-13 네트워크층 프레임 제어

비트	필드	설명
0~1	프레임 타입	데이터 혹은 커맨드의 프레임 타입
2~5	프로토콜 버전	ZigBee 네트워크층 프로토콜 버전
6	라우트 발견	라우트 발견 요구의 유무(5-5절 참조)
9	보안	보안의 유무

TIP

네트워크층의 프레임은 MAC층의 데이터 프레임 위에 라우팅 정보가 추가되어 구성된다.

데이터 프레임

ZigBee의 네트워크층 데이터 프레임 구조를 그림 5-16에 나타낸다. 네트워크층의 데이터 페이로드는 NSDU(Network Service Data Unit)라고 부른다. 데이터 페이로드는 네트워크층에서 전송되는 데이터로서 그 상위층인 어플리케이션 지원 부층의 프레임 PDU(Application support sub-layor Protocal Data Unit)를 탑재한다. 어플리케이션 지원 부층 프레임의 구조에 대해서는 6-6절에서 상세히 설명한다.

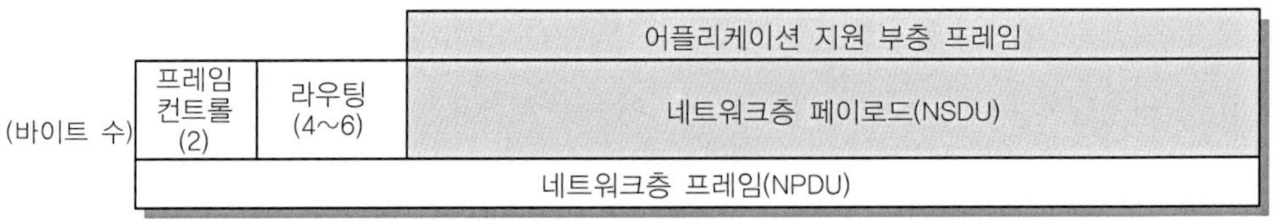

그림 5-16 데이터 프레임

커맨드 프레임

ZigBee의 네트워크층 커맨드 프레임 구조를 그림 5-17에 나타낸다. ZigBee의 네트워크층 커맨드는 모두 라우팅에 관련된 기능이다.

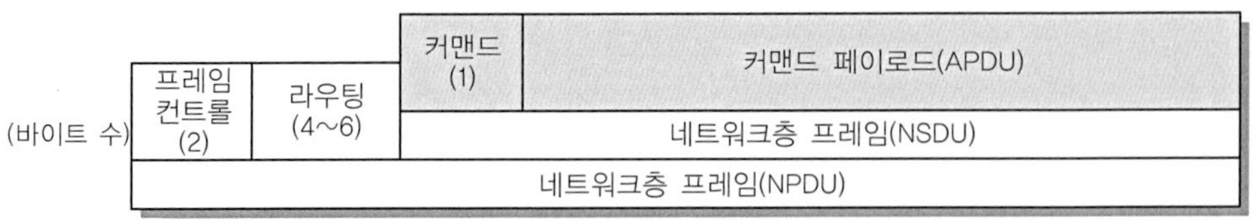

그림 5-17 커맨드 프레임

ZigBee 네트워크층 커맨드 프레임의 데이터 페이로드는 다음과 같은 필드로 구성된다.

- 커맨드 : 1바이트의 커맨드 필드는 표 5-14와 같이 커맨드 ID로 커맨드의 타입을 정의한다.
- 커맨드 페이로드 : 커맨드의 파라미터를 보관하고 있다. 커맨드 타입에 따라서 내용과 길이가 다르다.

표 5-14 네트워크층 커맨드

커맨드 ID	커맨드	설명
0x01	라우트 요구	라우트 발견 요구 RREQ(5-5절 참조)
0x02	라우트 응답	라우트 발견 응답 RREP(5-5절 참조)
0x03	라우트 에러	송신원 노드에 라우트 에러 통지

본 장에서는 ZigBee 네트워크층을 기초로 한 ZigBee 어플리케이션 지원 부층의 사양 [6]에 대해 설명한다. 전 장까지의 고찰을 통해 ZigBee 네트워크층까지의 문제 즉, 기본적인 ZigBee 네트워크 노드 간의 데이터통신 문제를 해결하였다. TCP/IP를 예로 들어보면 IP를 지원 가능한 수준까지 달성한 셈이다. IP만으로는 사용하기 어려운 것과 마찬가지로 TCP와 같은 어플리케이션 간의 메시지 통신 채널이 필요하다. ZigBee의 어플리케이션 지원 부층은 이러한 채널의 역할을 담당한다. 지금부터는 어플리케이션 지원 부층을 APS(Application Support Sub-layor)층으로 약칭한다.

ZigBee의 APS층은 다음과 같은 기본기능을 제공한다.

- 엔드포인트와 프로파일 지원
- 어플리케이션 오브젝트 간의 메시지 통신
- 바인딩에 의한 간접주소 지정 송신
- 어플리케이션 지원 부층의 ACK와 재송신
- 보안 키를 이용하는 승인(옵션)

본장 6-1절에서는 먼저 ZigBee의 APS층에서 아주 중요한 개념인 프로파일과 엔드 포인트에 대해 설명한다. 6-2절에서는 바인딩과 간접주소 지정의 구조를 해설한다. 6-3절에서는 APS층의 ACK와 재송신을 소개하면서 APS층의 ACK와 MAC층의 ACK 구별에 대해 정리한다. 6-4절에서는 ZigBee 사양의 네트워크층과 APS층의 보안기능을 소개한다. 마지막 6-5절과 6-6절에서는 어플리케이션 지원 부층의 서비스와 프레임 구조에 대해 해설한다.

Chapter 06

ZigBee 어플리케이션 지원 부층

6-1 프로파일과 엔드 포인트

ZigBee 무선네트워크에 접속하는 디바이스를 어플리케이션 오브젝트(Application Object)라고 한다. 예를 들면 센서나 컨트롤러 등이다. 면식이 없는 사람과 처음 만나 대화할 때 먼저 자기소개를 하는 것처럼 네트워크 상에서도 어플리케이션 오브젝트 간 상호접속 하기 전에 자신을 설명하는 정보를 상대에게 전달하지 않으면 안 된다. ZigBee 사양에서는 블루투스 사양과 동일하게 프로파일(Profile)이라고 하는 개념을 사용해 어플리케이션 오브젝트의 입출력데이터 형식을 규정한다. 프로파일이란 네트워크에 접속하는 어플리케이션 오브젝트가 어떠한 데이터를 외부에 제공할 수 있는지 또는 어떠한 데이터를 외부로부터 받는지에 대해 규정하는 프로토콜이다.

프로파일

ZigBee 사양의 속성(Attibute)이란 어플리케이션 오브젝트의 출력 파라미터 혹은 입력 파라미터이다. 예를 들면 조명라이트의 입력 파라미터인 개폐 상태는 조명 라이트 어플리케이션 오브젝트가 가진 속성 중의 하나이다. 속성에는 입력이나 출력이라고 하는 방향성이 있다. 예를 들면 스위치나 라이트의 어플리케이션 오브젝트에는 동일한 개폐 상태의 속성이 있다. 이 속성은 스위치에 있어서는 출력 속성이지만 라이트에 있어서는 입력 속성이 된다. 물론 1개의 어플리케이션 오브젝트는 복수의 속성을 가질 수 있다. 속성마다 2바이트의 식별용 속성 ID가 주어진다. 속성 ID의 유효 범위는 속해있는 클러스터가 된다.

클러스터(Cluster)란, 같은 방향으로 외부에 데이터통신을 하는 어플리케이션 오브젝트 속성의 집합이다. 예를 들면 밝기를 조절할 수 있는 조광 라이트의 경우 개폐 상태와 밝기의 2개 입력 속성이 있고 같은 입력 방향으로 데이터통신을 수행하기 때문에 1개의 조광 조명의 클러스터를 정의할 수가 있다. 바꾸어 말하면 클러스터는 네트워크 상에서 일정한 방향으로 흐르는 데이터의 스트림이다. 클러스터는 프로그래밍에서 많이 사용되고 있는 입력이나 출력 구조체와 매우 유사하다. 실제 어플리케이션 개발의 경우에서도 클러스터는 구조체의 형식으로 실장할 수 있다.

클러스터는 속성과 마찬가지로 입력이나 출력이라고 하는 방향성이 있다. 같은 클러스터라도 장착되는 어플리케이션 오브젝트에 따라서 방향성이 다르다. 예를 들면 앞에 서술한 조광 조명의 클러스터는 조광 라이트에 있어서는 입력 클러스터이지만 조광 스위치에 있어서는 출력 클러스터가 된다. 클러스터 마다 1바이트의 식별용 클러스터 ID가 주어진다. 네트워크에 접속된 쌍방향 통신 어플리케이션 오브젝트는 각각의 프로파일을 갖지만 동일한 클러스터로 정의된 프레임의 송신이나 수신으로 정보교환을 수행하기 때문에 클러스터 ID는 네트워크 범위에서 식별이 가능하도록 주어져야 한다. 예를 들면 앞에서 말한 조광 조명의 클러스터는 각각 조광 조명의 스위치와 라이트에 포함되어 있지만 동일한 클러스터 ID를 가지고 있다. ZigBee의 표준 프로파일을 채용하는 경우 ZigBee 연합에 의해 클러스터 ID가 주어지고 있다. 예를 들면 [ZigBee 홈 조명제어 어플리케이션 프로파일] [14]에서는 홈 조명 어플리케이션의 클러스터 ID를 규정하고 있다.

프로파일이란, 같은 어플리케이션 오브젝트에 채용된 모든 클러스터의 집합이다. 또한 통신 상대가 메시지 해독에 필요한 어플리케이션 프레임워크의 프레임 포맷(KVP 또는 MSG) 정보 등도 포함되어 있다. 예를 들면 그림 6-1과 같이 출력의 조광 조명 클러스터는 조광 스위치의 프로파일을 구성하고 있다. 입력의 조광 조명 클러스터는 조광 라이트의 프로파일을 구성하고 있다. 1개의 프로파일은 복수의 입력 클러스터와 복수의 출력 클러스터를 구성할 수가 있다. 프로파일을 일단 결정하면 어플리케이션 오브젝트의 외부 인터페이스가 결정된다. 프로파일마다 2바이트의 프로파일 ID가 주어진다. 이 표준 프로파일 ID는 ZigBee 연합에 의해 할당되며 세계에서 유일한 식별 번호이다.

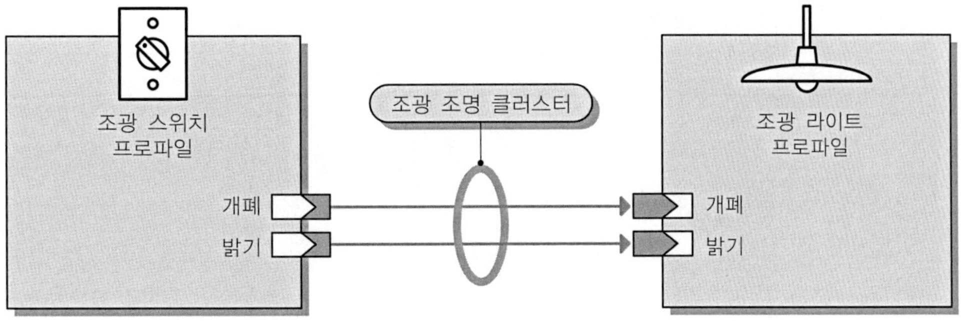

그림 6-1 프로파일의 예 : 조광조명

TIP

소프트웨어 프로그래밍의 언어로 말하면 속성은 파라미터, 클러스터는 구조체, 프로파일은 인터페이스이다.

표준화 및 정보공개의 상황에 따라서 ZigBee 프로파일은 다음 세 종류로 분류된다.

- 표준 프로파일(Public Profile) : ZigBee 연합에 의해 표준화된 프로파일
- 공개 프로파일(Pubilished Profile) : 제조사에 의해 공개된 프로파일
- 미공개 프로파일(Private Profile) : 제조사 자체 프로파일로서 미공개 프로파일

2005년 11월 ZigBee 연합에서는 표 6-1과 같은 표준 프로파일을 발표하였다.

표 6-1 ZigBee 표준 프로파일

프로파일	상태	용도
Dimmer Remote Control	릴리즈	조광 조명 스위치
Dimming Load Controller	릴리즈	조광 조명 라이트
Light Sensor Monochromatic	릴리즈	단색광 센서
Occupancy Sensor	릴리즈	재실 센서
Switch Remote Controller	릴리즈	조명 스위치
Switch Load Controller	릴리즈	조명 라이트
Automatic Meter Reading	개발중	자동 검침
Commercial Building Automation	개발중	상업 빌딩 오토메이션
Home Automation	개발중	홈 오토메이션
HVAC	개발중	공조설비
Industrial Plant Monitoring	개발중	공업 플랜트 감시
Hospital/Patient Monitoring	개발중	병원환자 관리

엔드 포인트

TCP/IP 통신에서 동일한 노드의 복수 프로세스들이 동시에 통신할 수 있도록 1개의 IP 주소 밑에 복수의 TCP 포트가 설정된다. ZigBee 네트워크에서도 1개의 노드주소 아래 복수의 엔드 포인트(Endpoint)가 설정된다. ZigBee의 엔드 포인트라고 하는 것은 1개의 물리 무선 노드에서 복수의 어플리케이션 오브젝트가 동시에 통신할 수 있는 논리 서브 채널이다.

TIP

ZigBee의 엔드 포인트는 TCP포트처럼 노드 주소 아래에 있는 논리적인 서브 주소로서 특정 어플리케이션 오브젝트에만 주어진다.

TCP/IP 포트마다 포트번호가 붙여지는 것처럼 ZigBee의 엔드 포인트에도 각각 번호가 주어지고 있다. ZigBee 사양에서는 번호 0~240의 엔드 포인트가 1개의 어플리케이션 오브젝트에서 이용 가능하지만, 번호 0은 ZigBee 네트워크 관리기능인 ZigBee 디바이스 오브젝트(ZDO)에 할당되어 있으며 다른 어플리케이션 오브젝트는 사용이 불가능하다. 번호 1~240의 엔드 포인트는 사용자의 어플리케이션 오브젝트에서 사용된다. 엔드 포인트 255(0xFF)는 모든 엔드 포인트를 의미한다. 엔드 포인트 241-254는 보류 중인 번호이기 때문에 사용이 불가능하다. 최대 유효 엔드 포인트 수의 실장 요구에 관해서는 표 6-2와 같이 [ZigBee 1.0스택 프로파일] [12]에 규정되어 있다.

표 6-2 엔드 포인트의 실장 요구

어플리케이션	홈 · 컨트롤	빌딩 · 오토메이션	플랜트 제어
최대 유효 엔드 포인트 수	3	미정	7

1개의 엔드 포인트는 1개의 어플리케이션 오브젝트에게만 부여되고 있지만 1개의 어플리케이션 오브젝트는 복수의 엔드 포인트를 가질 수 있다.

TIP

1개의 엔드 포인트는 복수의 어플리케이션 오브젝트에 공유될 수는 없지만 1개의 노드에는 동일한 프로파일의 어플리케이션 오브젝트가 복수로 공존할 수 있다.

그림 6-2는 ZigBee 엔드 포인트와 어플리케이션 오브젝트의 관계를 나타낸다. 어플리케이션 오브젝트의 입력이나 출력 데이터의 특성은 어플리케이션 오브젝트의 프로파일에 의해 정의된다.

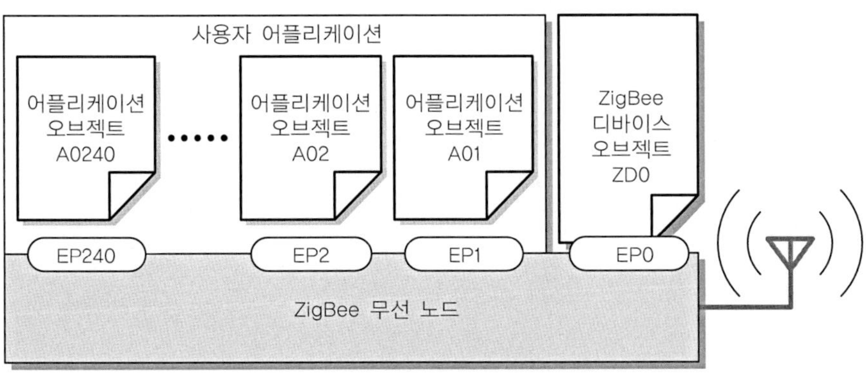

그림 6-2 엔드 포인트

엔드 포인트를 이용하여 1개의 무선통신 모듈이 실장된 노드에서도 복수의 어플리케이션 오브젝트에 접속이 가능한 예를 그림 6-3에 나타낸다. 예를 들면 스위치노드에서는 2대의 스위치에 접속하여 있고 각각 엔드 포인트 EP1과 EP2를 이용하지만, 라이트노드에서는 2대의 라이트에 접속하여 각각 엔드 포인트 EP1과 EP3을 이용한다. 2대의 스위치는 동일한 무선통신 모듈을 공유하고 있어도 서로 간섭하지 않고 각각의 라이트를 제어할 수 있다.

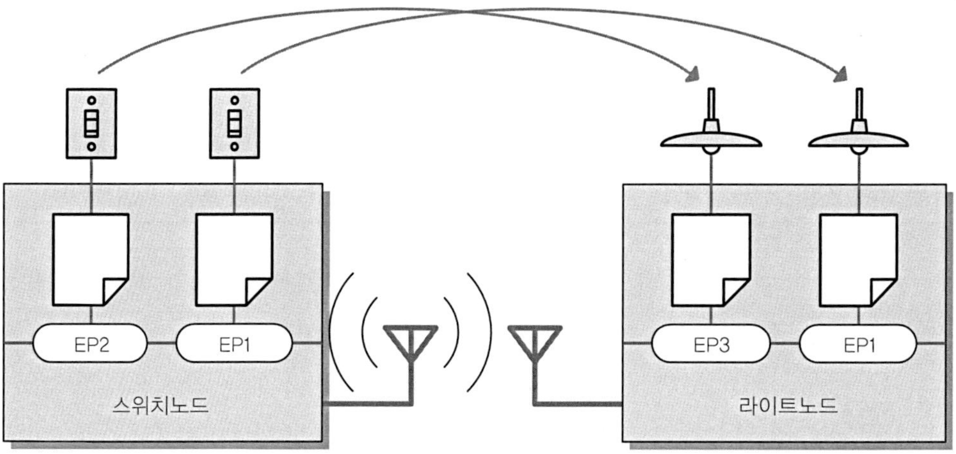

그림 6-3 복수 어플리케이션 오브젝트의 접속

6-2 바인딩과 간접주소 지정

지금까지 설명해 온 유니캐스트나 브로드캐스트 통신모드는 통신프레임의 헤더에 목적주소를 입력시켜 데이터를 송신하는 방식이다. ZigBee 사양에서는 이러한 주소모드를 직접주소 지정(Direct Address)이라고 한다.

이 통신방식은 수속이 간단하지만 대량의 데이터를 전송하는 경우 통신프레임마다 주소정보가 필요시 되고 오버헤드가 커지게 된다. 이러한 주소모드를 전화 거는 경우로 예를 들면, 전화를 걸 때 목적지의 전화번호를 누르지만 언제나 같은 거래처에 전화를 걸 때에 매번 같은 전화번호를 누르게 되는 것이다.

최근의 전화기는 거의 단축 등록기능이 부착되어 있다. 사전에 거래처의 전화번호를 전화기의 메모리에 등록시켜 놓으면 전화를 걸 때 전화번호를 직접 돌리지 않더라도 전화를 걸 수가 있다. ZigBee 사양에서는 이러한 기능을 바인딩(Binding)이라고 부른다. 바인딩을 이용하는 주소모드를 간접주소 지정(Indirect Address)이라고 부른다.

이상을 정리하면 ZigBee 사양은 다음과 같은 세 종류의 주소모드를 지원하고 있다.

- 직접주소 지정의 유니캐스트 통신모드
- 직접주소 지정의 브로드캐스트 통신모드
- 간접주소 지정의 통신모드

그림 6-4와 같이 1개의 바인딩은 1개의 송신원(주소 엔드 포인트 클러스터 ID) 1개 이상의 수신 목적지(주소 엔드 포인트)간의 결합으로 실장되고 바인딩 테이블(Binding Table)에 보존되어 있다. 설정된 바인딩은 송신원 주소와 엔드 포인트 및 클러스터 ID로 식별된다.

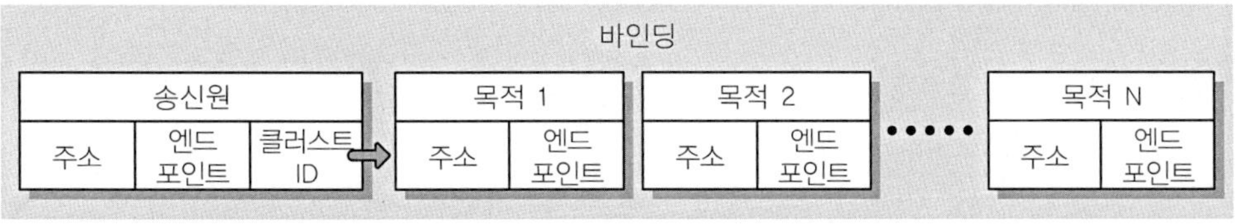

그림 6-4 바인딩 테이블의 실장

간접주소 지정 통신은 다음과 같은 순서로 수행된다.

[1] 전화기의 메모리에 전화번호를 사전에 등록하는 것과 마찬가지로 데이터통신이 시작되기 전에 데이터 송신의 목적지와 바인딩을 확립시키지 않으면 안 된다. 데이터 송신의 목적지를 알지 못하는 경우 7-6절에서 설명하는 ZDO의 발견 서비스를 이용하여 네트워크에 접속하고 있는 어플리케이션 오브젝트를 찾을 수가 있다. 예를 들면 지정된 프로파일과 클러스터를 지원하고 있는 어플리케이션 오브젝트의 네트워크 주소와 엔드 포인트를 탐색할 수 있는 것이다.

[2] 접속하는 목적지를 알면 접속하고자 하는 어플리케이션 오브젝트의 네트워크 주소와 엔드 포인트를 지정하고 바인딩 테이블이 실장되어 있는 코디네이터나 송신원의 라우터에게 바인딩의 확립을 요구한다.

[3] 바인딩의 확립요구가 허가되면 요구된 바인딩이 [2]의 바인딩 요구 목적지의 바인딩 테이블에 등록된다.

[4] 바인딩이 확립되고 난 후에 주소모드를 간접주소로 지정하면 목적지의 주소를 지정하지 않아도 직접송신이 가능하게끔 된다.

[5] 바인딩이 요구되지 않는 경우는 바인딩이 등록된 코디네이터나 송신원의 라우터에게 명시적으로 통지하여 바인딩을 해소한다.

ZigBee의 바인딩은 다음의 특징을 가지고 있다.

- 바인딩을 이용하는 데이터 송신은 바인딩 테이블이 실장된 노드를 경유하지 않으면 안 된다.
- 바인딩에는 방향성이 있다. 즉, A→B의 바인딩은 B→A의 통신에 사용할 수 없다. B→A의 통신이 필요한 경우는 B→A의 바인딩이 별도로 필요하다.
- 1개의 송신원 노드에 대해서 복수의 목적노드가 대응하는 1대 다의 바인딩도 가능하다.
- 주소정보는 필요 없으며 엔드 포인트 번호와 클러스터 ID로 바인딩을 특정하여 통신을 수행한다.
- 1개의 클러스터에 복수의 속성이 존재하는 경우 속성 ID를 사용하여 액세스하고자 하는 속성을 특정할 수가 있다.
- 통신 목적지의 정보를 관리하지 않아도 되기 때문에 메모리 용량이 적은 노드에 있어서 실장이 용이하다.
- 역방향의 바인딩이 존재하지 않는 한 APS층의 ACK는 이용이 불가능하다.

TIP

바인딩에 의한 간접주소 지정 송신에서는 직접 목적주소를 지정하는 대신에 클러스터 ID를 이용하여 사전에 지정된 목적주소에게 데이터를 전송한다.

그림 6-5는 2대의 스위치와 라이트의 바인딩 예를 나타낸다. 이 예에서는 스위치 SW1으로부터 라이트 Lamp2, Lamp3, Lamp4 등과의 바인딩과 스위치 SW2로부터 라이트 Lamp1으로의 바인딩이 확립되어 있다. 이 두 바인딩을 이용함으로써 주소를 직접 지정 하지 않아도 SW1은 Lamp2, Lamp3, Lamp4 등을 동시에 개폐시킬 수 있고 SW2는 Lamp1을 제어할 수 있다.

바인딩 테이블이 코디네이터에 장착되어 있는 경우 바인딩을 사용한 간접주소 지정 송신은 코디네이터를 경유하지 않으면 안 된다. 즉 A→B의 송신경로는 A→코디네이터→B가 된다. 이 때문에 메쉬 네트워크의 장점을 발휘할 수 없는 단점이 있으며, 특히 본래부터 1홉으로 가능한 데이터 전송이라도 코디네이터를 경유하지 않으면 안 되기 때문에 네트워크 트래픽이 증가하고 통신에 필요한 지연시간도 길어지는 문제점이 있다.

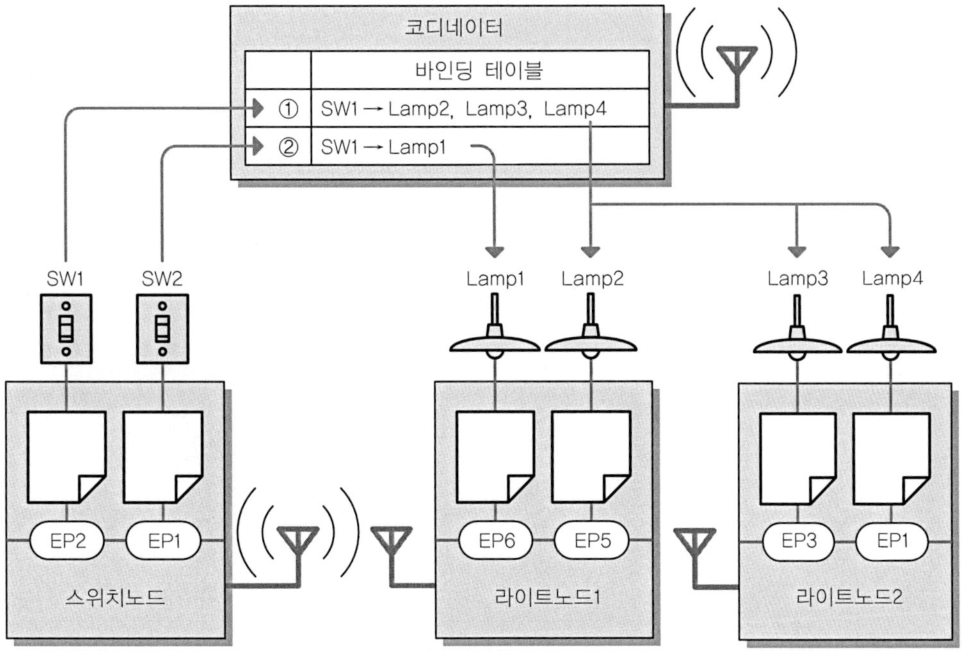

그림 6-5 바인딩의 예

어플리케이션에 따라서 바인딩의 실장 요구도 다르다. [ZigBee1.0 스택 프로파일][12]에서는 표 6-3과 같은 실장이 요구되고 있다. 빌딩 오토메이션의 경우 바인딩의 실장은 요구되지 않는다. 또한 바인딩 테이블은 ZigBee 코디네이터나 송신원의 라우터에 실장될 수 있다. 예를 들면 표 6-3에서와 같은 홈 컨트롤의 경우에 바인딩 테이블은 코디네이터밖에 존재하지 않는다. 한편 플랜트 제어의 경우는 바인딩 테이블이 송신원의 라우터에도 실장될 수 있다.

표 6-3 바인딩의 실장 요구

어플리케이션	홈 · 컨트롤	빌딩 · 오토메이션	플랜트 제어
바인딩 지원	지원함	지원 안함	지원함
바인딩 테이블	코디네이터	실장 안함	송신원 라우터
최대 바인딩 수	10	0	30

6-3 ACK와 재시도

본 절에서는 APS층에서 제공되고 있는 ACK와 재시도 기능을 설명하기 전에 IEEE 802.15.4와 ZigBee 사양에서의 ACK와 재시도 기능을 정리해보자. IEEE 802.15.4 사양서와 ZigBee 사양서의 원문에서는 Response와 Acknowledge라고 하는 2개의 단어가 자주 사용되고 있다. Response란 접수된 요구에 대해서 실행 결과를 답하는 것이다. 본 책에서는 [응답]이라고 번역하고 있다. 후자의 Acknowledge는 데이터 착신을 확인하는 것이다. 엔지니어의 습관에 따라 [ACK(어크)]로 나타낸다.

IEEE 802.15.4와 ZigBee 사양에서는 MAC층의 ACK와 APS층의 ACK가 각각 규정되어 있다. ZigBee 이외의 네트워크에서는 ACK 프레임에 사용자의 데이터 페이로드를 싣는 사용 방법이 있으나, IEEE 802.15.4와 ZigBee 사양에서는 MAC층의 ACK 프레임과 APS층의 ACK 프레임은 어떠한 경우에도 사용자 데이터 페이로드를 실을 수는 없다. 이렇게 간단한 구조의 ACK 프레임은 착신측의 프로그램에 의해 자동 생성이 가능하고, 시간에 맞춰서 반송 가능하며, ACK 프레임을 더욱 컴팩트하게 할 수 있는 장점이 있다.

또한 MAC층의 ACK에서는 CSMA/CA 액세스 방식이 아니라 채널이 비어있는지에 관계없이 강제적으로 ACK 프레임을 송신한다. 이 때문에 실제로 데이터 프레임이 제대로 착신 측에 전달되었는지와도 관계없이 ACK 프레임의 충돌로 인하여 송신측은 데이터 전송의 성공을 확인 불가한 가능성도 있다. 이러한 관점에서 가능한 한 컴팩트한 ACK 프레임이 필요시 된다. 프레임이 짧으면 짧을수록 충돌의 가능성이 낮아지기 때문이다.

그런데 7-3절에서 설명하는 ZigBee의 어플리케이션 프레임워크 사양에는 약간 혼란을 야기하는 용어가 나온다. 어플리케이션 프레임워크의 KVP 프레임에는 [Get with acknowledgement], [Set with acknowledge], [Event with acknowledge] 등의 커맨드 타입이 있다. 이러한 Acknowledge를 요구하는 커맨드에 대한 답변은 [Get response], [Set response], [Event response] 등이다. 즉 이들 Acknowledge는 앞에서 서술한 ACK의 의미와는 다르게 상대의 처리결과를 요구하는 것을 의미한다. 답변으로서의 응답(Response) 프레임은 자동 생성되는 것이 아니라 사용자 수신 프로시져의 처리결과가 된다. 또한 이 응답 프레임은 ACK 프레임과는 다르게 사용자의 데이터 페이로드가 이용할 수 있다.

TIP

KVP 프레임 커맨드에 포함되는 "Acknowledge"는 자동 생성된 ACK가 아니라 사용자 수신 프로시저의 처리 결과로서의 응답 커맨드 프레임이다(7-3절 참조).

ZigBee의 APS층 ACK는 IEEE 802.15.4의 MAC층 ACK와 어떤 관련이 있는지와 또는 활동이 어떤 식으로 다른가에 대하여 표 6-4에 정리하였다. ACK로 착신이 확인 가능한 범위는 MAC층이 1홉 뿐인데 비하여 APS층은 멀티 홉을 포함하여 모든 경로의 통신을 확인할 수 있다. 또한 MAC층의 ACK는 APS층과 비교하여 고속의 Response가 가능하다. 더욱이 MAC층의 ACK 프레임은 APS층의 ACK 프레임과 비교하여도 가벼우며 크기도 겨우 5바이트이다.

표 6-4 APS층 ACK와 MAC층 ACK

	MAC층 ACK	APS층 ACK
착신확인 범위	1홉	전 라우트(멀티 홉 가능)
프레임 사이즈	5바이트	20바이트
ACK 대기 시간	macAckWaitDuration =0.864[msec]	apscAckWaitDuration =0.1초×최대계층수
재시도 회수	aMaxFrameRetries=3	apscMaxFrameRetries=3
재시도 간격	짧다(연속실패 확률이 높다)	길다(연속실패 확률이 낮다)
데이터 페이로드	없음	없음
통신방식	강제통신	CSMA/CA

IEEE 802.15.4의 MAC층과 ZigBee ASP층의 어느 쪽도 데이터 프레임을 송신할 때에 ACK의 요구를 설정할 수 있다. ACK가 요구된 데이터 프레임을 송신할 때에는 재시도 타이머를 기동시킨다. 재시도 타이머가 타임아웃될 때까지 ACK를 올바르게 수신하지 않은 경우 재송신이 수행된다. ACK를 올바르게 수신할 수 없는 원인은 그림 6-6과 같이 2가지 경우가 있다.

- 데이터 프레임의 송신에 실패했다.
- 데이터 프레임의 송신에는 성공했지만 ACK 프레임의 답신에는 실패했다.

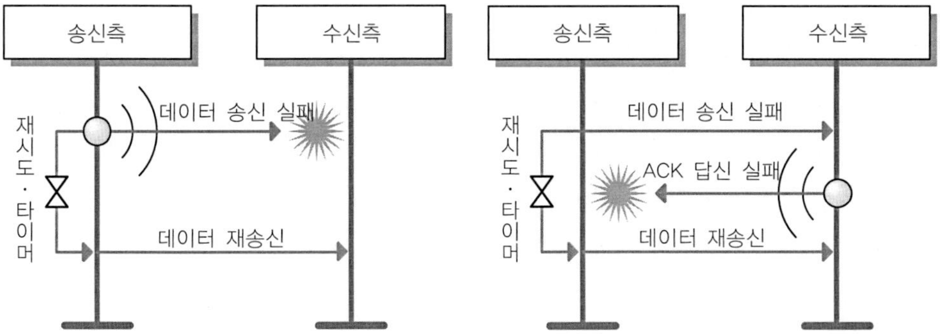

(a) 데이터 송신 실패로 인한 재시도 (b) ACK 답신 실패로 인한 재시도

그림 6-6 재시도 송신

ACK 미도착에 의한 재시도 회수는 MAC층 ACK와 APS층 ACK 모두 3회이다. 그래서 재송신을 연속하여 3회 실패하면 상위층에 송신 에러를 보고한다. 또한 MAC층 ACK 프레임은 CSMA 캐리어 센스 없이 강제적으로 송신이 수행되기 때문에 연속적으로 간섭 전파를 만나는 경우에는 송신시간 간격이 수밀리초로 짧은 MAC층에서 재시도를 3회 수행하여도 연속 실패할 가능성이 높아진다. 한편 APS층의 재시도 기간에는 스택 처리가 끼워지기 때문에 시간 간격이 수십밀리초로 길어져서 연속적인 간섭전파로부터의 영향을 피하고 재시도 송신이 성공할 확률이 높아진다.

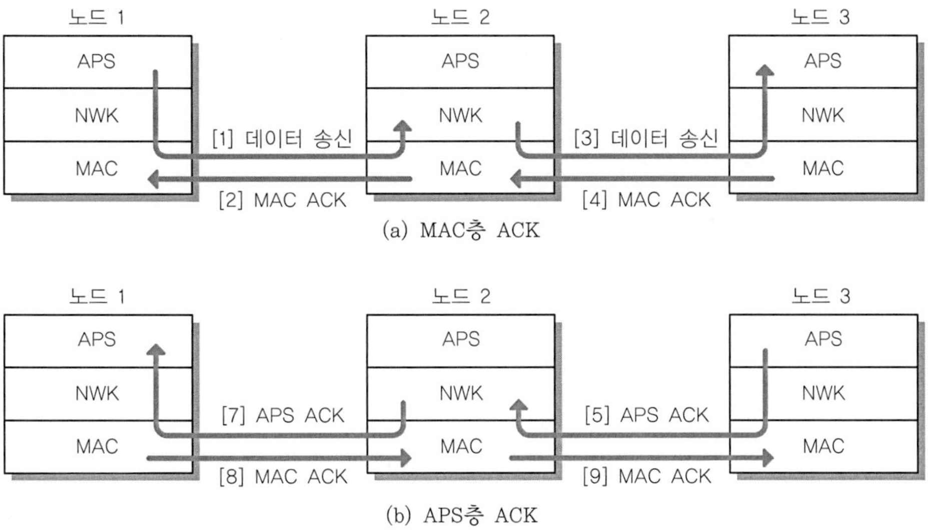

그림 6-7 MAC층과 APS층의 ACK

실제로는 APS층의 ACK와 MAC층의 ACK는 병용할 수 있다. 그림 6-7(a)에 APS층 ACK를 요구하는 노드 1로부터 노드 3으로의 데이터 송신 프로세스를 나타낸다. 직접송신이 불가능하기 때문에 노드 2의 네트워크층에 의해 릴레이된다. 데이터 송신 프레임에 대해서 MAC층의 ACK가 답신 된다. 그림 6-7(b)에는 APS층의 ACK 프레임 전송 프로세스를 나타낸다. APS층의 ACK 프레임 [5]와 [7]은 MAC층에서 데이터 프레임으로 인식하기 때문에 그 MAC층 [6]과 [8]을 발생시킬 수가 있다.

TIP

MAC층의 ACK와 APS층의 ACK는 병용이 가능하지만 확인 가능한 범위와 활동이 상당히 다르다. MAC층의 ACK는 실시간성을 보증할 수 있지만 1홉의 데이터 전송만 확인할 수 있다. APS층의 ACK는 멀티 홉에서 전 경로의 데이터 전송을 확인할 수 있지만 실시간성은 보증되지 않는다.

6-4 ZigBee의 보안기능

2005년 11월 현재 ZigBee의 보안기능 사양서는 아직 완성되어 있지 않지만 본 절에서는 ZigBee 연합에 의해 공개된 ZigBee 보안기능 개요 [13]에 관하여 소개한다. IEEE 802.15.4의 MAC층에서는 4-4절 ③에서 설명한 것과 같은 AES 암호화 기능이 제공되고 있지만 ZigBee의 네트워크층 및 어플리케이션 지원 부층에서는 EEE 802.15.4 MAC층의 보안 기본기능을 이용하고 암호 키의 설치관리 및 사용방법에 관하여 규격화되어 있다.

ZigBee의 보안사양은 다음의 기능을 제공한다.

- 신선도(Freshness) : 리플레이 메시지의 공격으로부터 지키는 것을 나타낸다.
- 완전성(Integrity) : 정보가 전송 도중에 변경되지 않는 것을 보증함을 의미한다.
- 인증(Authentication) : 위장하여 부정한 해커의 침입을 방어하기 위해 메시지 발신자의 정당성을 보증함을 나타낸다. ZigBee의 보안기능은 네트워크 레벨 인증과 디바이스 레벨 인증을 제공한다. 네트워크 레벨 인증은 필요 메모리 용량이 적은 장점이 있으나 네트워크 내부로부터의 공격을 방어할 수 없다. 디바이스 레벨의 인증은 네트워크 내부로부터의 공격을 방어할 수 있지만 필요 메모리 용량이 커진다.
- 암호화(Encryption) : 128비트 AES 암호화 방식이 채용되고 있다. 네트워크 키 또는 디바이스 키를 이용하여 각각의 네트워크 레벨 또는 디바이스 레벨에서의 메시지 암호화를 실현할 수 있다. 메시지 암호화 하지 않은 채로 신선도와 완전성 및 인증만을 장착할 수 있다.

ZigBee 보안에 필요한 정보는 각각 MAC층과 네트워크층 및 APS층의 프레임에 추가되어 있다.

ZigBee의 보안기능이 실장되어 있는 네트워크에는 1개의 신용센터(Trust Center)가 필요하다. 통상 신용센터는 코디네이터가 겸임한다. 신용센터는 네트워크에 신규 참가하는 노드의 인증 및 암호 키의 발행과 갱신 관리를 수행한다.

ZigBee의 보안기능에는 다음 3종류의 암호 키가 있다.

- 마스터 키(Master Key) : 장기간 이용 가능한 키. 마스터키는 일반적으로 공장 출하 시에 설정되지만 운용 후에 도청 불가능한 유선 케이블을 이용하여 설정을 변경할 수 있다.
- 네트워크 키(Network Key) : 네트워크 범위에서 공통적인 키. 네트워크 키는 일반적으로 신용센터에 의해 할당되지만 옵션으로서 공장 출하 시에 설정될 수도 있다. 주기적으로 갱신할 수 있다.
- 링크 키(Link Key) : 특정한 2개의 디바이스 간의 키. 링크 키는 일반적으로 신용센터로부터 할당되지만 옵션으로서 공장 출하 시에 설정할 수도 있다. 링크 키도 주기적으로 갱신할 수 있다.

또한 ZigBee 보안의 신용센터에는 표 6-5와 같이 주택용 모드(Residental Mode)와 업무용 모드(Commercial Mode)가 있다.

표 6-5 보안 신용센터의 모드

신용센터 모드	주택용 모드	업무용 모드
네트워크 키	있음	있음(주기적 갱신)
링크 키	없음	있음(주기적 갱신)
보안	적당	높음
실장 가격	싸다	비싸다
전문 스탭 관리	불필요	필요

6-5 APS층의 서비스

본 절에서는 ZigBee의 APS층에서 제공되는 데이터 서비스와 관리 서비스에 관하여 설명한다. ZigBee APS층의 데이터 서비스는 ZigBee 네트워크에 접속하고 있는 노드 상의 어플리케이션 오브젝트 간에 데이터 전송기능을 제공한다. ZigBee APS층의 관리 서비스는 주로 간접주소 지정 모드를 위한 바인딩 기능을 제공한다.

1 APS층 데이터 서비스

ZigBee APS층의 데이터 서비스에는 표 6-6과 같은 프리미티브가 있다.

표 6-6 APS층 데이터 서비스의 개요

프리미티브	요구	확인	통지	응답	설명
APSDE-DATA	○	○	○		데이터 통신

○ = 실장요구

데이터통신 : APSDE-DATA

ZigBee APS층의 데이터통신 서비스 APSDE-DATA는 네트워크층의 데이터통신 서비스와 동일하게 요구, 확인, 통지 등의 프리미티브만 장착되지만 이용 가능한 파라미터가 서로 다르다. 표 6-7은 APSDE-DATA.request의 파라미터를 나타낸다. 표 5-11(p.153)에 나타낸 NLDE-DATA.request의 파라미터와 비교하면 엔드 포인트, 프로파일, 클러스터 등의 정보가 추가된 것을 알 수 있다.

파라미터의 주소모드는 주소 없음(0x00), 네트워크 주소(ox01) 혹은 IEEE 확장주소(ox02)로 설정될 수 있지만, 주소 없음이 설정되는 경우는 파라미터의 목적주소와 목적 엔드 포인트가 무시되고 사전에 결합된 바인딩에 의해 간접주소 지정으로 송신을 수행한다.

표 6-7 APSDE-DATA.request의 파라미터

파라미터	타입	값	설명
DstAddrmode	정수	0x00~0x02	어드레스 모드
DstAddress	정수	0x0000~0xFFFF	목적노드의 주소
DsEndpoint	정수	0x00~0xFF	목적 엔드 포인트
Profiled	정수	0x00~0xFF	브로드캐스트용 ID
ClusterId	정수	0x00~0xFF	간접주소 지정 송신용 클러스터 ID
SrcEndpoint	정수	0x00~0xFF	송신원 엔드 포인트
asduLength	정수		ASDU 페이로드의 길이
asdu	바이트 배열		ASDU 페이로드
TxOptions	비트 열	0000 0XXX	보안, ACK 송신 옵션
DiscoverRoute	부울	TRUE/FALSE	라우트 발견 요구 플래그
RadiusCounter	정수	0x00~0xFF	브로드캐스트 반경 카운트

2 APS층 관리 서비스

ZigBee의 APS층에서는 표 6-8과 같은 관리 서비스가 제공된다. APS층의 관리 서비스에 대한 상세 내용은 [ZigBee 어플리케이션 지원 부층 사양서] [6]을 참조하기 바란다.

표 6-8 APS층 관리 서비스의 개요

프리미티브	요구	확인	통지	응답	설명
APSME-BIND	△	△			바인딩 확립(6-2절 참조)
APSME-UNBIND	△	△			바인딩 해소
APSME-GET	○	○			APS층 정보베이스로부터 독취
APSME-SET	○	○			APS층 정보베이스에 삽입

바인딩 확립 : APSME-BIND

바인딩의 확립을 요구한다. 상세한 것은 6-2절을 참조하기 바란다.

바인딩 해소 : APSME-UNIND

바인딩의 해소를 요구한다. 6-2절을 참조하기 바란다.

정보베이스 관리 : APSME-GET와 APSME-SET

APS층 정보베이스에는 다음과 같은 APS층 속성 등이 보관되어 있다.

- Address Map : 2바이트 네트워크 주소와 64비트의 IEEE 확장주소와의 대응관계

이러한 속성의 독취 및 기록에는 APS층 정보베이스 관리 서비스의 APSME-GET와 APSME-SET를 이용한다.

6-6 APS층 프레임 구조

ZigBee APS층의 프레임은 APDU(Application support sub-layer Protocol Data Unit) 라고 부른다. APDU는 5-8절에서 설명한 네트워크층 데이터 프레임의 데이터 페이로드 NSDU의 위에 탑재 된다. 그림 6-8에 ZigBee APS층의 프레임 구조를 나타낸다.

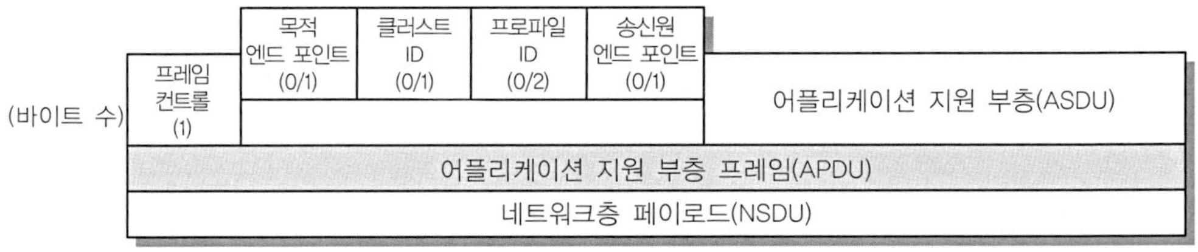

그림 6-8 APS층 프레임

ZigBee의 APS층 프레임은 다음과 같은 필드로 구성된다.

- 프레임 제어 : 1바이트의 프레임 제어에는 표 6-9와 같이 프레임 전체를 제어하는 정보가 포함되어 있다.
- 주소 : 0-5바이트의 주소 필드에는 목적 엔드 포인트, 클러스터 ID, 프로파일 ID 송신원 엔드 포인트 등을 보관한다.
  - 목적 엔드포인트는 통상의 유니캐스트 송신 때만 필요하다.
  - 클러스터 ID는 데이터 프레임과 ACK 프레임에는 필요하지만 커맨드 프레임에는 필요없다.
  - 프로파일 ID는 브로드캐스트 메시지를 수신하기 바라는 어플리케이션 오브젝트의 프로파일 ID를 지정한다.
  - 송신원 엔드포인트는 데이터 프레임에는 필요하지만 커맨드 프레임에는 필요 없다.
  - 데이터 페이로드 : 각각의 프레임 타입의 데이터 페이로드이다.

표 6-9 APS층 필드 제어

비트	필드	설명
0~1	프레임 타입	데이터, 커맨드 혹은 ACK의 프레임 타입
2~3	주소 모드	통상의 유니캐스트, 간접주소 지정송신 혹은 브로드캐스트
4	송신원 엔드 포인트	주소 필드에 송신원 엔드 포인트의 유무
5	보안	보안의 유무
6	ACK 요구	APS층 ACK 요구의 유무

TIP

APS층 프레임은 네트워크층의 데이터 프레임 상에서 엔드포인트와 프로파일 및 클러스터 등 어플리케이션 오브젝트 정보가 추가되어 구성된다.

데이터 프레임

ZigBee의 APS층 데이터 프레임 구조를 그림 6-9에 나타낸다. APS층의 데이터 페이로드는 ASDU(Application support sub-layer Service Data Unit)라고 불린다. 데이터 페이로드는 APS층에서 전송된 데이터이며 그 상위층인 어플리케이션층의 AF 프레임이 된다. 어플리케이션층의 AF 프레임의 구조에 대해서는 7-3절에서 자세히 설명한다.

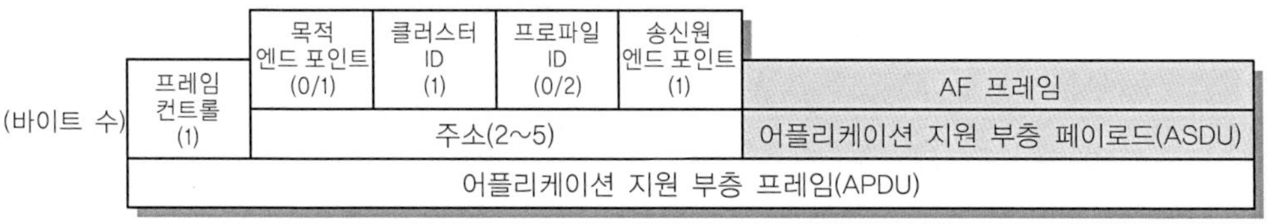

그림 6-9 APS층의 데이터 프레임

커맨드 프레임

APS층 커맨드 프레임 구조를 그림 6-10에 나타낸다. ZigBee1.0 사양에서는 APS층 커맨드를 사용하지 않는다.

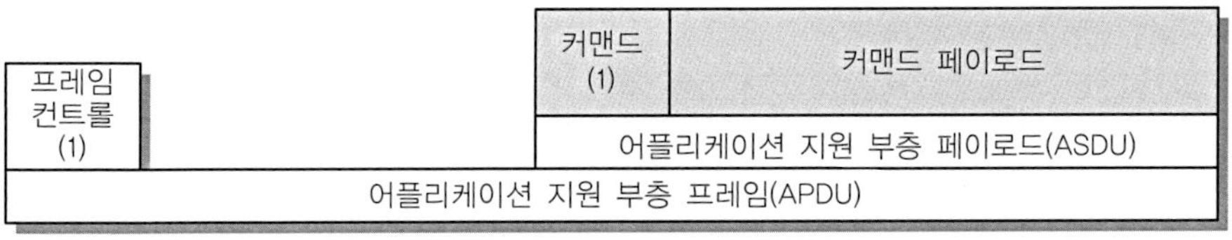

그림 6-10 커맨드 프레임

ACK 프레임

APS층 ACK 프레임 구조를 그림 6-11에 나타낸다. ACK 프레임은 데이터 페이로드가 없다.

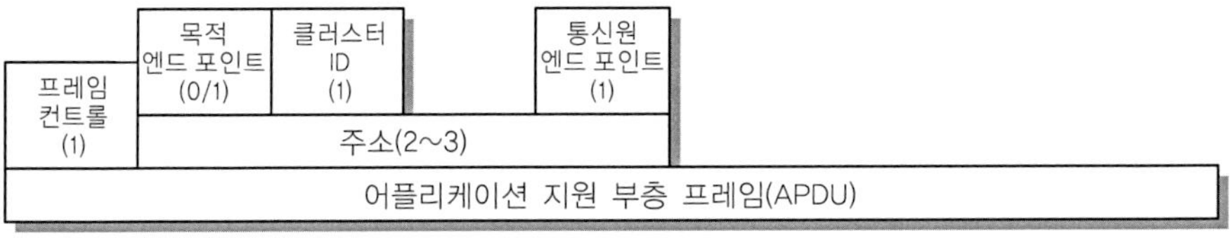

그림 6-11 ACK 프레임

TIP

APS층의 ACK 프레임에는 MAC층의 ACK 프레임과 동일하게 데이터 페이로드가 없다. 이 때문에 사용자의 처리 프로시저가 아무 일을 하지 않고서도 ZigBee 스택에 의해 자동적으로 생성될 수 있다.

본 장에서는 ZigBee 어플리케이션 지원 부층을 기초로한 ZigBee 어플리케이션 층에 대해 설명한다. ZigBee 어플리케이션 층은 [ZigBee 어플리케이션 프레임 워크 사양서][7]에 따라 다음과 같은 기본기능을 지원한다.

- 표준데이터 타입
- 클러스터를 특정 하는 데이터 송수신 트랜잭션
- 디바이스 능력을 정의하는 디스크립터

또한 ZigBee 어플리케이션층에서는 네트워크 관리기능의 ZigBee 디바이스 오브젝트 ZDO(Zigbee Device Object)[8] [9]도 지원한다.

본 장 7-1절에서는 ZigBee 어플리케이션 층의 개요, 즉 ZigBee의 아키텍쳐에 대해 정리한다. 7-2절에서는 ZigBee 어플리케이션 프레임 워크가 지원하는 표준 데이터 타입을 설명한다. 7-3절과 7-4절에서는 ZigBee 어플리케이션 프레임 워크의 프레임 구조, 즉 ZigBee와 IEEE 802.15.4의 프레임 구조에 관하여 정리한다. 7-5절에서는 ZigBee 네트워크의 노드 기능을 정의하는 디스크립터를 설명한다. 7-6절에서는 어플리케이션 개발에 매우 중요한 ZigBee 디바이스 오브젝트에 대해 설명한다. 마지막 7-7절에서는 본 책에서 소개한 ZigBee 사양의 실용 예로 홈 조명 어플리케이션을 통해 독자 여러분들에게 ZigBee 네트워크의 전체 형상을 이해시키고자 한다.

Chapter 07

ZigBee 어플리케이션층

7-1 ZigBee 아키텍쳐

지금까지 ZigBee 어플리케이션 지원 부층까지의 해설을 해 왔는데 이것으로 ZigBee 무선네트워크에 접속하는 어플리케이션 오브젝트간의 메시지통신에 관한 기본적인 사항을 해설해 온 것이다. 사용자 어플리케이션 개발은 기본적으로 사용자의 책임이지만 ZigBee에서의 사용자 어플리케이션 개발환경으로서 ZigBee 어플리케이션 프레임 워크 (Application Framework)[7]가 제공되고 있다.

PC를 관리하는 OS로서 Windows라고 하는 소프트웨어가 특수한 프로그램으로서 존재하는 것과 마찬가지로, ZigBee 어플리케이션층에서는 네트워크를 관리하는 프로그램이 각 노드마다 어플리케이션 오브젝트로서 실장되어 있다. 장착되어 있는 특수한 프로그램을 ZigBee 디바이스 오브젝트(ZDO : Zigbee Device Object)라고 한다. PC의 Windows로 예를 들면 ZigBee의 ZDO 인터페이스는 Microsoft사의 Win32 API(Application Programming Interface)와 같은 존재로 어플리케이션 프로그램에 표준적으로 제공되고 있는 시스템 기능의 인터페이스이다. 실제 ZDO 기능의 실장은 일부분 네트워크층의 기능과 어플리케이션 지원 부층의 기능을 맵핑하여 정리한 형태로 사용자 어플리케이션에 제공되고 있다.

TIP

ZDO의 역할은 Windows 프로그래머에게 Win32 API와 같이 시스템 기능을 이용하기 위한 인터페이스이다. 또한 ZDO의 위치는 사용자의 어플리케이션 오브젝트와 동일하지만 1개의 특수한 어플리케이션 오브젝트로서 어플리케이션층에 존재하고 있다.

ZigBee 사양에서 어플리케이션 프레임 워크와 ZigBee 디바이스 오브젝트는 제6장에서 설명한 APS층과 합쳐서 어플리케이션층(Application Layor)이라고 부르지만, 2-3절 ①에서 소개한 OSI 기본 참조모델의 어플리케이션층의 정의와는 다르게 사용자에 의해 완전하게 개발된 어플리케이션은 아니다. ZigBee 사양에서 제공되고 있는 APS층, 어플리케이션 프레임 워크, ZigBee 디바이스 오브젝트 등이 포함되어 있음에 유의하기 바란다.

또한 ZigBee의 네트워크층과 APS층에서는 옵션으로서 보안기능도 제공되고 있다.

지금까지 소개한 ZigBee 사양의 구조를 정리하면 그림 7-1과 같은 아키텍쳐가 된다.

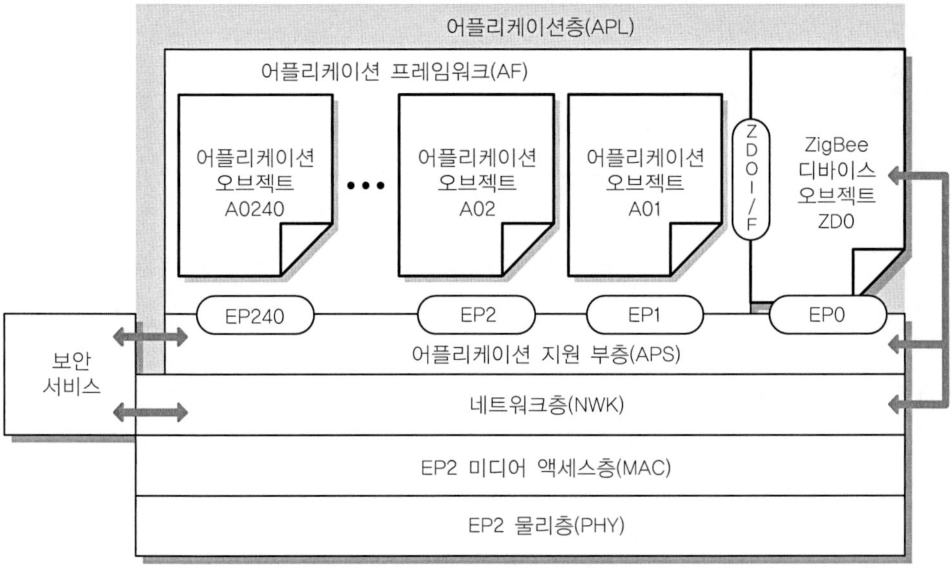

그림 7-1 ZigBee 아키텍처

7-2 표준데이터 타입

ZigBee의 어플리케이션 프레임 워크 사양 [7]에서는 표 7-1과 같이 표준데이터 타입을 정의하고 있다.

표 7-1 표준데이터 타입

타입 ID	타입	사이즈(바이트)	설명
0x0	데이터 없음	0	데이터가 없는 속성용
0x1	부호 없는 8비트 정수	1	0~255의 정수길이
0x2	부호 없는 8비트 정수	1	-128~127의 정수
0x3	부호 없는 16비트 정수	2	0~65535의 정수
0x4	부호 없는 16비트 정수	2	-32768~32767의 정수
0xB	단정도 소수	2	IEEE 754 부동소수점에 준하는 -65504~65504의 소수
0xC	절대시간	4	2000/1/1 00:00:00부터 초수, 32비트 정수
0xD	상대시간	4	상대시간을 나타내는 밀리 초수, 32비트 정수
0xE	문자열	가변	1바이트째 값은 문자열의 길이
0xF	바이너리 배열	가변	1바이트째 값은 바이너리 배열의 길이

IEEE 754 부동소수점에 준하는 소수는 정상적인 수치 이외에 다음 상태를 나타낼 수 있다.

- 수치 없음 : 예를 들면 디바이스 초기화 단계의 상태, 계측제어의 결손치에 해당한다.
- 무한대 : +∞ 또는 -∞
- 제로

문자열에 사용되고 있는 문자의 언어 코드는 ZigBee 사양에서는 특별히 지정되어 있지는 않지만 사용자는 어플리케이션의 컴플렉스 디스크립터에 정의된 ISO639-1 언어코드로 특정할 수 있다.

ZigBee 사양에서 제공되고 있는 표준데이터 타입 이외의 데이터가 필요한 경우는 바이너리 배열로 표현될 수 있다. 예를 들면 구조체 데이터 등이다.

7-3 AF 프레임 구조

사용자 어플리케이션이 네트워크에 전송하는 데이터는 어플리케이션 프레임워크 프레임에 보관된다. 지금부터는 어플리케이션 프레임워크 프레임을 AF 프레임이라고 약칭하여 부른다. AF 프레임은 6-6절에서 설명한 APS층 데이터프레임의 데이터 페이로드(ASDU)의 위에 탑재된다. 그림 7-2에 ZigBee의 AF 프레임 구조를 나타낸다.

(바이트 수)	트랜잭션 수 (4)	프레임 타입 (4)	트랜잭션 1	••••••	트랜잭션 n
	AF 프레임				
	어플리케이션 지원 부층 페이로드(ASDU)				

그림 7-2 AF 프레임 구조

ZigBee 어플리케이션 프레임워크에서는 네트워크를 경유하는 통신상대의 어플리케이션 오브젝트 속성의 독취, 속성의 설정 및 이벤트 통지 등과 같은 정보교환 프로세스를 트랜잭션(Transaction)이라고 한다. 트랜잭션마다 트랜잭션 시퀀스 번호를 발행한다. 1개의 트랜잭션은 1개의 속성 범위로 제한된다. 예를 들면 앞에서 서술한 조광 라이트의 2개 속성인 개폐상태와 밝기를 동시에 설정하는 경우 액션의 결과가 서로 다르기 때문에 2개의 독립된 트랜잭션을 발행하는 것이 필요하다. 예를 들면 개폐상태의 설정은 성공했지만 밝기의 설정은 실패할지도 모른다. ZigBee 어플리케이션 프레임워크에서는 동일한 클러스터의 복수 속성 조작을 동일한 AF 프레임으로 정리하며 상대에게 송신할 수 있다. 이러한 트랜잭션을 집합(Aggregate) 트랜잭션이라고 말한다.

ZigBee의 AF 프레임은 다음과 같은 필드로 구성된다.

- **트랜잭션 수** : 4비트 필드는 AF 프레임에 포함되어 있는 트랜잭션의 수를 나타낸다.
- **프레임 타입** : 4비트 필드는 AF 프레임의 타입을 나타낸다. 현시점에서 KVP 프레임(0x1), MSG 프레임(0x2) 등으로 두 가지 타입의 AF 프레임이 지원되고 있다.
- **트랜잭션** : 각각의 트랜잭션 데이터

TIP

AF 프레임은 APS층의 데이터 프레임 상에서 트랜잭션 등의 정보가 추가된다.

KVP 프레임 포맷

KVP(Key Value Pair)란 데이터의 키와 데이터의 값을 페어로 하는 기호화 방법으로 XML(eXtensible Market Language) 기술과 친화성이 높은 기술이다. KVP 프레임으로 정의된 트랜잭션은 사전에 약속이 없어도 데이터를 해독할 수 있는 장점이 있다. KVP 프레임의 구조를 그림 7-3에 나타낸다.

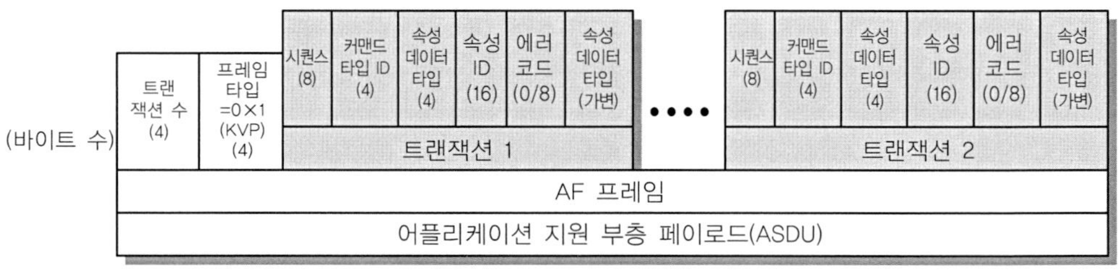

그림 7-3 KVP 프레임 포맷

KVP 프레임 포맷의 트랜잭션은 다음과 같은 필드로 구성된다.

- 시퀀스 : 트랜잭션을 식별할 수 있는 8비트 정수의 시퀀스 번호
- 커맨드타입 ID : 4비트 필드는 표 7-2와 같은 커맨드타입 ID로 트랜잭션의 커맨드 타입을 정의한다.
- 속성 데이터 타입 : 4비트 필드는 표 7-1(p. 188)과 같이 ZigBee의 표준 데이터타입 ID로 조작 대상의 속성 데이터 타입을 정의한다.
- 속성ID : 16비트 필드는 속성의 ID를 정의한다.
- 에러 코드 : 이 8비트 필드는 응답 타입의 프레임만이 존재한다. 트랜잭션의 실행 결과를 나타낸다. 예를 들면 성공, 부정한 엔드포인트, 지원하지 않는 속성, 부정한 커맨드 타입, 부정한 속성 데이터 등
- 속성 데이터 : 속성 데이터의 값

표 7-2 KVP 프레임의 커맨드 타입

커맨드 타입 ID	커맨드	설명
0x1	Set	통신상대 속성 설정요구
0x2	Event	통신상대에게 이벤트 통지
0x4	Get with acknowledgement	응답이 요구되는 속성의 독취
0x5	Set with acknowledgement	응답이 요구되는 속성의 설정
0x6	Event with acknowledgement	응답이 요구되는 이벤트 통지
0x8	Get response	속성 독취 요구에 대한 응답
0x9	Set response	속성 설정 요구에 대한 응답
0x10	Event response	이벤트 통지에 대한 응답

KVP 프레임의 예로서 그림 7-4(a)에 통신 상대의 속성을 독취하는 커맨드의 KVP 프레임의 구조를, 그림 7-4(b)에 그 응답의 KVP 프레임의 구조를 각각 나타낸다. 응답 프레임에는 실행결과로서 에러 코드와 독취의 데이터가 포함되어 있다.

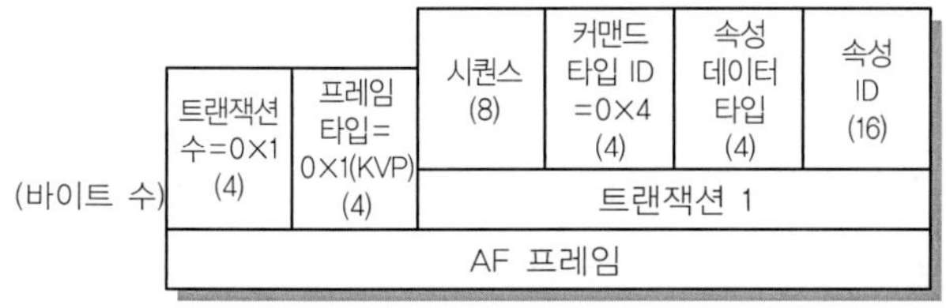

(a) 응답이 요구되는 속성의 독취 커맨드 KVP 프레임

(b) 속성 독취 요구에 대한 응답 커맨드의 KVP 프레임

그림 7-4 속성 독취 커맨드의 KVP 프레임

MSG 프레임 포맷

MSG(Message) 프레임 포맷의 트랜잭션 구조를 그림 7-5에 나타낸다.

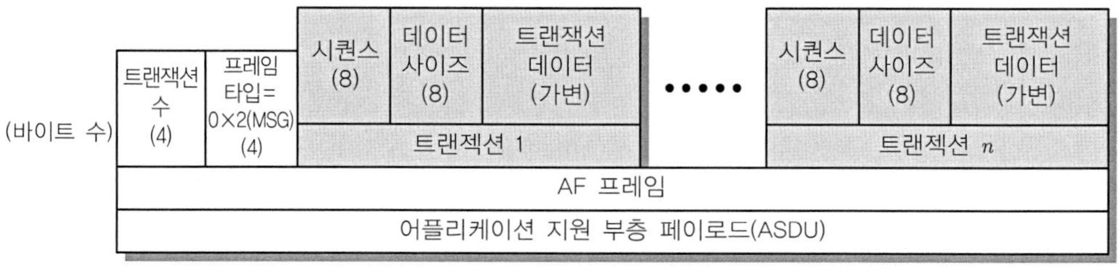

그림 7-5 MSG 프레임 포맷

MSG 프레임 포맷의 트랜잭션은 다음과 같은 필드로 구성된다.

- 시퀀스 : 트랜잭션을 식별할 수 있는 8비트 정수의 시퀀스 번호
- 데이터 사이즈 : 속성 데이터의 사이즈를 정의하는 8비트 정수
- 속성 데이터 : 속성 데이터의 값

ZigBee 사양에서는 MSG 프레임의 트랜잭션 데이터구조에 대해 특별히 규정되어 있지 않기 때문에 송수신 쌍방은 사전에 약속이 없으면 데이터 해독이 불가능하다. 그러나 KVP 프레임과 비교하여 오버헤드가 적기 때문에 컴팩트한 프레임을 구성할 수 있다.

TIP

KVP 프레임은 XML 기술과 친화성이 높고 자기 정의 타입의 포맷이지만 오버헤드가 크다. MSG 프레임은 종래 자주 이용되고 있는 포맷으로서 오버헤드는 작지만 송수신 쌍방에서 사전에 데이터구조를 정의해 놓을 필요가 있다.

7-4 ZigBee 프레임구조의 정리

ZigBee 프레임구조에 대해 앞 절 7-3까지의 설명으로 모두 완료되었지만 본 절에서는 각 장에 분산한 ZigBee 프레임구조의 설명을 정리해 둔다.

IEEE 802.15.4 ZigBee 각 층의 프레임 분류를 그림 7-6에 정리한다. 각 층 데이터프레임의 데이터 페이로드는 상위층의 프레임이 된다.

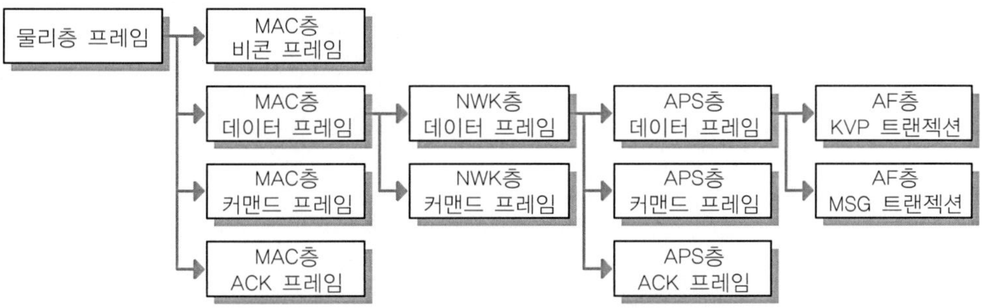

그림 7-6 IEEE 802.15.4 ZigBee 프레임의 분류

또한 사용자의 IEEE 802.15.4 ZigBee 어플리케이션 데이터에 사용되고 있는 프레임 페이로드의 구조를 그림 7-7에 정리하였다. 이 페이로드 구조에 따라 IEEE 802.15.4 ZigBee 각 층의 기능도 아래와 같이 분류된다.

- 물리층 : 프레임의 동기프레임 길이
- MAC층 : 1홉의 송수신 주소, 체크섬, 링크품질지수
- 네트워크층 : 라우팅 정보
- APS층 : 엔드포인트(프로파일), 클러스터
- 어플리케이션 프레임워크 : 트랜젝션=사용자 어플리케이션 데이터

이 구조로 계산하면 보안기능이 없는 ZigBee 사용자 어플리케이션의 데이터 프레임은 통상 20바이트의 오버헤드가 필요하다. 보안이 유효한 경우에 프레임 사이즈는 더욱 커진다.

일반적으로 사용자 어플리케이션 데이터 자체가 상당히 간단한 것이므로 데이터프레임의 전체 길이는 30바이트 전후가 된다. 그와 더불어 30바이트 전후의 ZigBee 프레임의 전송에 필요한 송신시간은 약 1밀리초이다.

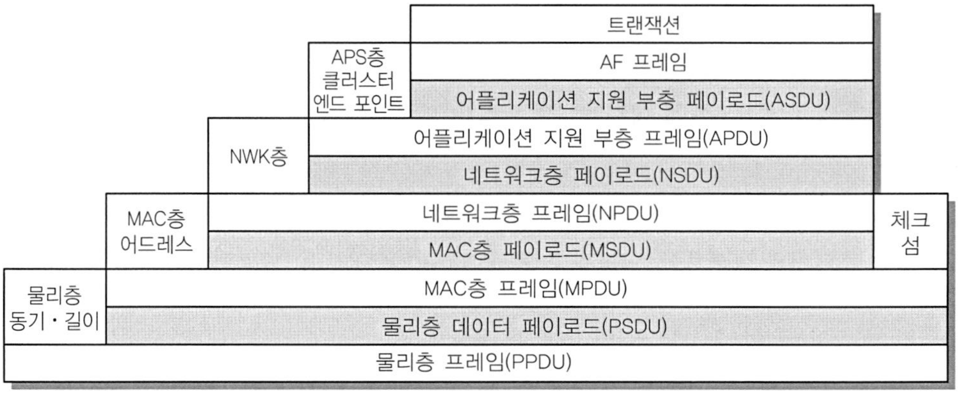

그림 7-7 ZigBee 프레임의 페이로드

TIP

IEEE 802.15.4 ZigBee 각 층의 데이터프레임에서 헤드는 각각 독자적인 정보가 보관되어 있으며 데이터 페이로드는 상위층의 프레임이 된다.

7-5 디스크립터

네트워크상에서 통신을 수행할 때는 통신상대의 특성을 모르면 안 된다. 예를 들면 상대는 어떤 타입의 통신노드인가 또는 어떤 어플리케이션 오브젝트가 동작되고 있는가라고 하는 특성이다. ZigBee 사양에서는 노드나 어플리케이션 오브젝트의 특성을 네트워크상의 상대에게 알려줄 때에 디스크립터(Descriptor)를 사용하고 있다. 디스크립터란 특성 데이터를 정의하는 구조체이다. ZigBee 사양에서는 표 7-3과 같이 5종류의 디스크립터를 지원하고 있지만, 이 절에서는 자주 이용되고 있는 필수 디스크립터에 대해서만 설명한다(컴플렉스 스크립터와 사용자 스크립터는 생략한다). 네트워크상의 노드에 대한 디스크립터 문의는 7-6절에서 설명하는 ZDO의 서비스 발견 API를 이용한다.

표 7-3 ZigBee 디스크립터의 종류

디스크립터 명	실장	정의 범위	설명
노드	○	노드	노드의 타입과 능력
노드 파워	○	노드	노드의 전원 파워 특성
심플	○	엔드 포인트	어플리케이션 오브젝트의 기본특성
콤플렉스	△	엔드 포인트	어플리케이션 오브젝트의 추가특성
사용자	△		사용자의 커스텀(custom) 정의

○= 필수 기능 △= 옵션 기능

노드 디스크립터

ZigBee의 노드 디스크립터(Node Descriptor)는 ZigBee 무선노드의 능력을 설명하는 구조체이다. 표 7-4는 노드 디스크립터의 데이터 필드를 나타내며, 아직 지원되고 있지 않는 필드는 생략되어 있다.

표 7-4 노드 디스크립터

필드	설명
논리 타입	노드의 논리 타입 : 코디네이터, 라우터, 엔드 디바이스
주파수대역	노드가 동작하는 주파수 대역 : 868MHz, 915MHz, 2.4GHz
MAC 능력	코디네이터 후보능력의 유무 노드의 물리 타입 : FFD, RFD 사용중의 전원 : 교류전원 어댑터, 전지 슬립 실장의 유무 보안 설정의 유무
제조자 코드	ZigBee 연합으로부터 할당된 16비트의 제조자 식별 코드
최대 데이터 페이로드	APS층의 데이터 페이로드(ASDU)의 최대 사이즈. 현재의 ZigBee 사양에서는 큰 데이터 페이로드를 자동적으로 분할하여 송신하는 방식을 아직 지원하고 있지 않다.

노드 파워 디스크립터

ZigBee의 노드 파워 디스크립터(Node Power Descriptor)는 표 7-5와 같이 ZigBee 무선통신 노드의 전원능력을 나타내는 구조체이다.

표 7-5 노드 파워 디스크립터

필드	설명
무전력 모드	슬립 무전력 모드 : 동기, 주기, 수동
이용 가능한 전원	이용 가능한 전원 : 교류전원 어댑터, 충전지, 1차 전지
사용중의 전원	사용중의 전원 : 교류전원 어댑터, 충전지, 1차 전지
잔류 전력	잔류 전력 : 임계, 33%, 66%, 100%

단순 디스크립터

ZigBee의 단순 디스크립터(Simple Descriptor)는 엔드포인트와 결합되어 있는 어플리케이션 오브젝트를 설명하는 구조체이다. 표 7-6은 단순 디스크립터의 데이터 필드를 나타낸다. 여기서도 아직 지원되고 있지 않는 필드에 대해서는 생략되어 있다.

표 7-6 단순 디스크립터

필드	설명
엔드 포인트	엔드 포인트 번호 : 1~240
프로파일 ID	이 엔드 포인트가 지원하는 프로파일 ID
디바이스 ID	ZigBee 연합으로부터 할당된 16비트 디바이스 식별 ID
디바이스 버전	4비트의 디바이스 버전
어플리케이션 플래그	옵션의 컴플렉스 디스크립터의 유무 옵션의 사용자 디스크립터의 유무
입력 클러스터 수	입력 클러스터의 개수
입력 클러스터	입력 클러스터의 배열
출력 클러스터 수	출력 클러스터의 개수
출력 클러스터	출력 클러스터의 배열

TIP

노드 디스크립터는 정의 범위가 1노드이기 때문에 1개의 노드에 1개의 노드 디스크립터밖에 없다.

단순 디스크립터는 정의 범위가 1엔드포인트이기 때문에 같은 노드라도 엔드포인트마다 각각의 단순 디스크립터가 정의된다. 단순 디스크립터는 엔드포인트와 그것이 지원하는 어플리케이션 오브젝트를 설명하는 중요한 정보이다.

7-6 ZigBee 디바이스 오브젝트

일반적으로 사용자 어플리케이션은 무선 소프트웨어 밴더로부터 제공된 ZigBee 스택을 이용하여 개발된다. 어플리케이션 프로그래머가 구조가 어려운 ZigBee 스택의 하위층 기능을 직접 다루는 것은 그다지 바람직하지 않다. 실시간성이 상당히 강한 스택 소프트웨어의 안정성에 영향을 줄 위험성이 있기 때문이다.

이 때문에 어플리케이션 개발에 필요한 기능을 추출하고 오브젝트의 형태로서 정리하여 어플리케이션 프로그래머에게 제공하는 것이 필요하다. ZigBee 사양에서는 ZigBee 디바이스 오브젝트(ZigBee Device Object)가 이러한 기능을 수행한다. 어플리케이션 프로그래머는 IEEE802.15.4 또는 ZigBee의 하위층을 건들지 않고 어플리케이션 프레임워크와 ZDO만을 이용하여 대부분의 어플리케이션을 개발할 수 있다. ZDO에는 표 7-7과 같이 5개의 오브젝트가 포함되어있다.

표 7-7 ZigBee 디바이스 오브젝트

오브젝트	실장	설명
디바이스와 서비스 발견	○	네트워크 상의 발견 : 디바이스 발견, 서비스 발견
네트워크 매니저	○	네트워크 관리 : 예를 들면 네트워크의 발견, 참가, 이탈 등
바인딩 매니저	○	바인딩 관리 : 바인딩의 결합 및 해소
노드 매니저	△	노드 상태관리 : 정보베이스 액세스 등
보안 매니저	△	보안 관리 : 키의 로드, 확립, 전송 및 인증

○ = 필수 기능 △ = 옵션 기능

디바이스와 서비스 발견

디바이스 발견이란 네트워크상 노드의 네트워크 주소로 그 IEEE 802.15.4 확장 주소를 조회한다든지 또는 역으로 IEEE 확장주소로 네트워크 주소를 조회하는 것이다. 서비스 발견이란 네트워크상에서 일정 조건을 만족시키는 서비스를 제공하는 노드를 탐색하는 것이다. 표 7-8과 같은 ZDO의 디바이스와 서비스 발견(Device and Service Discovery)은 다음과 같은 특성을 가지고 있다.

■ 디바이스와 서비스 발견기능은 리모트(다른) 노드에 관한 정보 조사만이 아니라 로컬(자기) 노드의 정보 액세스에도 사용된다.

■ 슬립상태에 들어가 있어서 발견요구에 응답이 불가능할 수도 있는 엔드디바이스의 노드는 주소 및 디스크립터 정보를 자신의 부모 노드에 업로드한다. 부모 노드는 그 정보를 이용하여 슬립 상태인 엔드디바이스의 자식 노드를 대행하여 발견에 대해 응답한다.

■ 모든 타입의 ZigBee 노드에서 디바이스와 서비스 발견 요구는 오브젝트 기능이지만 일부분의 응답은 필수적인 기능이 된다.

표 7-8 ZDO의 디바이스와 서비스 발견기능

기능	요구	응답	설명
네트워크 주소 발견	△	○	IEEE 확장 어드레스를 지정하여 브로드캐스트로 대응 노드의 네트워크 주소에 문의 옵션으로 대응 노드의 자식 노드 네트워크 주소도 취득 가능
IEEE 확장 주소 발견	△	○	네트워크 주소를 지정하여 대응 노드의 IEEE 확장 주소에 문의 옵션으로 대응 노드의 자식 노드 네트워크 주소도 취득 가능
노드 디스크립터	△	○	네트워크 주소를 지정하여 그 노드의 노드 디스크립터를 취득
파워 디스크립터	△	○	네트워크 주소를 지정하여 그 노드의 파워 디스크립터를 취득
심플 디스크립터	△	○	네트워크 주소와 엔드 포인트를 지정하여 그 엔드 포인트의 심플 디스크립터를 취득
유효 엔드 포인트	△	○	네트워크 주소를 지정하여 그 노드에 있는 모든 유효(동작중) 엔드 포인트를 취득
심플 디스크립터 조합	△	○	프로파일을 지정하여 브로드캐스트 혹은 유니캐스트로 그 프로파일을 실장한 노드의 네트워크 주소 및 엔드 포인트를 취득 옵션으로서 네트워크 주소 혹은 클러스터에도 지정 가능
콤플렉스 디스크립터	△	△	네트워크 주소를 지정하여 그 노드의 컴플렉스 디스크립터를 취득
사용자 디스크립터	△	△	네트워크 주소를 지정하여 그 사용자 디스크립터를 취득
엔드 디바이스 통지	△	△	엔드 디바이스의 네트워크 참가 혹은 재참가에 관하여 코디네이터에게 통지

TIP

ZDO의 [디바이스와 서비스 발견] 은 네트워크상의 노드 정보를 파악하고 적절한 접속 목적지를 발견하기 위한 중요한 기능이다.

표 7-8 중에서 많은 특징이 있는 것이 아래부터 4번째의 단순 디스크립터 조합(Match Simple Descriptor)이다. 일반적으로 애드-혹 네트워크의 ZigBee 네트워크는 사전에 특별한 설정 작업이 불필요한 특징이 있다지만 사전에 설정된 정보가 없는 경우 어떻게 통신상대를 알 수 있을까.

예를 들면 앞에서 말한 조명 스위치와 라이트의 예를 생각해보면 스위치는 어떻게 자신이 제어 대상으로 하는 라이트의 주소와 엔드포인트를 알 수 있을까? 이 경우 단순 디스크립터 조합기능을 이용하면 제어하려고 하는 라이트의 프로파일을 네트워크에 브로드캐스트하여 라이트 어플리케이션이 실장되는 노드로부터 네트워크 주소와 엔드포인트의 정보를 얻을 수가 있는 것이다. [여성 모집]을 예로 들면 [부드러운 마음씨에 건강하고 용모는 불문]과 같은 희망조건이 포함된 모집정보를 공개함으로써 조건에 맞는 상대로부터 연락을 받는 것과 유사하다.

네트워크 매니저

표 7-9는 ZDO의 네트워크 매니저(Network Manager) 내용을 나타낸다. 네트워크 매니저 기능은 기본적으로 5-7절 ②의 [네트워크층 관리서비스]를 맵핑한 내용이기 때문에 여기서는 해설을 생략한다.

표 7-9 ZDO의 네트워크 매니저

기능	요구	확인	설명
NLME-Get	○	○	네트워크층 정보베이스에 삽입
NLME-Set	○	○	네트워크층 정보베이스로부터 독취
NLME-NETWORKDISCOVERY	○	○	네트워크 발견
NLME-NETWORKFORMATION	△	△	네트워크 기동
NLME-JOIN	△	△	네트워크에 참가
NLME-LEAVE	△	△	네트워크로부터 이탈
NLME-RESET	△	△	네트워크층 리셋
NLME-SYNC	△	△	비콘으로 동기

○ = 필수 기능 △ = 옵션 기능

바인딩 매니저

ZDO의 바인딩 매니저(Binding Manager) 기능을 표 7-10에 나타낸다.

표 7-10 ZDO의 바인딩 매니저

기능	요구	응답	설명
엔드 디바이스 바인드	△	○	프로파일과 클러스터를 지정하여 엔드 디바이스 간의 바인딩 조합을 코디네이터에 요구
바인드	△	○	클러스터 ID와 목적주소 및 엔드 포인트를 지정하여 바인딩의 확립을 코디네이터 혹은 송신원 라우터에 요구
바인드 해소	△	○	바인드 해소를 코디네이터 혹은 송신원 라우터에 요구

○ = 필수 기능, 적어도[NOT SUPPORTED] 응답의 실장이 필요 △ = 옵션 기능

[바인드]와 [바인드의 해소]는 기본적으로 6-5절 ② [APS층 관리서비스]의 APSME-UNBIND와 APSME-BIND 프리미티브를 맵핑한 API이기 때문에 특별히 설명할 필요는 없다고 생각한다. 엔드디바이스 바인드는 매우 실용적이기 때문에 여기서 설명을 조금 해 둔다. 앞에서 말한 조명 스위치와 라이트 예의 경우에서 현장의 설정 작업을 생각해 보자. 예를 들면 1개의 커다란 홀에서 ZigBee 무선조명 시스템을 채용했다고 하자. 다수의 조명 스위치와 다수의 라이트가 설치됨을 생각할 수 있다. 현장에서는 어떻게 하여 어느 스위치가 제어하려 하는 라이트와의 통신관계를 설정하는 것일까. 엔드디바이스 바인드가 실장되어 있으면 다음과 같은 순서로 이 설정작업은 간단하게 이루어진다.

[1] 설정하고자 하는 스위치 디바이스에 있는 [설정] 버튼을 누르면 코디네이터에게 엔드 디바이스 바인드를 요구한다.

[2] 그 후에 제어하려고 하는 라이트 디바이스의 [설정] 버튼을 누르면 동일한 방법으로 엔드디바이스 바인드를 요구한다.

[3] 코디네이터는 일정한 시간(예를 들면 10분간) 내에 쌍방의 엔드디바이스 바인드를 받으면 요구되는 프로파일과 클러스터의 조합을 각각 수행하고 조합 결과를 쌍방에 통지한다.

[4] 성공한 조합결과를 받은 경우는 다시 바인딩의 확립을 코디네이터에게 요구한다.

[5] 바인딩이 성공하면 스위치와 라이트의 제어 설정이 완료되고 통상의 동작을 수행하는 것이 가능하게 된다.

결혼소개소를 예로 들면 엔드디바이스 바인드란 결혼하고자 하는 쌍방(바인드 관계를 결합하고자 하는 쌍방)이 일정한 기간 내에 결혼소개소(코디네이터)에 등록(엔드디바이스 바인드 요구)하는 경우, 조건(프로파일과 클러스터의 조합)이 맞으면 결혼(바인딩)이 성립된다.

TIP

엔드디바이스 바인드는 현장에서 PC 및 특수한 설정 도구를 조작하지 않아도 네트워크의 접속관계를 설정할 수 있는 기능이다. 전문지식을 가진 계측 엔지니어가 없는 것을 전제로 한 주택과 같은 사용 장소에서는 이러한 기능이 매우 유용하다.

노드 매니저

표 7-11는 ZDO의 노드 매니저(Node Manager)의 기능을 나타낸다. 기본적으로 5-7절 ② [네트워크층 관리서비스]를 맵핑한 내용으로 되어 있다. 인접 테이블, 라우팅 테이블 및 바인딩 테이블 등 네트워크 관리정보를 리모트에서 문의할 수 있는 기능이라는 것을 알 수 있다.

표 7-11 ZDO의 노드 매니저

기능	요구	응답	설명
네트워크 발견	△	○	채널 리스트를 지정하여 리모트 노드에게 채널 스캔을 실행시키는 요구
링크 품질지수 관리	△	○	리모트 노드로부터 인접 테이블의 링크 품질지수의 독취 요구
라우트 관리	△	○	리모트 노드로부터 라우팅 테이블의 라우트 정보 독취 요구
바인드 관리	△	○	리모트 노드로부터 바인딩 테이블의 바인드 정보 독취 요구
이탈	△	○	네트워크로부터 이탈 요구
직접 참가	△	○	네트워크에 직접 참가

○= 필수 기능, 적어도[NOT SUPPORTED] 응답의 실장이 필요 △= 옵션 기능

보안 매니저

ZDO의 보안 매니저(Security Manager) 기능을 표 7-12에 나타낸다. 보안 매니저는 모든 타입의 디바이스에서 옵션기능이지만 일단 지원한다면 요구와 응답 모두를 실장하지 않으면 안 된다.

표 7-12 ZDO의 보안 매니저

기능	요구	응답	설명
키 확립	○	○	신뢰관계를 맺은 두 노드 사이에서 비밀 키 발생 및 공유의 프로세스
키 전달	○	○	암호화 혹은 공개 수단으로 노드 간에 키를 전송한다.
인증	○	○	두 노드 사이에서 공유 링크 키의 유효성을 상호적으로 체크한다.
디바이스 갱신	○		부모 노드로부터 자식 노드의 네트워크 참가 혹은 이탈 등의 상태변경을 신용센터에 통지한다.
디바이스 삭제	○		신용센터로부터 자식 노드의 삭제를 그 부모 노드에게 요구한다.
키 요구	○		키의 발행을 신용센터에게 요구한다.

○ = 필수 기능

7-7 홈 조명의 적용 예

본 절에서는 ZigBee 무선센서 네트워크의 적용 예로서 표준조명 프로파일을 채용한 무선 조명 스위치와 라이트의 어플리케이션 적용 예를 소개한다.

홈 조명 프로파일

ZigBee 연합은 이미 홈 조명관계의 프로파일을 완성하였다. 그 중에는 조명 스위치를 정의하는 [스위치 리모트 컨트롤(SRC:Switch Remote Control) 디바이스 프로파일] [10]과 라이트를 정의하는 [스위치 로드 컨트롤러(SLC:Switch Load Controller) 디바이스 프로파일] [11]이 있다.

이 2개의 프로파일을 그림 7-8과 같이 스위치노드와 라이트노드에 각각 실장하여 ZigBee 무선조명 네트워크를 구성할 수 있다. 스위치의 SRC 프로파일에 필수적인 속성은 출력인 라이트의 개폐제어 SRCOnOff 뿐이다. 라이트의 SLC 프로파일에 필수적인 속성은 입력인 라이트 개폐상태 SLCOnOff 뿐이다. 이외에 옵션의 속성이 몇 개 있지만 여기서는 생략한다.

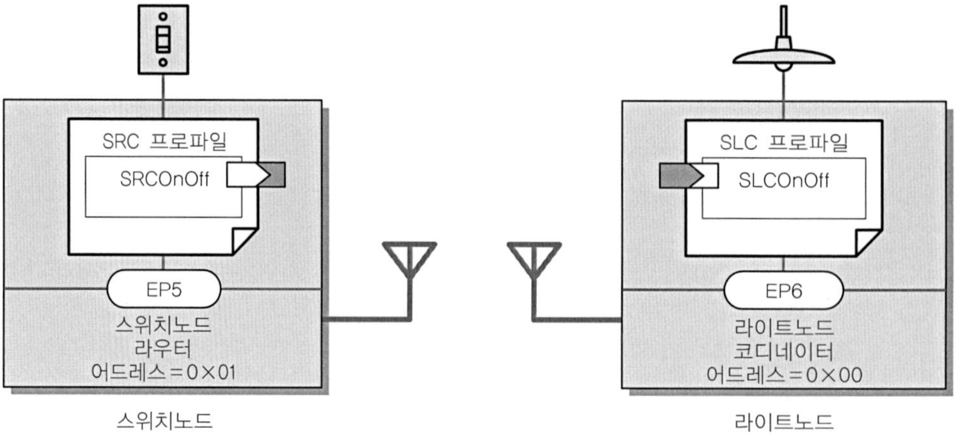

그림 7-8 SRC와 SLC프로파일

예를 들면 라이트노드의 논리 타입을 코디네이터에 설정하면 네트워크 주소는 "0x0000"가 된다. 또한 엔드포인트 6은 SLC 라이트의 어플리케이션 오브젝트에 주어진다. 한편 스위치노드의 논리타입을 라우터로 하면 코디네이터로부터 주어진 네트워크 주소는 "0x0001"이 된다. 그리고 포인트 5는 SRC 스위치의 어플리케이션 오브젝트에 주어진다.

홈 조명의 동작순서

이러한 홈 조명 무선센서 네트워크에서는 그림 7-9와 같이 아래 순서로 동작한다.

[1] 라이트노드는 전원을 켜면 코디네이터로서 자동적으로 네트워크를 기동시킨다.

[2] 스위치노드는 전원을 켜면 자동적으로 비콘 요구를 브로드캐스트하여 주변의 네트워크를 찾는다.

[3] 코디네이터(라이트노드)는 비콘 요구를 받으면 비콘을 발행한다.

[4] 스위치노드는 수신한 비콘으로 주변에 있는 라이트노드의 존재를 알기 때문에 네트워크 참가를 코디네이터(라이트노드)에 신청한다.

[5] 스위치노드의 네트워크 참가가 허락되면 스위치 디바이스로 LED을 점등시키는 등과 같이 어떤 수단으로 설정 대기 상태에 들어 있다는 것을 나타낸다.

[6] 설정 대기 상태의 스위치 디바이스에 있는 [설정] 버튼을 누르면 코디네이터(라이트노드)에 엔드디바이스 바인드를 요구한다.

[7] 일정 시간 안에 스위치 제어 대상인 라이트 디바이스의 [설정] 버튼을 누르면 코디네이터(자신)에 엔드디바이스 바인드를 요구한다.

[8] 쌍방의 프로파일과 클러스터의 조합을 수행하여 일치하면 스위치노드가 바인딩의 확립을 코디네이터에 요구한다.

[9] 그 후 스위치 디바이스는 결합된 바인딩으로 스위치의 개폐 상태를 라이트에 송신할 수 있고 라이트의 개폐를 제어 가능할 수 있게 된다.

바인딩의 설정 정보는 EEPROM에 보존할 수 있다. 전원이 꺼지고 나서 재기동한 경우 [설정] 버튼 조작이 없어도 EEPROM의 정보를 이용하여 직접 바인딩을 재확립할 수 있다.

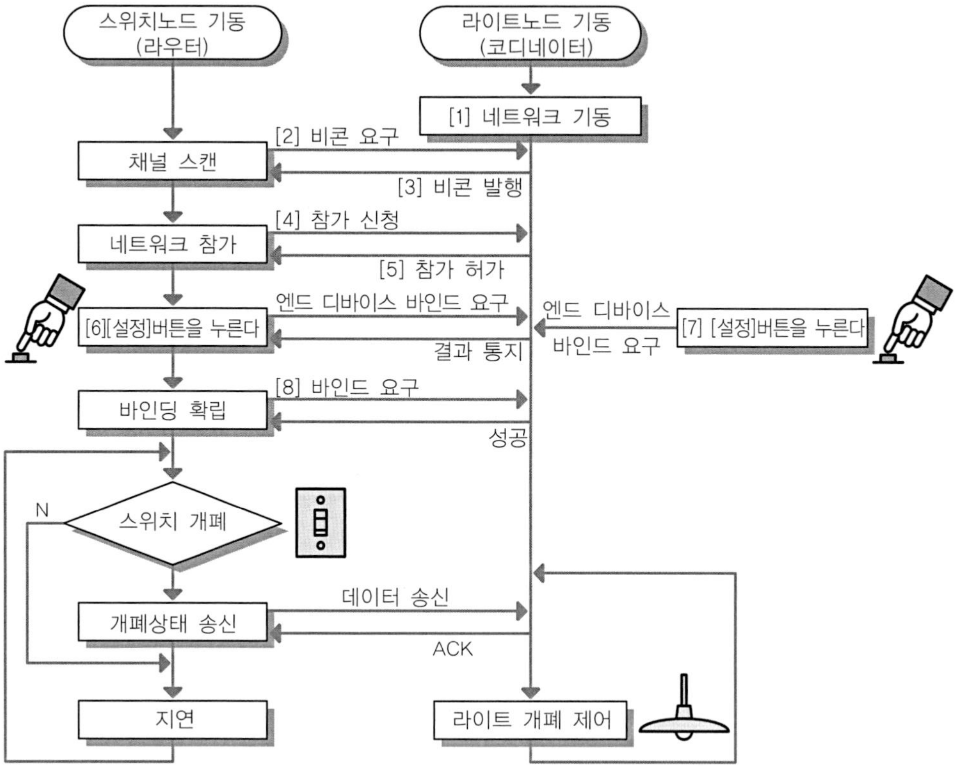

그림 7-9 홈 조명의 플로우 차트

지금까지 IEEE802.15.4와 ZigBee 사양의 개요를 모두 설명해 왔다. 이어서 어떻게 자신의 목적에 맞춰 무선센서 네트워크를 개발하는가를 설명한다.

무선센서 네트워크의 실장 계획을 세우기 전에 지금까지 설명해 온 이론상의 IEEE802.15 ZigBee 사양이 실제로 어떻게 실장되고 있는가를 이해할 필요가 있다. 또한 IEEE802.15.4 ZigBee에 준하는 제품 기술을 제공하는 벤더(회사)는 많기 때문에 자신의 개발 계획과 맞추어 적절한 프로세스를 결정하지 않으면 안 된다.

또한 현재 일본에서는 2.4GHZ 주파수대의 ZigBee밖에 이용될 수 없기 때문에 개발할 때 유의사항으로서 무선 LAN 등 동일한 2.4GHZ대에서 동작하는 고주파 디바이스 사이에 발생하는 간섭 문제를 염두에 두지 않으면 안 된다. 즉 같은 주파수대에서 동작하기 때문에 서로 간섭하는 것이 당연히 예상되므로 간섭 정도에 맞추어 IEEE802.15.4 ZigBee의 채용 가부를 결정할 필요가 있다.

본 책의 정리로서 본 장에서는 사양서에서 조금 벗어나서 ZigBee 제품개발 상의 실제 문제에 대해 검토한다. 처음 8-1절에서는 ZigBee에 한정되지 않은 무선센서 디바이스의 구성을 설명한다. 8-2절에서는 ZigBee 제품의 개발 프로세스에 관하여 소개한다. 마지막으로 8-3절에서는 ZigBee와 그 이외 2.4GHZ 주파수대에서 동작하는 무선 네트워크와의 공존에 대해 생각해 보고자 한다.

Chapter 08

ZigBee 제품 개발

8-1 무선센서 디바이스의 구성

최근 무선센서 디바이스의 하드웨어는 범용 IC 부품으로 이루어진 모듈 대신에 대부분이 고집적도의 전용 칩으로 구성되어 있다. 이러한 전용 칩은 거의 OEM(Original Equipment Manufacturer) 제품으로서 반도체 회사에서 제공되고 있다. 무선센서 디바이스의 하드웨어 구성은 주로 2칩 구성의 경우와 SOC(System on Chip)의 1칩 구성의 경우로 분류된다[17].

2칩 구성

그림 8-1(a)와 같이 2칩 구성의 경우는 주로 아날로그 회로를 메인으로 하는 RF칩과 디지털 회로를 메인으로 하는 범용 마이크로 프로세서로 구성된다. RF칩은 무선통신의 물리층 및 MAC층의 일부분을 담당하고 마이크로 프로세서는 MAC층과 그 상위층의 기능을 실현한다. 마이크로 프로세서는 통상 저비용의 8비트나 16비트의 마이크로 프로세서를 채용하고 수 킬로 바이트의 RAM과 16킬로바이트-128킬로바이트의 플래쉬 메모리를 가진다. 또한 A/D 변환이나 D/A 변환의 인터페이스와 UART(Universal Asynchronous Receiver Transmitter) 직렬 통신 인터페이스도 구비한다.

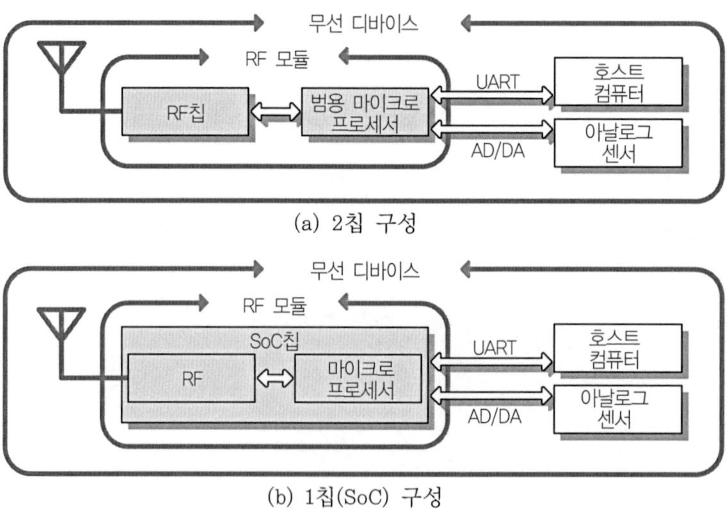

그림 8-1 무선센서 디바이스 구성

아날로그 입출력을 가진 아날로그 센서와 액츄에이터에는 직접 아날로그 신호를 입출력할 수 있고 UART 인터페이스의 직렬통신으로 상위 호스트 컴퓨터와 교신하는 것이 가능하다.

2칩 구성의 장점은 RF칩의 생산 프로세스가 비교적 용이하므로 제품화에 필요한 시간이 단축된다는 것이다. 또한 2칩 구성에서는 유연성이 높아진다. 예를 들면 좋아하는 제조사의 마이크로 프로세서와 조합시킬 수 있으며 필요한 내장 메모리 용량에 적절한 타입의 마이크로 프로세서도 선택이 가능하다. 그러나 기본적으로 OS없는 무선통신 스택은 하드웨어의 의존도가 상당히 높기 때문에 그 이식은 간단하지 않으며 특정 마이크로 프로세서에의 이식에는 상당한 개발 시일이 걸린다.

2칩 구성의 단점은 비용이 높다는 것이다. 특히 큰 용량(예를 들어 128킬로바이트)의 플래쉬 메모리를 탑재하는 마이크로 프로세서는 시판 가격이 RF칩 보다 높은 상황이다. 그리고 짧은 슈퍼 프레임의 비콘 동기가 필요시 되는 경우는 RF칩과 마이크로 프로세서의 사이에 밀리 초 이하 수준의 타이밍으로 동작하지 않으면 안 된다. RF칩과 마이크로 프로세서 간의 직렬통신 인터페이스에서는 통신 스케쥴 관리의 실장이 매우 어렵기 때문에 MAC층의 스택 개발이 무척 곤란해진다.

최근 계측제어기기와 가전 등의 디바이스에는 거의 계측제어용 마이크로 프로세서가 내장되어 있다. 예를 들면 휴대전화에서도 복수의 마이크로 프로세서가 내장된 기종이 다수 있다. 이러한 기기의 마이크로 프로세서를 이 책에서는 [호스트 컴퓨터]라고 칭한다. 예를 들면 무선센서 네트워크의 스택을 호스트 컴퓨터에 올려 [RF칩+호스트 컴퓨터]의 2칩 구성이 가능하다(그림 8-1(a) 한 가운데의 마이크로 프로세서를 취한 구성). 이 구성에서는 마이크로 프로세서가 확실히 1개 절약되지만 무선센서 네트워크의 스택은 실시간성이 매우 강하기 때문에 호스트 컴퓨터에서 실행하는 계측제어 프로그램이 영향 받을 가능성이 높고 간단하게 이식할 수가 없다. 따라서 많은 소프트웨어 개발비가 필요하다.

1칩 구성 SoC

최근에는 앞에서 말한 2칩을 더욱 일체화시킨 1칩의 SoC(System on Chip) 구성이 있다. 그러나 같은 CMOS 반도체 기술이라도 아날로그회로 중심의 RF 부분과 대부분 디지털 회로가 되는 마이크로 프로세서의 반도체 프로세스가 매우 다르므로 동일한 칩에서 공존은 간단하지 않다. 이 때문에 2칩을 1패키지로 탑재한 SiP(System in Package)의 구성도 연구 개발되고 있다.

그림 8-1(b)에 이러한 구성을 나타낸다. SoC/SiP 부품의 시장 투입에 따라 비용 절감이 상당히 기대되고 있다. 이에 따라서 RF칩+마이크로 프로세서의 비용은 5달러 이하가 될 것이다. 2~3년 후에는 가전제품에도 사용될 수 있는 비용 즉, 2달러 이하가 기대된다. 또한 RF 부분과 내장 마이크로 프로세서는 같은 칩으로 실장되기 때문에 RF 부분과 마이크로 프로세서 간의 고속 정보교환이 쉽게 이루어진다. 이것은 MAC층 스택 개발자에게 매우 큰 도움이 된다.

2005년 가을 시점에서는 몇 개의 RF반도체 제조사가 IEEE802.15.4에 준하는 SoC/SiP 부품을 시장에 투입하겠다고 발표하였다. 그러나 SoC/SiP 부품 생산 프로세스는 상당한 투자가 필요하기 때문에 그 범위는 한정적일 것이다. 이 때문에 마이크로 프로세서의 기종과 탑재 메모리의 용량 등 선택 가능한 범위는 매우 좁아 질 것으로 생각된다.

TIP

2칩 구성은 유연성이 높은 만큼 비용도 높다. SoC/SiP 부품은 저비용으로 제공되지만 구성의 선택에 제한이 있다.

RF 모듈과 무선센서 디바이스

RF칩과 마이크로 프로세서의 2칩이나 1칩과 IC화가 어려운 수정 진동자, 저항, 콘덴서 등의 외부 부품으로 구성되는 회로 1매를 인쇄 프린트 기판에 실장한 것을 RF 모듈이라고 한다.

디지털 인터페이스나 아날로그 인터페이스를 이용하여 RF 모듈을 센서나 컨트롤러 등의 계측 디바이스와 접속시키고 나아가 기계상자에 집어넣어 안테나를 접속하면 무선센서 디바이스가 완성된다.

8-2 개발 프로세스

이 절에서는 ZigBee 무선시스템의 개발 프로세스에 관하여 설명한다.

현재 ZigBee 제품에 관련된 벤더는 다음과 같은 4개의 업종이 있다.

- IEEE802.15.4에 준하는 RF칩을 생산하는 반도체 제조사
- ZigBee 사양에 준하는 마이크로 프로세서의 소프트웨어를 제공하는 스택 제작회사
- IEEE802.15.4 ZigBee에 준하는 모듈을 제공하는 RF 모듈 제조사
- 무선센서 디바이스를 제공하는 디바이스 제조사

lot 수와 비용 요구 및 개발 스케쥴에 따라 각 벤더는 다음과 같은 3개의 프로세스로 착수한다.

RF칩으로 개발

그림 8-2와 같이 RF칩으로의 개발은 큰 lot의 양산에 적용시킨 프로세스가 된다. 먼저 정보를 수집하고 RF칩 제조사의 선정으로부터 착수한다. 대개의 RF칩 제조사는 평가 키트나 개발 키트를 판매하고 있다. 평가 키트나 개발 키트를 구입하면 RF칩의 성능을 평가할 수가 있다.

평가 결과에 문제가 없는 경우는 하드웨어와 소프트웨어의 개발에 착수한다. 많은 경우 칩 제조사에서 RF 모듈의 프린트 기판 참조 디자인이 제공된다. RF칩을 포함하여 필요한 부품을 조달함으로써 RF 모듈의 시험 제작이 가능하다. 동시에 소프트웨어 개발을 생각하지 않으면 안 된다. RF칩 제조사로부터 IEEE802.15.4 MAC층 라이브러리와 더 나아가 ZigBee 스택까지 제공되는 경우도 있다. 그러나 시판되는 스택은 기본적으로 지정한 마이크로 프로세서에 의존하기 때문에 지정된 마이크로 프로세서 이외의 하드웨어 환경에서 동작하고자 하는 경우는 역시 별도로 개발하지 않으면 안 된다.

RF 모듈로 조립하면 무선센서 디바이스가 가능하다. 마지막으로는 이 무선 디바이스에 사용자 어플리케이션을 개발하여 로드시키면 무선센서 네트워크 제품이 완성된다.

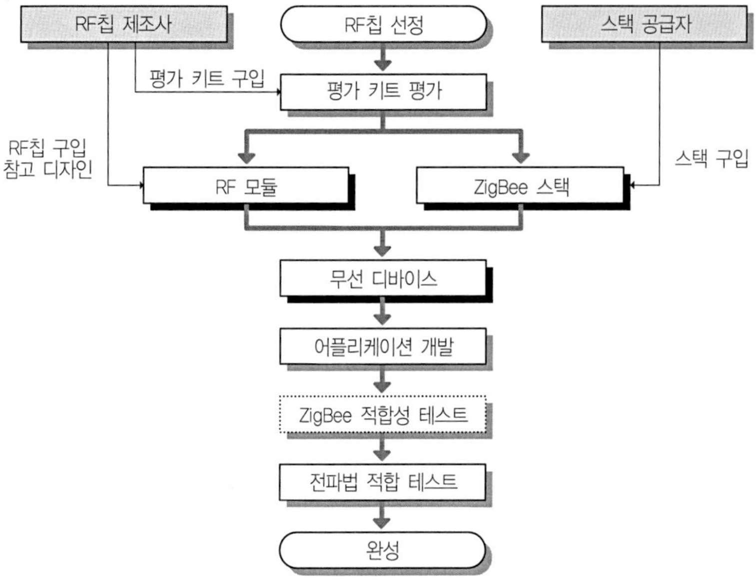

그림 8-2 RF칩으로 개발

또한 다른 제조사 제품과의 상호접속이 필요한 경우 ZigBee 적합성 테스트를 받아서 ZigBee 사양에 준하는 로고를 취득할 수가 있다. 그러나 ZigBee 연합 회원이 아니면 ZigBee 적합성 테스트를 받을 수 없다. 2005년 11월 까지 ZigBee 적합성 테스트는 아직 준비단계이지만 표 8-1과 같이 3가지 레벨로 분류하여 테스트가 수행된다. 보안 테스트는 별도로 수행된다.

표 8-1 ZigBee 적합성 테스트

레벨	레벨 1	레벨 2	레벨 3
준거 레벨	IEEE 802.15.4 준거 플랫폼	ZigBee 준거 플랫폼	ZigBee 인정 제품
준거층	MAC층 이하	네트워크층 이하	표준 프로파일과 모든 층
테스트 항목	채널 스캔 MAC층 프레임 생성 MAC층 ACK	네트워크 기동 네트워크 참가 이탈 라우트 발견과 관리 메시지 전송	디바이스 발견과 서비스 발견 바인딩 제품의 상호접속
테스트 참가자	RF 반도체 제조사 MAC층 스택 공급자	ZigBee 스택 공급자 모듈 제조사	디바이스 제조사
대상 제품	모든 IEEE 802.15.4 ·ZigBee 준거제품	ZigBee 기술을 이용한 독자 프로파일 제품	타사 제품을 지원하는 범용 ZigBee 제품

ZigBee 연합에서는 National Technical System사와 TUV Rheinland사를 독립 테스트 기관으로 지정하여 테스트 업무를 위탁하고 있다. IEEE 802.15.4 ZigBee의 플랫폼의 제작자와 ZigBee 표준 프로파일을 지원하는 무선 디바이스의 제조사는 테스트에 참가할 수 있다. ZigBee 플랫폼에 준하는 테스트 책임은 RF칩의 제조사와 ZigBee 스택 제작자 및 ZigBee 모듈 제조사에 있지만 ZigBee 인정 테스트 책임은 디바이스 제조사에게 있다. ZigBee 인정 테스트에 합격한 디바이스는 ZigBee 인정 로고를 취득할 수 있다.

2.4GHz 주파수대역에서 사용자의 라이센스는 필요없지만 제조사가 전파법에 기초한 기술기준 적합증명 및 공사설비 인증에 불합격하면 시장에서 판매될 수가 없다. ZigBee는 무선 LAN과 마찬가지로 [2.4GHz대 고도화 소전력 데이터통신 시스템(증명 규칙 제2조제19호)에 해당한다. 이러한 기술기준 적합증명 및 공사설비 인증은 특정 인증기관에 의해 수행된다.

RF 모듈로 개발

그림 8-3과 같이 RF 모듈로의 개발은 작은 lot 생산에 적합한 과정이다. RF 모듈을 직접 구입하기 때문에 제품화에 필요한 기간을 단축시킬 수 있다. ZigBee 스택은 RF 모듈 제조사에 의해 제공되는 경우도 있다. 그러나 앞에서 말한 전파법에 따라 밀봉체가 없는 RF 모들은 기술적합 인증 테스트를 받을 수 없기 때문에 통상 RF 모듈 제조사의 협력을 얻어서 전파법의 기술적합 인정 테스트를 받을 필요가 있다.

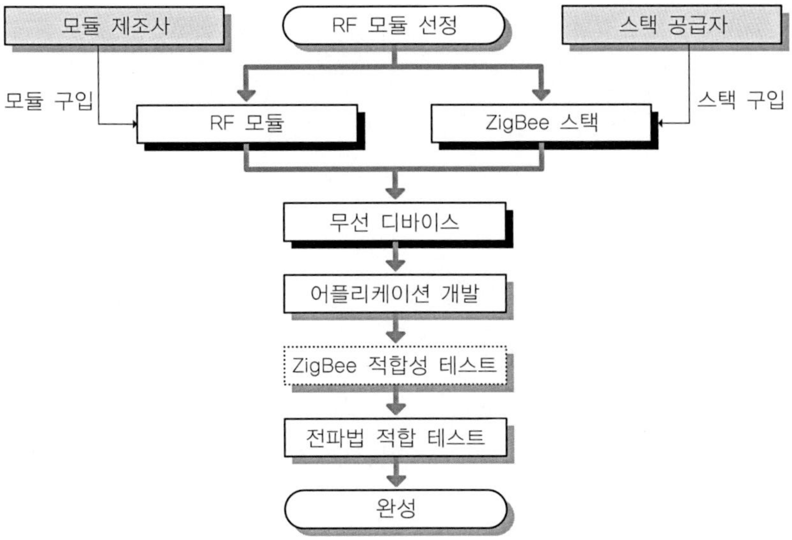

그림 8-3 RF 모듈로의 개발

무선센서 디바이스로의 개발

그림 8-4와 같이 무선센서 디바이스로의 개발은 대학이나 연구기관의 실험실에서 테스트에 적합한 프로세스이다. 제조사로부터 구입한 디바이스는 기본적으로 이미 동작하고 있으며 제조사로부터의 프로그래밍 인터페이스가 엔드 사용자에게 제공된다. 이것을 이용하여 사용자는 독자적으로 어플리케이션을 구축할 수 있다. 실험실에서 테스트할 경우 ZigBee 적합성 테스트는 거의 필요가 없다고 생각된다. 기술적합인증 테스트는 기본적으로 디바이스 제조사에 의해 수행되는 경우가 많기 때문에 사용자는 염려할 필요가 없다.

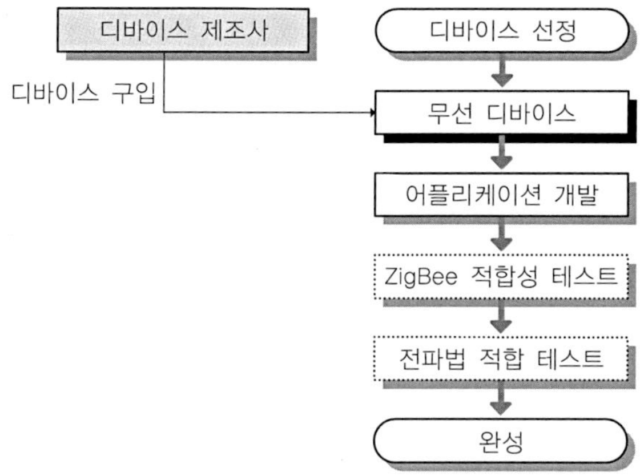

그림 8-4 무선센서 디바이스로의 개발

TIP

어플리케이션의 사장규모, 개발 스케쥴, 개발 자원 등을 종합적으로 판단하여 적절한 개발 프로세스를 선택해야 한다.

어플리케이션 개발

이상 어떠한 경우라도 ZigBee 사용자 어플리케이션의 개발이 필요시 된다. 사용자 어플리케이션의 개발 프로세스를 그림 8-5에 나타낸다.

[1] 먼저 목적으로 하는 어플리케이션에 따라 ZigBee 연합에 공개되어 있는 표준 프로파일을 채용할 지, 사용자 독자적인 프로파일을 작성할 지를 결정한다.

[2] 구입한 ZigBee 스택을 이용하여 프로파일을 실장 하는 어플리케이션의 C 언어 소스 파일을 작성한다.

[3] ZigBee 스택 벤더에 의해 지정된 조립계 C언어의 개발환경으로 작성한 소스 파일을 컴파일하고 사용자의 어플리케이션을 구축한다.

[4] 시판되는 ZigBee 스택은 기본적으로 특정 제조사의 개발 키트밖에 지원하지 않는다. RS-232C 또는 JTAG(Joint Test Action Group) 등 개발 키트의 인터페이스를 이용하여 컴파일한 이미지 파일을 개발 키트에 탑재한 마이크로 프로세서의 플래시 메모리에 넣는다.

[5] 그리고 RS-232C 또는 JTAG 인터페이스를 이용하여 개발 중인 어플리케이션을 디버그한다.

현재 무선센서 네트워크에서는 저렴한 마이크로 프로세서를 이용한다. 어플리케이션은 거의 OS없이 직접 하드웨어 상에서 동작한다. 다만 TinyOS와 같은 매우 가벼운 OS를 이용하는 경우도 있다(자세한 것은 www.tinyos.net 참조).

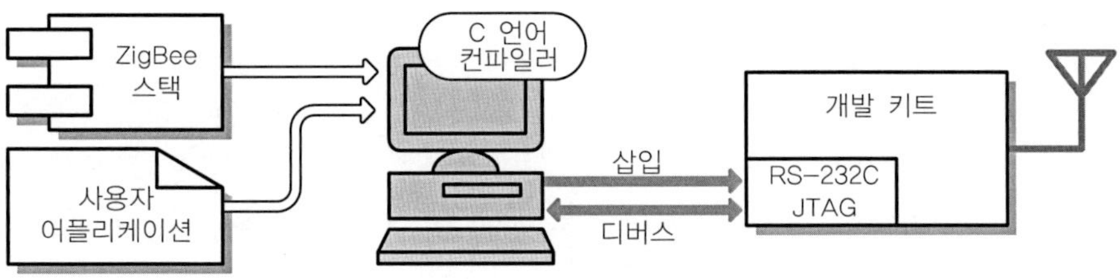

그림 8-5 어플리케이션 개발

8-3 2.4GHz 주파수대 무선과의 공존

라이센스가 필요없는 2.4GHz 주파수대역은 무선 LAN(IEEE 802.11b/11g)을 비롯하여 Bluetooth(IEEE 802.15.1), RFID, 특정 소전력 무선, 전자렌지 등 많은 무선통신 시스템 및 고주파 기기에 이용되고 있다. 이 때문에 동일한 2.4GHz 주파수 대역을 사용하고 있는 IEEE 802.15.4 ZigBee는 그들 기기와의 상호간섭 문제를 고려하지 않으면 안 된다. 특히 무선 LAN이 보급되어 있는 사무실에서는 완전하게 깨끗한 2.4GHz 주파수의 통신채널을 확보하는 것이 거의 불가능하며 어느 정도 주파수를 공유하면서도 시간상의 타이밍 차를 두어서 공존하는 것이 현실적인 해결책이 된다.

TIP

라이센스가 필요없는 주파수대역의 무선 네트워크에서 사용하는 채널의 독점은 거의 불가능하다. 서로 공존하기 위한 수단을 생각하는 것이 현실적인 선택이다. 공존에는 공간상의 공존과 시간상의 공존이 있다. 공간상의 공존은 필요한 전파의 강도를 최저한으로 억제함으로써 상호 간섭을 적게 하는 것이며, 시간상의 공존은 채널이 비어 있는 시간 사이를 유효하게 이용하여 송수신하는 것이다.

무선 LAN 채널의 사용 상황

먼저 일본의 2.4GHz 주파수대역의 사용 상황을 보자. 일본의 2.4GHz 무선 LAN의 표준규격은 1993년에 제정된 [RCR STD-33]과 1999년에 제정된 [ARIB STD-T66] 2개이다. 전자는 14채널(2.471GHz-2.497GHz)에서 이용가능 하지만 확산율의 문제로 통신속도가 고속인 IEEE 802.11g에 대응할 수 없다. 14채널을 이용할 수 있는 오래된 제품은 아직 남아 있지만, 시판되고 있는 제품은 거의 IEEE 802.11b와 IEEE 802.11g의 양쪽을 지원하는 것이기 때문에 1채널부터 13채널까지 지원되고 있다.

일본내 규격인 [STD-T66]에서 무선 LAN은 2.4GHz 주파수대에서 그림 8-6과 같이 채널이 설정되어 있다. 그러나 무선 LAN이 요구하는 대역폭은 22MHz이기 때문에 실제로 서로 겹치지 않는다는 조건 하에 중심 주파수 간격을 25MHz로 하여 동시 이용이 가능한 채널수는 3개밖에 없다. 또한 무선 LAN 제품에서 기정된 채널(자주 이용되고 있는 채널)

은 지역에 따라 다르지만 일본의 경우 6채널(2.426-2.448MHz), 1채널(2.401-2.423MHz), 11채널(2,451-2,473MHz)이 된다. 일반적으로 6채널의 주변에서는 전파상황이 좋지 않은 경우가 많은데 전자렌지도 이 주변의 주파수를 사용하고 있다. 이 때문에 ZigBee가 사용하는 채널은 가능한 한 이 주파수 대역(ZigBee의 17채널과 18채널) 주변을 피하는 것이 좋다.

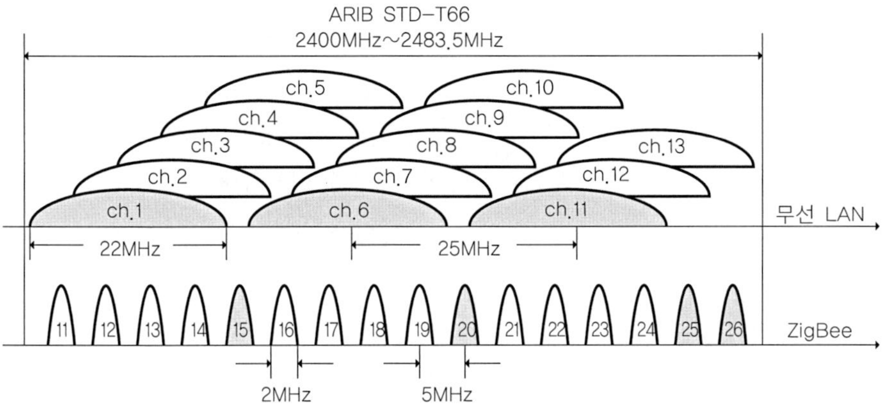

그림 8-6 무선 LAN의 채널

IEEE 802.15.4 ZigBee는 2.4GHz 주파수대에서 인접 채널의 중심 주파수 간격이 5MHz인 16채널을 설치할 수 있지만, IEEE 802.15.4 ZigBee의 대역폭은 겨우 2MHz이기 때문에 인접 채널들끼리도 동시에 이용할 수 있다. 더욱이 1개의 무선 LAN 채널이 점유하는 대역(22MHz) 중에도 전파의 밀도가 서로 다르다. 대역의 중심부는 전파의 밀도가 높지만 양단은 전파의 밀도가 그 보다 더 낮다. 채널 간의 빈공간 사이에 적합한 채널을 설정하면 무선 LAN과 공존할 수가 있다. 특히 문제가 없는 통상의 경우 무선 LAN의 전파밀도가 낮은 표 8-2의 ZigBee 채널을 우선적으로 이용하는 것을 추천한다.

표 8-2 무선 LAN의 기정 채널과 ZigBee의 추천 채널

무선 LAN 기존 채널	ZigBee 추천 채널	중심주파수[MHz]	대역폭[MHz]	점유대역[MHz]
1 채널		2,412	22	2,401~2,423
	15 채널	2,425	2	2,424~2,426
6 채널		2,437	22	2,426~2,448
	20 채널	3,450	2	2,449~2,451
11 채널		3,462	22	2,451~2,473
	25 채널	2,475	2	2,474~2,476
	26 채널	2,480	2	2,479~2,481

IEEE 802.15.4의 간섭 대책

IEEE 802.15.4는 어느 정도 무선 LAN이나 Bluetooth와의 공존을 의식하여 책정된 사양이기 때문에 다음과 같은 기술 대책을 취함으로써 다른 2.4GHz 주파수대역 무선통신과의 공존을 도모하고 있다.

- **클리어 채널 평가 CCA** : IEEE 802.15.4에서는 CSMA/CA(Carrier Sense Multiple Access with Collision Avoidance) 알고리즘으로 통신하기 위해 CCA(Clear Channel Assessment) 캐리어센스가 실장된다. 이것은 물리층에서 사용하고자 하는 채널의 전계강도를 항상 측정하고 시간상의 빈 공간을 이용하여 송신하는 구조이다.
- **스펙트럼 확산 DSSS** : IEEE 802.15.4에서는 DSSS(Direct Sequence Spread Spectrum)의 직접확산 변조방식의 채용으로 다른 2.4GHz 주파수대역을 사용하고 있는 디바이스로부터 발생하는 좁은 대역의 간섭전파 영향을 경감시킬 수 있다.
- **전계강도 검지 ED** : ED(Energy Detection)란, 지정된 채널의 전계강도를 검지하는 기능이다. 어플리케이션은 이러한 정보들을 이용하여 근처의 다른 고주파 디바이스가 사용하고 있는 주파수를 피하고 최적의 채널을 선택할 수 있다. 또한 동작 중의 IEEE 802.15.4 네트워크에서도 동적인 채널 조정에 이용할 수 있다.
- **링크품질 지수 LQI** : LQI(Link Quality Indication)란, 수신전파의 강도와 멀티패스 페이징 및 잡음 간섭전파 등의 영향을 종합적으로 반영하는 통신링크 품질지수이다. 어플리케이션은 이러한 정보들을 이용하여 간섭전파가 많은 경로를 피하고 보다 품질 좋은 링크를 채용할 수 있다.
- **저속통신 네트워크** : IEEE 802.15.4는 사용하고 있는 주파수가 다른 통신네트워크와 겹쳐져도 몇 십 밀리 초 정도 시간 상의 빈 공간을 이용하여 저속통신이 충분히 가능하다. 저속의 IEEE 802.15.4 네트워크에서는 전파를 별로 내보내지 않기 때문에 다른 통신시스템에 거의 영향을 미치지 않는다.
- **낮은 송신 파워** : 근거리 네트워크인 IEEE 802.15.4의 송신출력(1mW = 0dBm)은 무선 LAN과 비교하여 상당히 낮게 설정되어 있으므로 무선 LAN 등 다른 통신 시스템에 거의 영향을 미치지 않는다.

그리고 IEEE 802.15.4 사양 [4]의 부록 E에서는 IEEE 802.15.4와 무선 LAN 등 다른 무선시스템과의 통신간섭 시뮬레이션 결과가 첨부되어 있다. 시뮬레이션 결과에 따르면 IEEE 802.15.4는 채널을 적절하게 설정하고 다른 고주파 디바이스로부터 충분히 거리를 두면 간섭의 영향을 해소시킬 수 있음을 알 수 있다.

실제적인 간섭대책

간섭에 대한 실제적인 대책으로서 다수의 실측 보고와 필자의 경험에 따라 다음의 설치 조건에 주의하면 IEEE 802.15.4는 무선 LAN과 블루투스 등 2.4GHz 대역의 무선시스템과의 공존이 가능하다.

- **채널 설정** : IEEE 802.15.4 ZigBee는 무선 LAN의 채널과 겹치지 않는 경우 공존이 충분히 가능하다.
- **설치 거리** : IEEE 802.15.4 ZigBee는 무선 LAN의 채널과 겹치는 경우 무선 LAN 액세스 포인트로부터 5미터 이상 떨어지면 영향을 거의 피할 수 있다.
- **Bluetooth** : 간섭의 영향은 거의 관측되지 않았다.
- **전자렌지** : 5미터 이상 떨어지면 통신이 가능하다.
- **인접 채널** : 인접 채널을 사용하는 IEEE 802.15.4 ZigBee들 끼리는 영향이 기본적으로 없다.

테스트 결과로 볼 때에 가장 주의해야 할 것은 가까운 거리에 설치됨과 동시에 채널이 겹쳐진 무선 LAN 액세스 포인트의 영향이다. 통상의 경우 무선 LAN으로부터의 전파를 관측하면 95% 이상의 시간에서 채널이 비어있는 것을 알 수 있다. 채널이 겹쳐진 경우에도 ZigBee의 통신은 전혀 문제가 안 된다. 문제가 되는 것은 무선 LAN에서 커다란 파일을 전송하는 경우에 채널이 상당히 점유된 상태로 되기 때문에 ZigBee의 통신이 일시적으로 중단될 가능성이 있다. 이러한 경우에 6-3절에서 설명한 어플리케이션 지원 부층의 재시도 기능이 연속적인 간섭전파에 대하여 유효한 대책이 된다.

TIP

무선 LAN으로부터의 간섭을 피하기 위해 사용하는 채널의 선택과 설치 장소에 주의하지 않으면 안 된다.

ZigBee 사양에서는 코디네이터가 네트워크를 기동할 때 주변의 채널을 스캔하고 최적의 채널을 선택하는 기능이 있지만 네트워크가 기동된 후에 설정된 무선 LAN 등의 고주파 디바이스로부터 간섭을 충분히 피할 수 없는 가능성도 있다. 또한 코디네이터로부터 상당히 떨어진 장소의 간섭전파 상황을 충분히 파악할 수 없는 가능성도 있는데 이러한 장소의 통신장애도 배제할 수가 없다.

이러한 문제에 대해서는 항상 간섭전파를 검지하고 동작 중의 네트워크에서도 채널을 다이내믹하게 절체하는 제품이 발표되고 있다. 이것은 IEEE 802.15.4에 준하여 독자적으로 개발된 기술이지만 ZigBee 사양은 아니다.

또한 IEEE 802.15.4 ZigBee는 간섭을 받아도 빈 시간 사이를 이용하여 통신할 수 있지만 통신이 중단되는 것보다도 데이터 전송속도가 떨어지는 것에 충분히 주의해야만 한다. 이 때문에 넓은 범위에서 설치된 ZigBee 네트워크에서 모든 노드가 무선 LAN의 영향을 피하는 것이 어려운 경우에는 트래픽이 많은 통신경로 주변의 노드에만 주의를 기울이는 방법이 좋다고 생각된다. 예를 들면 코디네이터의 주변이 해당된다.

후기

본 책에서는 IEEE 802.15.4와 ZigBee 무선센서 네트워크 표준화 기술의 개요를 소개하였다. IEEE 802.15.4와 ZigBee 제품 개발에는 본 책 내용만으로는 아직 불충분하다고 사료되지만 독자들에게 입문지식으로 참고가 된다면 매우 고마운 일이라고 생각한다. IEEE 사이트 [1]에서 802.15.4-2003 사양서를 다운로드할 수 있다. 또한 ZigBee 연합 사이트 [2]로부터 ZigBee 사양서도 다운로드할 수 있다. 이 사양서들로 IEEE 802.15.4 ZigBee 기술에 대해 상세하게 이해할 수 있을 것으로 생각한다.

IEEE 802.15.4에 준하는 RF칩은 이미 많은 회사들에 의해 양산되고 있다. 현재에는 비용 절감을 기대할 수 있는 SoC/SiP RF 부품 개발에 주목하고 있다. 많은 회사들이 이미 IEEE 802.15.4에 준하는 SoC칩을 개발했다고 하는 신문 발표가 있기에 이제 실용화 단계에 들어가기를 기대하고 있다. IEEE 802.15.4에 준하는 RF칩을 탑재하는 모듈 제품은 일본 제조회사를 포함하여 다수의 모듈 제조회사들에 의해 제품화되어 시장의 관심도 매우 높다. IEEE 802.15.4 ZigBee에 준하는 디바이스 제품 개발은 많은 디바이스 제조회사에 의해 발표되어 이제 시장에 투입될 것으로 예상된다.

그러나 동일한 무선센서 네트워크라도 비용, 전력소비, 샘플 주기 등에 관한 주요 사양이 상당히 차이가 난다. ZigBee 사양이 여러 가지 무선센서 네트워크의 어플리케이션 요구를 전부 만족시킬 수 있다고는 생각하지 않는다. 어느 조사에 의하면 장래 IEEE 802.15.4에 준하는 어플리케이션 중에서 ZigBee 기술을 채용하는 것은 지극히 일부분일 것이라고 한다. 특정 어플리케이션에 대해 차별화가 가능한 무선센서 네트워크 제품은 이제부터 다수 발표될 것이라고 예상된다.

독자들이 본 책을 통해 IEEE 802.15.4 ZigBee 기술을 이해하고 훌륭한 무선센서 네트워크 제품을 개발한다면 무척 행복하겠다.

앞으로 무선센서 네트워크 연구개발 목표 중의 하나로서 단지 전지 교환기간을 길게 하는 것뿐만 아니라 전지가 불필요한 반영구적인 무선센서 제품이 실현되는 일이다.

즉 무선회로의 무전력화와 마찬가지로 자연계에 존재하는 소량 에너지로 발전시켜 무선센서 디바이스에 급전하는 것이다. 이용 가능한 소량 에너지는 태양 혹은 조명 빛, 기계적 진동 및 열, 액류, 기류 등이다. 이와 같은 기술을 에너지 스캐븐징(Energy Scavenging) 또는 에너지 하비스팅(Energy Harvesting)이라고 한다. 이 기술의 포인트는 단순히 에너지를 변환하는 기술이 아니라 아주 적은 전력을 축적하여 필요로 하는 무선 송수신의 피크 전력을 공급할 수 있는 출력조정(Power Conditioning) 기술도 필요하다는 것이다. 빛을 이용하는 솔라 전지의 무선 장치가 이미 제품화되어 실용화 단계이지만 사용 조건이 제한적이라는 문제점이 있다. 진동과 열 등 다른 미소 에너지를 이용하는 반영구적인 무선장치의 연구개발이 이제 서서히 시작되고 있다.

무선센서 네트워크에서 많은 센서 노드가 존재할 가능성이 있다. 이 때문에 센서 노드의 위치 검출 기능이 요구된다. 이와 같은 위치 검출 기능이 없으면 몇 백개 혹은 몇 천개 이상의 노드 관리는 무척이나 어려운 일이 될 것이다. 위치검출 기능에 관하여 지금까지 초음파 측정과 민생용 GPS 센서 등 몇 가지의 제안이 있었지만 각각 사용조건, 비용, 소비전력, 측정 정확도 등의 문제가 있어서 실용화는 아직 불가능한 상태이다. IEEE 802.15.4a는 원래 군용 레이더 기술에서 전용된 UWB를 이용하여 저비용 및 1미터 정도의 정확도를 가지는 위치검출 기술을 제공한다. 반도체 제조회사에서 이미 칩 개발투자에 진전이 있으므로 2~3년 이내에 상품화 될 것으로 기대한다. IEEE 802.15.4 ZigBee가 널리 퍼지면서 무선센서 네트워크 보급에도 박차가 가해질 것으로 생각한다. 앞으로 유비쿼터스 무선 네트워크가 [마지막 1미터]의 벽을 넘어서 꿈이 현실로 될 것이다.

2006년 1월
鄭 立

참고문헌과 참고사이트

[1] http://standards.ieee.org/getieee802/download/802.15.4-2003.pdf

[2] http://www.zigbee.org

[3] http://www.ieee802.org/15.

[4] IEEE Std 802.15.4-2003, IEEE Standard for Part 15.4: Wireless Medium Access Control(MAC) Physical Layer(PHY) Specifications for Low-Rate Wireless Personal Area Metworks(LR-WPANs), Institute of Eletrical & Electronics Engineers, Inc. (2003).

[5] ZigBee Document 02130, Network Specification(Version 1.0), ZigBee Alliance (2004).

[6] ZigBee Document 03244, Application Support Sub-Layer Specification(Version 1.0), ZigBee Alliance (2004).

[7] ZigBee Document 03525, ZigBee Application Framework Specification(Version 1.0), ZigBee Alliance (2004).

[8] ZigBee Document 03265, ZigBee Device Objects(Version 1.00), ZigBee Alliance (2004).

[9] ZigBee Document 03529, ZigBee Device Profile(Version 1.00), ZigBee Alliance (2004).

[10] ZigBee Document 03391, ZigBee Device Description Switch Remote Control (Version 1.00), ZigBee Alliance (2004).

[11] ZigBee Document 03394, ZigBee Device Description Switching Load Controller (Version 1.00), ZigBee Alliance (2004).

[12] ZigBee Document 053272, ZigBee V1.0Stack Profiles, ZigBee Alliance (2005).

[13] ZigBee Document 053765, Security Specification Overview, ZigBee Alliance (2005).

[14] ZigBee Document 03540, ZigBee Application Profile Home Control Lighting (Version 1.00), ZigBee Alliance (2005).

[15] ZigBee Document 03391, ZigBee Device Description Switch Remote Control (Version 1.00), (2005).

[16] ZigBee Document 03394, ZigBee Device Description Switching Load Controller (Version 1.00), (2005).

[17] A. Gutierrez, H. Callaway, R. Barrett: IEEE 802.15.4 Low-Rate Wireless Personal Area Network, Institute of Electrical & Electronics Enginee (2003).

[18] E. Callaway: Wireless Sensor Network, Auerbach Publications (2003).

[19] 鄭 立 : 무선센서네트워크의 표준화, 계측과 제어 (2005/06)

[20] http://csrc.nist.gov/publications/fips/fips197/fips-197.pdf

[21] http://moment.csucsb.edu/AODV/aodv/html

찾아보기

ㄹ

ㅁ

ㅂ

ㅅ

ㅇ

ㅈ

ㅊ

ㅋ

저자약력

• **오창환**
- 고려대학교 전자공학 학사
- 고려대학교 공학대학원 석사
- 일본 오사카 대학 정보공학 박사
- 한국전자통신연구원 책임연구원
- (주) 네트리 대표이사
- 현) 전기연감 집필위원
- 현) 서울사이버대학교 컴퓨터정보통신학과 교수

저서
- '컴퓨터 구조', 서울사이버대학교 출판부, 2006. 12.
- '데이터베이스 기초', 서울사이버대학교 출판부, 2008. 1.
- '세상을 바꾸는 IT 100선', 서울사이버대학교 출판부, 2008. 1.

• **엄두섭**
- 83년 3월 ~ 87년 2월 고려대학교 전자공학과 졸업(공학학사)
- 87년 3월 ~ 89년 2월 고려대학교 대학원 졸업(공학석사)
- 97년 4월 ~ 99년 3월 일본 국립 오사카대학 졸업(공학박사)
- 89년 2월 ~ 99년 8월 한국전자통신연구원(ETRI) 선임연구원
- 96년 4월 ~ 99년 3월 일본 문부성 초청 장학생
- 99년 9월 ~ 00년 8월 원광대학교 컴퓨터공학과 전임강사
- 00년 9월 ~ 현재 고려대학교 전기전자전파공학부 교수
- 01년 1월 ~ 현재 한국통신학회 편집위원
- 01년 9월 ~ 현재 한국정보교육학회 이사
- 06년 3월 ~ 현재 한국국방연구원(KIDA) 자문위원
- 06년 3월 ~ 현재 한국도로공사 설계 자문위원
- 06년 3월 ~ 현재 한국사이버테러정보전학회 이사
- 08년 3월 ~ 현재 한국정보과학회 정보통신소사이어티 이사

• **김삼주**
- 고려대학교 수학교육과 졸업
- 현) 호수돈 여자고등학교 교사

정가 15,000원

실천입문 네트워크 ZigBee

2009년 11월 1일 초판 인쇄
2009년 11월 10일 초판 발행

저 자 : 鄭 立
역 자 : 오 창 환 · 엄 두 섭 · 김 삼 주
발행자 : 우 명 찬 · 송 준
발행처 : 홍릉과학출판사

역자와의 협의하에 인지생략

주 소 : ㊌ 142-885 서울시 강북구 인수동 455-60

등 록 : 1976년 10월 21일 제5-66호

전 화 : 999－2274~5, 996－8341, 903－7037
팩 스 : 905-6729

ISBN : 978-89-7283-800-5

hongpub@hongpub.co.kr
www.hongpub.co.kr